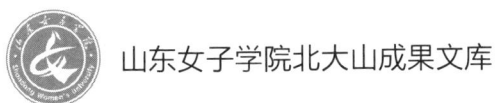

山东女子学院北大山成果文库

中国与RCEP成员国贸易关系研究

李众宜 马玉双 ◎ 著

·北京·

图书在版编目（CIP）数据

中国与 RCEP 成员国贸易关系研究 / 李众宜，马玉双著． -- 北京：中国经济出版社，2025. 2. -- ISBN 978-7-5136-8080-6

Ⅰ. F752.7

中国国家版本馆 CIP 数据核字第 2025PU8997 号

组稿编辑	崔姜薇
责任编辑	郭书芳
责任印制	李　伟
封面设计	任燕飞

出版发行	中国经济出版社
印 刷 者	河北宝昌佳彩印刷有限公司
经 销 者	各地新华书店
开　　本	710mm×1000mm　1/16
印　　张	16.75
字　　数	264 千字
版　　次	2025 年 2 月第 1 版
印　　次	2025 年 2 月第 1 次
定　　价	78.00 元

广告经营许可证　京西工商广字第 8179 号

中国经济出版社　网址 http://epc.sinopec.com/epc/　社址 北京市东城区安定门外大街 58 号　邮编 100011
本版图书如存在印装质量问题，请与本社销售中心联系调换（联系电话：010-57512564）

版权所有　盗版必究（举报电话：010-57512600）
国家版权局反盗版举报中心（举报电话：12390）　　服务热线：010-57512564

PREFACE ▶ 前 言

《区域全面经济伙伴关系协定》(RCEP)的签订给中国的进出口贸易增长带来了机遇,RCEP 生效后,中国进出口贸易规模增长态势显著,同时 RCEP 也给中国带来了国际出口竞争加剧的挑战。在 RCEP 区域内,中国出口贸易与东南亚各国进口贸易在劳动密集型、资源密集型和简单技术密集型制成品上呈现贸易互补性,但是东南亚国家与中国在劳动密集型产品和简单技术密集型制成品上呈现出"贸易互补性不断减弱,贸易竞争性日益增强"的特征。

本书试图通过研究 2000—2021 年的贸易数据,从贸易竞争性、贸易互补性、贸易结合度和地缘经济关系 4 个视角解读中国与 RCEP 其他 14 个成员国之间的贸易关系,旨在为中国应对 RCEP 带来的日益激烈的国际市场竞争提供现实证据,也可为 RCEP 各成员国在未来开展更深入、更广阔的经贸合作提供借鉴和参考。

本书的研究内容如下:

(1) 中国与 RCEP 成员国之间的贸易竞争性研究。采用出口相似度指数(ESI)、贸易竞争力指数(TC)、显示性比较优势指数(RCA) 3 个指标分别研究中国与日本、中国与韩国、中国与澳大利亚、中国与新西兰、中国与新加坡、中国与越南、中国与印度尼西亚、中国与泰国、中国与文莱、中国与缅甸、中国与马来西亚、中国与老挝、中国与柬埔寨以及中国与菲律宾的贸易竞争性。

(2) 中国与 RCEP 成员国之间的贸易互补性研究。采用贸易互补性指数(TCI)、综合贸易互补性指数(TCIT)、产业内贸易指数(GL)、边际产业内贸易指数(MGL)、综合产业内贸易指数(GLT) 5 个指标,从贸易互补程度和产业内贸易水平两个方面研究中国和 RCEP 其他 14 个成员国的贸易互补性。

(3) 中国与 RCEP 成员国之间的贸易结合度研究。采用贸易结合度指数（TII）分析中国和 RCEP 其他 14 个成员国相互联系紧密程度，考察中国与 RCEP 成员国之间的贸易关系是属于松散型贸易联系还是紧密型贸易联系，以此反映各国之间的相互依存度。

(4) 中国与 RCEP 成员国之间的地缘经济关系研究。采用对外经济联系强度（Relation）以及双边经济关系强度（ED）2 个指标，从地缘经济关系角度研究中国和 RCEP 其他 14 个成员国的贸易关系，分析中国与 RCEP 成员国之间的地缘经济关系是竞争型地缘经济关系抑或是互补型地缘经济关系。

本书的创新之处如下：

(1) 从研究视角看，本书不仅系统地分析了中国与 RCEP 其他 14 个成员国之间的贸易关系，而且对中国与 RCEP 其他 14 个成员国之间的贸易关系进行了比较分析，丰富了现有中外贸易关系的相关研究。

(2) 从研究内容看，本书从贸易竞争性、贸易互补性、贸易结合度以及地缘经济关系 4 个视角深入解析了中国与 RCEP 其他 14 个成员国之间的贸易关系，对每组贸易关系进行了全方位、多视角的统计分析。

(3) 从研究方法看，对于每一组中国与 RCEP 成员国之间的贸易关系研究皆采用相关指数进行了统计分析，保证了本书的科学性和准确性。

CONTENTS 目 录

第1章 绪论 ·· 001

   1.1 引言 ··· 001

   1.2 相关测算指标 ·· 002

   1.3 主要创新 ·· 008

第2章 中国与日本贸易关系分析 ·· 009

   2.1 引言 ··· 009

   2.2 中国与日本贸易发展概况 ·· 011

   2.3 中国与日本贸易竞争性分析 ·· 014

   2.4 中国与日本贸易互补性分析 ·· 018

   2.5 中国与日本贸易结合度分析 ·· 023

   2.6 中国与日本地缘经济关系分析 ··· 023

   2.7 本章小结 ·· 025

第3章 中国与韩国贸易关系分析 ·· 027

   3.1 引言 ··· 027

   3.2 中国与韩国贸易发展概况 ·· 029

   3.3 中国与韩国贸易竞争性分析 ·· 031

   3.4 中国与韩国贸易互补性分析 ·· 035

   3.5 中国与韩国贸易结合度分析 ·· 039

   3.6 中国与韩国地缘经济关系分析 ··· 040

   3.7 本章小结 ·· 042

第 4 章　中国与澳大利亚贸易关系分析 ······ 044

4.1　引言 ······ 044
4.2　中国与澳大利亚贸易发展概况 ······ 046
4.3　中国与澳大利亚贸易竞争性分析 ······ 048
4.4　中国与澳大利亚贸易互补性分析 ······ 053
4.5　中国与澳大利亚贸易结合度分析 ······ 057
4.6　中国与澳大利亚地缘经济关系分析 ······ 058
4.7　本章小结 ······ 060

第 5 章　中国与新西兰贸易关系分析 ······ 062

5.1　引言 ······ 062
5.2　中国与新西兰贸易发展概况 ······ 064
5.3　中国与新西兰贸易竞争性分析 ······ 066
5.4　中国与新西兰贸易互补性分析 ······ 071
5.5　中国与新西兰贸易结合度分析 ······ 075
5.6　中国与新西兰地缘经济关系分析 ······ 076
5.7　本章小结 ······ 077

第 6 章　中国与新加坡贸易关系分析 ······ 079

6.1　引言 ······ 079
6.2　中国与新加坡贸易发展概况 ······ 080
6.3　中国与新加坡贸易竞争性分析 ······ 083
6.4　中国与新加坡贸易互补性分析 ······ 087
6.5　中国与新加坡贸易结合度分析 ······ 091
6.6　中国与新加坡地缘经济关系分析 ······ 092
6.7　本章小结 ······ 093

第 7 章　中国与越南贸易关系分析 ······ 095

7.1　引言 ······ 095

7.2	中国与越南贸易发展概况	096
7.3	中国与越南贸易竞争性分析	099
7.4	中国与越南贸易互补性分析	103
7.5	中国与越南贸易结合度分析	107
7.6	中国与越南地缘经济关系分析	108
7.7	本章小结	109

第8章 中国与印度尼西亚贸易关系分析 … 111

8.1	引言	111
8.2	中国与印度尼西亚贸易发展概况	112
8.3	中国与印度尼西亚贸易竞争性分析	115
8.4	中国与印度尼西亚贸易互补性分析	119
8.5	中国与印度尼西亚贸易结合度分析	124
8.6	中国与印度尼西亚地缘经济关系分析	125
8.7	本章小结	126

第9章 中国与泰国贸易关系分析 … 128

9.1	引言	128
9.2	中国与泰国贸易发展概况	129
9.3	中国与泰国贸易竞争性分析	132
9.4	中国与泰国贸易互补性分析	136
9.5	中国与泰国贸易结合度分析	140
9.6	中国与泰国地缘经济关系分析	141
9.7	本章小结	143

第10章 中国与文莱贸易关系分析 … 145

10.1	引言	145
10.2	中国与文莱贸易发展概况	146
10.3	中国与文莱贸易竞争性分析	149
10.4	中国与文莱贸易互补性分析	153

10.5　中国与文莱贸易结合度分析 …… 157
10.6　中国与文莱地缘经济关系分析 …… 158
10.7　本章小结 …… 159

第 11 章　中国与缅甸贸易关系分析 …… 161

11.1　引言 …… 161
11.2　中国与缅甸贸易发展概况 …… 163
11.3　中国与缅甸贸易竞争性分析 …… 165
11.4　中国与缅甸贸易互补性分析 …… 169
11.5　中国与缅甸贸易结合度分析 …… 173
11.6　中国与缅甸地缘经济关系分析 …… 174
11.7　本章小结 …… 176

第 12 章　中国与马来西亚贸易关系分析 …… 178

12.1　引言 …… 178
12.2　中国与马来西亚贸易发展概况 …… 179
12.3　中国与马来西亚贸易竞争性分析 …… 182
12.4　中国与马来西亚贸易互补性分析 …… 186
12.5　中国与马来西亚贸易结合度分析 …… 190
12.6　中国与马来西亚地缘经济关系分析 …… 191
12.7　本章小结 …… 193

第 13 章　中国与老挝贸易关系分析 …… 195

13.1　引言 …… 195
13.2　中国与老挝贸易发展概况 …… 196
13.3　中国与老挝贸易竞争性分析 …… 199
13.4　中国与老挝贸易互补性分析 …… 203
13.5　中国与老挝贸易结合度分析 …… 207
13.6　中国与老挝地缘经济关系分析 …… 208
13.7　本章小结 …… 208

第14章　中国与柬埔寨贸易关系分析 ·········· 210

14.1　引言 ·········· 210
14.2　中国与柬埔寨贸易发展概况 ·········· 211
14.3　中国与柬埔寨贸易竞争性分析 ·········· 214
14.4　中国与柬埔寨贸易互补性分析 ·········· 218
14.5　中国与柬埔寨贸易结合度分析 ·········· 222
14.6　中国与柬埔寨地缘经济关系分析 ·········· 223
14.7　本章小结 ·········· 224

第15章　中国与菲律宾贸易关系分析 ·········· 226

15.1　引言 ·········· 226
15.2　中国与菲律宾贸易发展概况 ·········· 227
15.3　中国与菲律宾贸易竞争性分析 ·········· 230
15.4　中国与菲律宾贸易互补性分析 ·········· 234
15.5　中国与菲律宾贸易结合度分析 ·········· 238
15.6　中国与菲律宾地缘经济关系分析 ·········· 239
15.7　本章小结 ·········· 241

第16章　结论及对策建议 ·········· 243

16.1　结论 ·········· 243
16.2　对策与建议 ·········· 249

参考文献 ·········· 252

第1章

绪 论

1.1 引言

2012年,东盟10国发起《区域全面经济伙伴关系协定》(RCEP)谈判,邀请中国、日本、韩国、印度、澳大利亚和新西兰共同参加,旨在通过削减关税及非关税壁垒,建立16国的统一市场。2013—2019年,RCEP谈判正式启动,其间共举行了3次领导人会议、19次部长级会议和28轮正式谈判。2020年11月15日,东盟10国(马来西亚、印度尼西亚、泰国、菲律宾、新加坡、文莱、越南、老挝、缅甸和柬埔寨)和中国、日本、韩国、澳大利亚、新西兰共15个亚太国家正式签署了RCEP,标志着全球规模最大的自由贸易协定正式达成。2022年1月1日,RCEP对已提交核准书的10个国家(包括文莱、柬埔寨、老挝、新加坡、泰国、越南6个东盟国家以及中国、日本、新西兰、澳大利亚4个非东盟国家)正式生效。随后,RCEP于2022年2月1日对韩国生效,于2022年3月18日对马来西亚生效,于2023年1月2日对印度尼西亚生效,于2023年6月2日对菲律宾生效。至此,RCEP对15个签署国全面生效。RCEP的签署标志着世界上最大的自由贸易区的建立,拥有全球三分之一的人口总量、三分之一的经济总量以及三分之一的贸易总额,成为全球最具发展潜力的自由贸易区。RCEP是全面、现代、高质量和互惠的自贸协定,同时也推动了国家或地区以实际行动维护多边贸易体制、共同打造了自由开放的全球贸易环境的进程,也为加快RCEP成员国更高水平的经济一体化提供了有力助力,对于深化RCEP区域内的产业链、供应链、价值链"三链"具有重要的现实意义。RCEP的签署和生效不仅标志着东亚区域经济一体化的新里程碑,也为全球经济的开放融通注入了强劲动力。

RCEP生效后,中国与RCEP其他14个成员国之间的贸易规模快速增长。

2022年，中国对RCEP其他14个成员国的进出口总额达到12.95万亿元，同比增长7.5%，其中出口额同比增长17.5%，高于中国出口总额增速7个百分点。

RCEP促进了15个RCEP成员国之间的贸易往来，为各国提供了贸易自由化平台，同时加深了中国与RCEP其他成员国之间的经贸合作。但是，RCEP的生效也给中国带来了挑战，加深了中国与RCEP成员国在某些产业的国际出口市场份额的竞争，在出口市场上呈现出中国与某些RCEP成员国之间的贸易互补性有所减弱，而贸易竞争日益加剧的发展态势。

如何把握RCEP给中国带来的机遇，应对RCEP给中国带来的挑战，本书试图对中国与RCEP成员国之间的贸易关系进行系统的解析，从贸易竞争性、贸易互补性、贸易结合度以及地缘经济关系4个视角展开详细的分析，并根据研究结论，对进一步优化、提升中国与RCEP成员国之间的贸易关系提出相应的对策与建议。

1.2 相关测算指标

1.2.1 贸易竞争性分析指标

1.2.1.1 出口相似度指数

出口相似度指数（Exit Similarity Index，ESI）用于衡量任意两国在同一市场出口商品的相似度，以此评价两国出口商品的国际市场竞争程度。出口相似度指数计算公式如下：

$$ESI_{ij}^k = \left\{ \sum_{k=0}^{9} \left[\frac{\dfrac{X_{iw}^k}{X_{iw}} + \dfrac{X_{jw}^k}{X_{jw}}}{2} \times \left(1 - \left| \frac{\dfrac{X_{iw}^k}{X_{iw}} - \dfrac{X_{jw}^k}{X_{jw}}}{\dfrac{X_{iw}^k}{X_{iw}} + \dfrac{X_{jw}^k}{X_{jw}}} \right| \right) \right] \right\} \times 100 \quad (1-1)$$

其中，i、j代表国家；w代表国际市场；k代表产品类别；X代表出口；ESI取值范围为[0, 100]，取值越大，说明两国在同一市场出口商品结构越相近，贸易竞争越激烈；反之，ESI取值越小，则说明两国在同一市场出口商品结构相似度越小，贸易竞争力越小。

1.2.1.2 贸易竞争力指数

贸易竞争力指数（Trade Competitiveness，TC）是分析一个国家的某种产品在国际市场竞争力的常用指标,是指一个国家的某种产品进出口贸易的差额占进出口贸易总额的比重。贸易竞争力指数在剔除了商品的进口价格、出口价格等通货膨胀因素后,考察产品是否具有国际竞争优势。贸易竞争力指数计算公式如下:

$$TC_i^k = \frac{X_i^k - M_i^k}{X_i^k + M_i^k} \tag{1-2}$$

其中,i 代表国家;k 代表产品类别;X 代表出口;M 代表进口。TC 取值范围为 $[-1,1]$,当 $TC=0$ 时,表示 k 产品的贸易竞争力处于世界平均水平;当 $TC=-1$ 时,表示 k 产品只进口不出口;指数越接近于 -1,表示 k 产品的贸易竞争力越薄弱,表明在国际市场具有明显的竞争劣势;当 $TC=1$ 时,表示 k 产品只出口不进口;指数越接近于 1,表示 k 产品的贸易竞争力越大,表明在国际市场具有明显的竞争优势。

1.2.1.3 显示性比较优势指数

显示性比较优势指数(Revealed Comparative Advantage,RCA)是指一个国家某一种产品的出口额占该国出口总额的份额与该产品的出口额在世界出口总额中所占份额的比值。显示性比较优势指数是衡量出口产品的国际市场竞争力较为常用的指标,体现某一种出口产品在某一出口市场中的贸易竞争力情况。显示性比较优势指数计算公式如下:

$$RCA_{Xi}^k = (X_i^k / X_i) / (X_w^k / X_w) \tag{1-3}$$

其中,i 代表国家;w 代表国际市场;k 代表产品类别;X 代表出口。如果 $RCA>2.50$,那么表示 k 产品在国际市场中具有明显的比较优势,国际竞争力极强;如果 $1.25<RCA<2.50$,那么表示 k 产品在国际市场上具有一定的比较优势,国际竞争力较强;如果 $0.80<RCA<1.25$,那么表示 k 产品的比较优势中等,具有中度的国际竞争力;如果 $RCA<0.80$,那么表示 k 产品在国际出口市场上不具有比较优势,国际竞争力相对较弱。

1.2.2 贸易互补性分析指标

1.2.2.1 贸易互补性指数

贸易互补性指数(Trade Complementarity Index,TCI)是评价两国之间进出口商品的贸易互补程度的衡量指标,通过测量一国出口商品与另一国进口商品的契合度来反映两国之间的贸易互补性。贸易互补性指数通过出口国出口商品的显示性比较优势指数与进口国进口商品的显示性比较劣势指数相乘得到。TCI 指数值越大,则意味着一国出口商品与其贸易伙伴国进口商品之间的匹配度越高,两国之间的贸易互补性越强,未来贸易合作潜力空间越大;反之,TCI 指数值越小,则意味着一国出口商品与其贸易伙伴国进口商品之间的匹配度越低,两国之间的进出口贸易互补性越薄弱,未来贸易合作空间具有局限性。贸易互补性指数计算公式如下:

$$TCI_{ij} = RCA^k_{X_i} \times RCA^k_{M_j} \quad (1-4)$$

其中,i、j 代表国家;k 代表产品类别;X 代表出口;M 代表进口。$RCA^k_{X_i} = (X^k_i/X_i) / (X^k_w/X_w)$,$w$ 代表国际市场,$RCA^k_{X_i}$ 代表显示性比较优势指数,当其值>1.25 时,说明 i 国的 k 产品在国际出口市场上具有较强的产品竞争力;反之,则意味着产品竞争力较弱。$RCA^k_{M_j} = (M^k_j/M_j) / (M^k_w/M_w)$,代表显示性比较劣势指数,当其值>1.25 时,说明 j 国的 k 产品处于比较劣势,在国际进口市场上不具有产品竞争力;反之,则意味着该国 k 产品在国际市场上具有较强的产品竞争力。当 $TCI>1$ 时,说明 i 国出口的商品类别与 j 国进口的商品类别一致,两国之间存在较强的贸易互补性;反之,当 $TCI<1$ 时,则说明两国之间在进出口商品上的贸易互补性较小。

1.2.2.2 综合贸易互补性指数

如果需要考虑多种产品贸易并存情况下的中国与贸易伙伴国之间贸易互补关系,则采用综合贸易互补性指数(TCIT)进行分析。综合贸易互补性指数计算公式如下:

$$TCIT_{ij} = \sum_k (RCA^k_{X_i} \times RCA^k_{M_j}) \times (X^k_w / X_w) \quad (1-5)$$

其中,i、j 代表国家;w 代表国际市场;k 代表产品类别;X 代表出口;M 代表进口。TCIT 的数值越大,表明 i 国与 j 国在贸易方面的联系紧密,国家 j 的市场对于国家 i 而言的相对重要程度大于国际市场。

1.2.2.3 产业内贸易指数

产业内贸易是指一国在一定时期内某一类产品存在既出口又进口的贸易现象。产业内贸易水平是衡量两国贸易关系的一个重要维度,它不仅反映了贸易的规模和深度,还揭示了两国经济的相互依赖性和互补性。

产业内贸易指数是用来测度一个产品的产业内贸易程度的指数,常用 Grubel-Lloyd 指数(GL)进行测度,反映某个时期某类产品产业内贸易水平的静态整体水平。GL 指数值越接近于 1，则表示该产品的产业内贸易程度越高，参与产业内国际分工程度越深，贸易互补性越弱；反之，GL 指数值越接近于 0，则表示该产品的产业间贸易特征越明显，其国际互补性越强。产业内贸易指数计算公式如下：

$$GL_{ij}^k = 1 - \frac{|X_{ij}^k - M_{ij}^k|}{X_{ij}^k + M_{ij}^k} \qquad (1-6)$$

其中，i、j 代表国家；k 代表产品类别；X 代表出口；M 代表进口；X_{ij}^k、M_{ij}^k 分别代表 i 国对 j 国 k 产品的出口额、进口额。GL 取值范围为 [0, 1]，如果 $GL_{ij}^k > 0.5$，则代表 i 国与 j 国在 k 产品上表现为产业内贸易；反之，则代表 i 国与 j 国在 k 产品上表现为产业间贸易。

1.2.2.4 边际产业内贸易指数

为了衡量两国之间的产业内贸易水平在不同时期的动态变化特征，采用边际产业内贸易指数（Marginal Grubel-Lloyd index，MGL）进行产业内贸易动态分析。边际产业内贸易指数计算公式如下：

$$MGL_{ij}^k = 1 - \frac{|\Delta X_{ij}^k - \Delta M_{ij}^k|}{|\Delta X_{ij}^k| + |\Delta M_{ij}^k|} \qquad (1-7)$$

其中，i、j 代表国家；k 代表产品类别；X 代表出口；M 代表进口。MGL 取值范围为 [0, 1]，MGL 值越大，表示两国在 k 产品增加的贸易量中，产业内贸易的比重较大；MGL 值越小，则表示两国在 k 产品增加的贸易量中，产业间贸易的比重较大。

1.2.2.5 综合产业内贸易指数

如果考察两国之间所有产品的总体产业内贸易水平，则需要对所有 SITC 商品的 GL 值进行加权平均，即可得到反映两国所有产品的总体产业内贸易水平的综合产业内贸易指数（Total Grubel-Lloyd index，GLT）。综合产业内贸易指数计算公式如下：

$$GLT_{ij} = 1 - \left(\sum_{k=0}^{9} |X_{ij}^k - M_{ij}^k|\right) / \sum_{k=0}^{9} (X_{ij}^k + M_{ij}^k) \qquad (1-8)$$

其中，i、j 代表国家；k 代表产品类别；X 代表出口；M 代表进口。GLT 取值范围为 [0, 1]，GLT 值越接近于 1，表示两国总体产业内贸易水平越高；反之，GLT 值越接近于 0，则表示两国总体产业内贸易水平越低。

1.2.3 贸易结合度分析指标

贸易结合度指数（Trade Intensity Index，TII）是反映贸易伙伴国之间贸易联系紧密程度的指标。它通过比较两国之间的进出口贸易额与各自总的进出口贸易额的比例，反映两国在贸易上是否存在紧密的贸易联系。贸易结合度指数计算公式如下：

$$TII_{ij} = \left(\frac{X_{ij}}{X_i}\right) \bigg/ \left(\frac{M_j}{M_w}\right) \tag{1-9}$$

其中，i、j 代表国家；w 代表国际市场；X 代表出口；M 代表进口；X_{ij} 表示 i 国对 j 国的出口额；X_i 表示 i 国的出口总额；X_{ij}/X_i 表示 i 国对 j 国的出口占 i 国的出口总额的比重；M_j 表示 j 国的进口总额；M_w 表示国际市场进口总额，M_j/M_w 表示 j 国的进口总额占国际市场进口总额的比重。如果 $TII \geq 1$，则说明 i 国与 j 国在贸易上存在密切的联系，具有较高的贸易依存度；反之，则说明 i 国与 j 国的贸易联系较为松散，贸易依存度较低。

1.2.4 地缘经济关系分析指标

地缘经济关系是指由于地理位置的接近或相互联系，不同国家和地区之间在经济领域的相互作用和依赖。地缘经济关系的形成和发展受到多种因素的影响，包括地理位置、政治制度、经济结构、文化差异、历史关系等。地缘经济关系通常可以分为两种基本类型：互补型关系和竞争型关系。互补型地缘经济关系表现为两国之间以联合或合作的方式开展贸易往来，而竞争型地缘经济关系表现为两国之间存在竞争、排斥、对立，甚至进行贸易制裁等行为。为了探究中国与 RCEP 成员国之间的地缘经济关系，本书采用对外经济联系强度和双边经济关系强度两个指数进行分析。

1.2.4.1 对外经济联系强度

对外经济联系强度（Intensity Index of Foreign Economic Relations，Relation）用来衡量两国之间由于某种要素所产生的空间相互作用。参考王鑫静等（2022）的做法，构建对外经济联系强度指数，Relation 值越大，代表两国之间相互作用越强，经济联系越紧密；反之，则代表经济联系越弱。对外经济联系强度计算公式如下：

$$Relation_{ij} = \frac{\sqrt{P_i G_i} \sqrt{P_j G_j}}{D_{ij}^2} \tag{1-10}$$

其中，i、j 代表国家；P 代表人口总数（单位/万人）；G 代表 GDP 水平（单位/亿美元）；D 代表地理距离（单位/千米），采用两国首都之间的直线距离衡量。

1.2.4.2 双边经济关系强度

关于中国与 RCEP 成员国之间的双边经济关系强度，采用欧氏距离指数（Euclidean Distance，ED）进行测度。一国经济发展水平需要从多个维度进行整体经济层面的综合衡量，因而本书采用经济发展水平、对外开放程度以及基础设施建设 3 个维度 17 个指标构建欧氏距离指数，具体指标体系如表 1-1 所示。

表 1-1 构建双边经济关系强度的指标体系

维度	指标
经济发展水平	人口总数、GDP、人均 GDP、就业率、通货膨胀率、货币增长率、工业增加值、农业增加值、服务业增加值、本币对美元汇率
对外开放程度	出口贸易额、进口贸易额、贸易依存度、外资净流入
基础设施建设	宽带订阅数、航空客运量、通电率

采用欧氏距离指数来测度两国之间的地缘经济关系，衡量两国之间的相似度与差异性。欧氏距离值为正，说明两国之间的差异性大，两国具有互补关系，正值越大，互补性越强；反之，则说明两国之间的相似度大，具有竞争关系，负值越大，竞争性越强。

（1）指标标准化处理

为了消除由量纲不同带来的影响，需要将不同单位、不同量级的指标数据转化为统一的标准单位和标准量级。本书根据表 1-1 的 17 个指标构建欧氏距离，则各指标的标准化处理公式如下：

$$X'_{iq} = \frac{X_{iq} - M(X_{iq})}{SD(X_{iq})} \tag{1-11}$$

其中，i 代表国家；q 代表双边经济的指标；X_{iq} 代表 i 国的第 q 个指标的原始数据值，q 取值范围为 1~17。X'_{iq} 代表对 X_{iq} 进行标准化后的指标值。$M(X_{iq})$、$SD(X_{iq})$ 分别代表 X_{iq} 的均值和标准差。

（2）欧氏距离值的计算

两国之间的欧氏距离计算公式如下：

$$ED_{ij} = \sqrt{\sum_{q=1}^{17}(X'_{iq} - X'_{jq})^2} \qquad (1-12)$$

其中，i、j 代表国家；q 代表指标数，取值范围为 1~17；X' 代表各指标的标准化值。

1.3 主要创新

本书的创新之处主要体现在以下几个方面：

（1）系统地分析了中国与 RCEP 其他 14 个成员国之间的贸易关系，具体包括中国与日本、中国与韩国、中国与澳大利亚、中国与新西兰、中国与新加坡、中国与越南、中国与印度尼西亚、中国与泰国、中国与文莱、中国与缅甸、中国与马来西亚、中国与老挝、中国与柬埔寨以及中国与菲律宾的贸易关系。

（2）不仅从贸易竞争性、贸易互补性和贸易结合度视角解读了中国与 RCEP 其他 14 个成员国之间的贸易关系，而且增加了地缘经济关系视角，从对外经济联系强度以及双边经济关系强度两个层面分析中国与 RCEP 其他 14 个成员国之间的贸易关系。

（3）采用 11 个相关指数，系统、全面地分析了中国与 RCEP 其他 14 个成员国之间的贸易关系，具体包括出口相似度指数（ESI）、贸易竞争力指数（TC）、显示性比较优势指数（RCA）、贸易互补性指数（TCI）、综合贸易互补性指数（TCIT）、产业内贸易指数（GL）、边际产业内贸易指数（MGL）、综合产业内贸易指数（GLT）、贸易结合度指数（TII）、对外经济联系强度（Relation）以及双边经济关系强度（ED）。

第2章

中国与日本贸易关系分析

2.1 引言

日本位于亚洲东北部,太平洋西北部,由北海道、本州、四国、九州4个大岛和其他6800多个小岛屿组成,陆地面积约37.8万平方千米,2023年人口达到1.24亿人。日本经济发展水平极高,2022年人均GDP达到3.38万美元,是亚洲四个发达国家之一,也是第三大世界经济体和世界第四大出口国。日本制造业水平较高,在国际出口市场具有较高的竞争力,汽车、机械(包括计算机)、电气机械和设备在总出口中占比最高。在贸易方面,统计数据显示,2022年日本外贸总额为216.343万亿日元,其中出口额为98.186万亿日元,进口额为118.157万亿日元,贸易逆差额为19.97万亿日元。2022年日本前三大贸易伙伴国分别是中国、美国和韩国。

1972年9月29日,中日双方签署发表《中华人民共和国政府和日本国政府联合声明》,实现邦交正常化。1974年,《中日贸易协议》签订生效后,中日贸易规模进入快速增长期。1972年中日双边贸易总额仅为10.38亿美元,1978年猛升至48.2亿美元。1978年8月,中日双方缔结《中日和平友好条约》,中日关系从正常化进入了和平友好时期。20世纪80年代和90年代初期,中日关系进入"政温经热"的历史最好时期,2007年中国成为日本最大贸易伙伴国,2009年中国成为日本第一大出口市场。截至2022年,在长达50年的经贸合作中,中日两国之间的贸易关系陆续经历了"政温经热""政冷经热""政冷经冷"等阶段。在政治和经济双重因素影响下,2012年以来,中日经济关系开始进入"政经双冷"时期,中日贸易往来陷入停滞状态。2022年1月1日,《区域全面经济伙伴关系协定》(RCEP)正式生效,中国和日本签订了第一个自由贸易协定,两国贸易规模有所增长。2022年,日本是中第五大贸易伙伴国，中国连续 15 年是日本第一大贸易伙伴国。数据显示，2022 年中国与日本的双边货物进出口总额为 3574.3 亿美元，同比下降 3.7%。其中，中国对日本的出口商品总值为 1729.3 亿美元，同比增长 4.4%；而中国自日本的进口商品总值为 1845.0 亿美元，同比下降 10.2%，中国对日本的贸易逆差额为 115.7 亿美元。

学界关于中国与日本之间贸易关系的研究主要围绕两个方面展开讨论：

一是中日双边贸易关系分析。肖光恩等（2012）采用 1992—2010 年数据研究发现，中国对日本出口的单向贸易依赖性有所减弱，且这种贸易行为受到日本出口贸易模式的影响。江明心（2018）在研究中日贸易关系时发现，1998—2007 年日本对中国的贸易依存度处于增长态势。司增绰（2019）发现，中日之间存在贸易互补关系，工业制成品是中国参与产业国际竞争的核心产品，而资本密集型产品和知识密集型产品是日本参与国际竞争的主要产品，而中日之间的贸易互补关系以产业间的垂直贸易为主。赵晓俊和侯景新（2019）对 2006—2016 年数据分析发现，中日之间的 TC 指数总体处于增长态势，中日两国之间竞争性逐渐增强。

二是中日双边贸易的影响因素分析。吕汝泉和苏紫悦（2021）认为，日本对华直接投资在短期内可以促进中国对日本进口贸易规模的增长，但是在长期内则会抑制日本对中国出口贸易规模的增长。张希颖和张蕊（2023）发现，RCEP 的实施有利于扩大中日之间的服装贸易规模以及整合汽车产业链和供应链。陈志恒和孙世豪（2024）指出，2014—2019 年贸易便利化对中日贸易规模存在明显的提升作用，具体表现在基础设施、商业环境、制度环境和金融环境的改善会扩大中日贸易规模。

综上所述，现有文献分别从贸易互补性、贸易竞争性以及贸易关系的影响因素方面分析了中国与日本的贸易关系，但对于近年来中日两国之间的全面性贸易关系以及地缘经济关系尚未进行深入和全面的分析。本章将从贸易竞争性、贸易互补性、贸易结合度以及地缘经济关系 4 个维度具体分析中日两国贸易关系，通过分析中日双边贸易的现状以及发展潜力和趋势，有助于在 RCEP 平台为中日贸易合作提供真实的现实证据。本章相关统计分析数据来源于联合国商品贸易统计数据库（UN Comtrade），并将所有进出口商品按联合国《国际贸易标准分类》①（SITC Rev.4）② 进行分类，具体分为十大类：食品及活动物（SITC0），饮料及烟类（SITC1），燃料除外的非食用原料（SITC2），矿物燃料、润滑油及有关原料（SITC3），动植物油、脂及蜡（SITC4），化学品及有关产品（SITC5），按原料分类的制成品（SITC6），机械及运输设备（SITC7），杂项制品（SITC8）以及未分类的商品及交易品（SITC9）。

2.2 中国与日本贸易发展概况

自1972年中国和日本实现邦交正常化后，中日贸易快速发展。截至2022年，中国连续15年成为日本第一大贸易伙伴国，日本连续多年位居中国前五大贸易伙伴国之列。

根据UN Comtrade的数据，2000—2021年中日两国贸易总额年均增长16%，其中2003年两国贸易规模增长速度最快，同比增长率高达31.07%（见表2-1）。从表2-1可以看出，2000年中日双边贸易总额为831.64亿美元，2002年突破1000亿美元，2006年突破2000亿美元，2011年更是突破3000亿美元，达到3428.37亿美元。受2008年国际金融危机影响，日本经济下滑，2009年中日贸易规模与2008年相比下降了14.20%，2010—2011年日本经济有所恢复，中国也进行了经济结构调整，促使中日贸易规模有所增长。2012年9月10日，日本政府不顾中方一再严正交涉，宣布"购买"钓鱼岛及其附属岛屿，实施所谓"国有化"。中国政府和人民对此表示坚决反对和强烈抗议。中日关系出现"政冷经冷"状态，2012—2016年，中日贸易规模呈明显下滑态势。2017年开始，中日政治关系有所缓和，2017—2021年，中日两国贸易规模基本呈稳步增长态势。

---

① 《国际贸易标准分类》（Standard International Trade Classification，SITC），由联合国统计司主持制定，联合国统计委员会审议通过，联合国秘书处出版颁布，旨在统一各国对外贸易商品的分类统计和分析对比。

② SITC第4版采用5位数编码结构，把全部国际贸易商品按经济类别划分为十大类：食品及活动物，饮料及烟类，燃料除外的非食用原料，矿物燃料、润滑油及有关原料，动植物油、脂及蜡，化学品及有关产品，按原料分类的制成品，机械及运输设备，杂项制品，未分类的商品及交易品，对应的商品代码为SITC0~SITC9。

表 2-1 2000—2021 年中日贸易规模

年份	中日贸易进出口总额		中国对日本出口额		中国自日本进口额	
	金额/亿美元	增长率/%	金额/亿美元	增长率/%	金额/亿美元	增长率/%
2000	831.64	—	416.54	—	415.10	—
2001	877.28	5.49	449.41	7.89	427.87	3.08
2002	1019.00	16.15	484.34	7.77	534.66	24.96
2003	1335.57	31.07	594.09	22.66	741.48	38.68
2004	1678.36	25.67	735.09	23.73	943.27	27.21
2005	1843.94	9.87	839.86	14.25	1004.08	6.45
2006	2072.95	12.42	916.23	9.09	1156.73	15.20
2007	2360.13	13.85	1020.63	11.39	1339.51	15.80
2008	2667.33	13.02	1161.33	13.79	1506.00	12.43
2009	2288.49	−14.20	979.11	−15.69	1309.38	−13.06
2010	2977.80	30.12	1210.44	23.63	1767.36	34.98
2011	3428.37	15.13	1482.69	22.49	1945.68	10.09
2012	3294.59	−3.90	1516.27	2.26	1778.32	−8.60
2013	3123.78	−5.18	1501.33	−0.99	1622.46	−8.76
2014	3123.12	−0.02	1493.91	−0.49	1629.21	0.42
2015	2781.65	−10.93	1356.14	−9.22	1425.51	−12.50
2016	2748.42	−1.19	1292.66	−4.68	1455.76	2.12
2017	3025.96	10.10	1372.57	6.18	1653.39	13.58
2018	3274.05	8.20	1470.47	7.13	1803.58	9.08
2019	3146.76	−3.89	1432.41	−2.59	1714.34	−4.95
2020	3169.58	0.73	1425.91	−0.45	1743.67	1.71
2021	3701.72	16.79	1658.15	16.29	2043.58	17.20

资料来源：根据 UN Comtrade 数据、世界银行数据库整理而得。

从图 2-1 可以看出，2000—2021 年中日贸易总体表现为"中方贸易逆差，日方贸易顺差"的发展态势。其中，2000—2001 年中日贸易表现为"中方贸易顺差，日方贸易逆差"，而 2002—2021 年中日贸易则表现为"中方贸易逆差，日方贸易顺差"，中国对日本贸易逆差从 50.32 亿美元增长到 385.43

亿美元,年均增长率为35.05%,2010年贸易逆差达到峰顶值,为556.92亿美元。2011年,日本受大地震影响,国内经济发展陷入困境。2012年,由于受钓鱼岛争端的影响,中国减少对日本的进口规模,中国对日本的贸易逆差规模也有所降低。

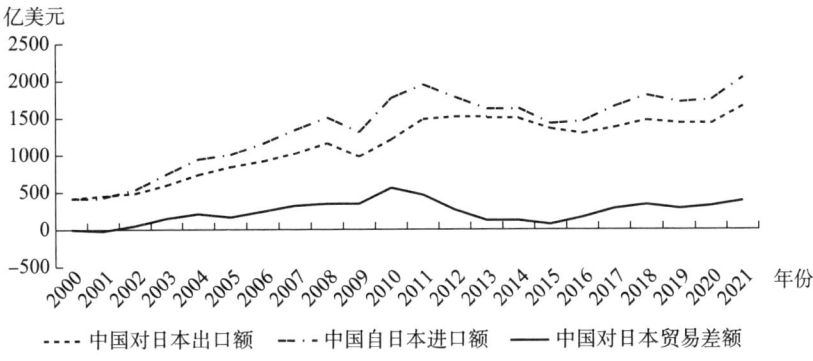

图 2-1　2000—2021 年中国与日本进出口额及贸易差额

资料来源:根据 UN Comtrade 数据、世界银行数据库整理而得。

对于中日双边贸易产品结构而言,从表 2-2 可以看出,中国对日本出口的商品主要集中在工业制成品,其中机械及运输设备(SITC7)约占中国对日本出口商品的 45.14%,杂项制品(SITC8)约占 22.37%,而化学品及有关产品(SITC5)和按原料分类的制成品(SITC6)两类商品各占11.26%。日本对中国出口的商品主要集中在机械及运输设备(SITC7)、化学品及有关产品(SITC5)和按原料分类的制成品(SITC6)。这三类商品在日本对中国出口的商品中的占比分别为 58.71%、17.91% 和 11.39%。

表 2-2　2021 年中日双边贸易主要商品出口额及占比

SITC 类别	名称	中国对日本出口的主要商品		日本对中国出口的主要商品	
		出口额/亿美元	占比/%	出口额/亿美元	占比/%
0	食品及活动物	93.88	5.66	11.55	0.57
1	饮料及烟类	0.56	0.03	3.05	0.15
2	燃料除外的非食用原料	39.52	2.38	38.92	1.90
3	矿物燃料、润滑油及有关原料	15.88	0.96	14.05	0.69

续表

SITC 类别	名称	中国对日本出口的主要商品		日本对中国出口的主要商品	
		出口额/亿美元	占比/%	出口额/亿美元	占比/%
4	动植物油、脂及蜡	0.55	0.03	0.15	0.01
5	化学品及有关产品	186.75	11.26	365.94	17.91
6	按原料分类的制成品	186.64	11.26	232.81	11.39
7	机械及运输设备	748.41	45.14	1199.86	58.71
8	杂项制品	370.97	22.37	172.35	8.43
9	未分类的商品及交易品	14.99	0.90	4.89	0.24

资料来源：根据 UN Comtrade 数据、世界银行数据库整理而得。

2.3 中国与日本贸易竞争性分析

2.3.1 出口相似度指数（ESI）分析

为了探究中日两国出口商品在国际市场的贸易竞争情况，本书采用出口相似度指数（ESI）进行分析。根据公式（1-1）计算出口相似度指数，具体分析中日两国出口商品的国际市场竞争程度，测算结果如图 2-2 所示。

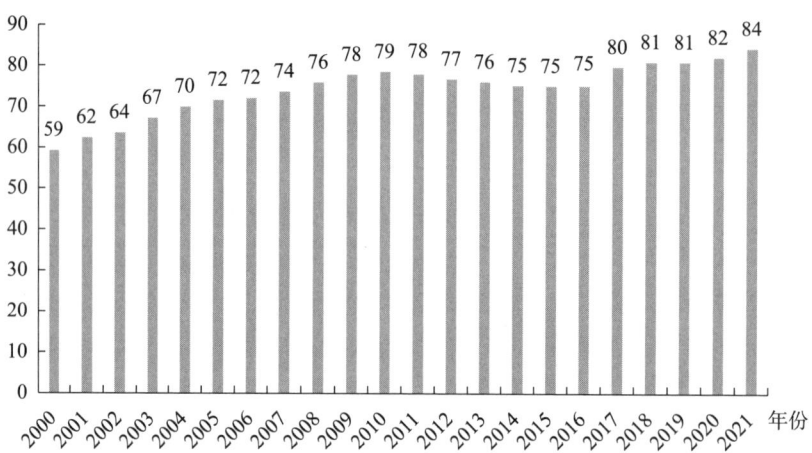

图 2-2 2000—2021 年中国与日本的出口相似度指数（ESI）

资料来源：根据 UN Comtrade 数据、世界银行数据库整理而得。

从图 2-2 可以看出，中国和日本在国际市场上的 ESI 指数值较高，介于 59~84，说明中日两国出口商品结构在国际出口市场上相似度较高，中国出口商品和日本出口商品具有贸易竞争程度较强的特征。从出口相似度指数的动态变化发展趋势看，2000—2021 年，中国和日本出口商品的 ESI 指数在国际市场呈总体上升态势。从出口相似度指数可以看出，中国和日本的出口商品竞争性较强，而贸易互补性特征不明显，这不利于两国未来长期和持续的贸易合作。

2.3.2 贸易竞争力指数（TC）分析

为了进一步探究中日两国出口商品在国际市场的贸易竞争情况，根据公式（1-2）计算 2001—2021 年中国和日本的贸易竞争力指数（TC）并进行比较分析（见表 2-3）。

表 2-3 中国和日本的产品贸易竞争力指数（TC）比较

SITC 类别	名称	2001 年		2011 年		2021 年	
		中国	日本	中国	日本	中国	日本
0	食品及活动物	0.44	-0.87	0.27	-0.89	-0.27	-0.78
1	饮料及烟类	0.36	-0.85	-0.24	-0.86	-0.47	-0.69
2	燃料除外的非食用原料	-0.69	-0.75	-0.90	-0.70	-0.90	-0.66
3	矿物燃料、润滑油及有关原料	-0.35	-0.95	-0.79	-0.89	-0.81	-0.88
4	动植物油、脂及蜡	-0.75	-0.76	-0.90	-0.84	-0.72	-0.69
5	化学品及有关产品	-0.41	0.09	-0.23	0.04	0.21	0.06
6	按原料分类的制成品	0.03	0.14	0.36	0.19	0.41	0.09
7	机械及运输设备	-0.10	0.46	0.17	0.46	0.25	0.33
8	杂项制品	0.73	-0.05	0.58	-0.13	0.56	-0.30
9	未分类的商品及交易品	-0.47	0.44	-0.91	0.50	-0.24	0.60

资料来源：根据 UN Comtrade 数据、世界银行数据库整理而得。

注：因篇幅所限，只列出 2001 年、2011 年和 2021 年的数据。

由表 2-3 可知，2001—2021 年中国的按原料分类的制成品（SITC6）和杂项制品（SITC8）两类商品的 TC 值一直为正，日本的化学品及有关产品（SITC5）、按原料分类的制成品（SITC6）、机械及运输设备（SITC7）、未分类的商品及交易品（SITC9）四类商品的 TC 值一直为正，说明中国的 SITC6、SITC8 两类商品以及日本的 SITC5、SITC6、SITC7、SITC9 四类商品具有贸易竞争力。

在中国出口商品中，燃料除外的非食用原料（SITC2），矿物燃料、润滑油及有关原料（SITC3），动植物油、脂及蜡（SITC4）以及未分类的商品及交易品（SITC9）四类商品的 TC 值一直为负。在日本出口商品中，食品及活动物（SITC0），饮料及烟类（SITC1），燃料除外的非食用原料（SITC2），矿物燃料、润滑油及有关原料（SITC3），动植物油、脂及蜡（SITC4），杂项制品（SITC8）六类商品的 TC 值一直为负。这意味着中国的初级产品贸易竞争力较弱，日本的初级产品和部分工业品的贸易竞争力较弱。

从贸易竞争力指数可以看出，日本的优势产品是工业制成品，而中国的优势产品也是工业制成品，但是具体商品类别不同，说明中国的 SITC6、SITC8 两类商品和日本的 SITC5、SITC6、SITC7、SITC9 四类商品具有贸易竞争力，两国工业制成品之间可以实现贸易互补。中日两国的初级产品都不具有比较优势，缺乏国际竞争力。这是由于中国是人口大国，对初级产品需求量较大，在国内供给不足的情况下，需从国际市场大量进口；另外国内对初级产品的价格监管不到位、人力资本投入不足，致使中国农产品出口竞争力弱。对于日本来说，日本工业虽然实现了高度机械化，但是日本的土地资源不具备比较优势，地形以山地、丘陵为主，人均耕地面积少，仅为 0.03 公顷，农业生产受到资源条件的限制，使得日本农业缺乏比较优势，农产品供给不足，无法满足国内需求，需要大量进口农产品，导致日本成为世界第二大农产品进口国以及亚洲第一大农产品进口国。

2.3.3 显示性比较优势指数（RCA）分析

本书采用显示性比较优势指数（RCA）分析中国和日本出口商品的国际竞争情况，根据公式（1-3）计算 2001—2021 年中国和日本出口商品的 RCA 指数，测算结果见表 2-4（间隔期为 1 年）。

表 2-4 中国与日本出口商品的 RCA 指数比较

国别	SITC 类别	2001	2003	2005	2007	2009	2011	2013	2015	2017	2019	2021	均值
中国	0	0.85	0.71	0.57	0.49	0.43	0.46	0.41	0.40	0.42	0.40	0.32	0.50
	1	0.35	0.25	0.19	0.15	0.15	0.16	0.15	0.17	0.18	0.16	0.10	0.18
	2	0.53	0.38	0.31	0.22	0.20	0.18	0.16	0.17	0.17	0.18	0.15	0.24
	3	0.34	0.27	0.19	0.13	0.13	0.11	0.09	0.12	0.16	0.18	0.12	0.17
	4	0.14	0.06	0.10	0.06	0.05	0.05	0.05	0.06	0.06	0.10	0.10	0.08
	5	0.52	0.42	0.44	0.45	0.42	0.56	0.51	0.51	0.75	0.76	0.83	0.56
	6	1.21	1.15	1.21	1.25	1.21	1.28	1.32	1.33	1.25	1.31	1.21	1.25
	7	0.81	1.02	1.16	1.24	1.38	1.41	1.39	1.24	1.27	1.29	1.33	1.23
	8	2.68	2.46	2.39	2.30	2.19	2.30	2.36	2.06	1.99	1.88	1.86	2.22
	9	0.05	0.05	0.04	0.04	0.03	0.03	0.01	0.05	0.15	0.35		0.08
日本	0	0.11	0.07	0.08	0.08	0.09	0.08	0.09	0.11	0.11	0.13	0.15	0.10
	1	0.10	0.08	0.08	0.08	0.11	0.11	0.11	0.14	0.17	0.20	0.26	0.13
	2	0.28	0.30	0.36	0.36	0.45	0.34	0.44	0.43	0.39	0.37	0.39	0.38
	3	0.05	0.04	0.04	0.09	0.12	0.13	0.12	0.17	0.16	0.12	0.12	0.12
	4	0.06	0.04	0.04	0.03	0.04	0.03	0.04	0.04	0.05	0.07	0.06	0.05
	5	0.77	0.76	0.81	0.82	0.85	0.94	0.99	0.89	0.87	0.90	0.92	0.87
	6	0.73	0.74	0.78	0.80	1.00	1.00	1.04	0.94	0.88	0.90	0.94	0.89
	7	1.59	1.67	1.71	1.70	1.67	1.78	1.76	1.60	1.58	1.57	1.53	1.65
	8	0.94	0.85	0.89	0.79	0.78	0.83	0.76	0.66	0.69	0.66	0.71	0.78
	9	0.98	0.92	0.90	1.31	1.35	1.32	1.34	1.52	1.38	1.42	2.15	1.33

资料来源：根据 UN Comtrade 数据、世界银行数据库整理而得。

根据 RCA 结果分析，中国和日本的出口商品可分为三类：一是中国与日本相比具有比较优势的产品，如中国的按原料分类的制成品（SITC6）、杂项制品（SITC8），两类商品的 RCA 指数均值分别为 1.25 和 2.22，而日本同类商品的 RCA 指数均值分别为 0.89 和 0.78，这意味着中国的 SITC6、SITC8 两类商品的 RCA 指数值高于日本，具有明显的竞争力；二是日本与中国相比具有比较优势的产品，如日本的化学品及有关产品（SITC5）、机械及运输设备（SITC7）和未分类的商品及交易品（SITC9），三类商品的 RCA 指数均值分别为 0.87、1.65 和 1.33，而中国同类商品的 RCA 指数均值分别为 0.56、1.23和 0.08，这意味着日本的 SITC5、SITC7、SITC9 三类商品具有更明显的竞争力;三是中日两国比较优势较弱的产品,如两国的 SITC0、SITC1、SITC2、SITC3、SITC4 五类商品的 RCA 指数均值都低于 0.80。

对比中国和日本的 RCA 指数,可以发现两国具有比较优势的产品皆为工业品,但是产品结构存在差异,两国具有比较优势的产品类别并不相同。具体表现为:中国在按原料分类的制成品(SITC6)和杂项制品(SITC8)两个类别以及日本在化学品及有关产品(SITC5)、机械及运输设备(SITC7)和未分类的商品及交易品(SITC9)三个类别上具有明显的比较优势,表现出较强的国际竞争力。

2.4 中国与日本贸易互补性分析

为了进一步探究中国与日本之间产品结构的贸易互补关系,本书采用贸易互补性指数(TCI)、综合贸易互补性指数(TCIT)、产业内贸易指数(GL)、边际产业内贸易指数(MGL)以及综合产业内贸易指数(GLT)5 个指标详细分析中国与日本之间的贸易互补情况。

2.4.1 贸易互补性指数(TCI)分析

为了深入分析中日之间产品结构的贸易互补关系,本书采用贸易互补性指数(TCI)进行分析。根据公式(1-4)计算中日之间产品结构 TCI 指数,测算结果见表 2-5。

表 2-5　中国与日本的产品贸易互补性指数(TCI)比较

SITC 类别	2001 年		2005 年		2011 年		2015 年		2021 年	
	中—日	日—中	中—日	日—中	中—日	日—中	中—日	日—中	中—日	日—中
0	1.64	0.04	0.97	0.02	0.59	0.02	0.50	0.05	0.39	0.11
1	0.49	0.02	0.25	0.01	0.22	0.03	0.20	0.05	0.14	0.10
2	1.04	0.76	0.58	1.07	0.29	1.16	0.28	1.43	0.25	1.26
3	0.69	0.03	0.35	0.04	0.18	0.10	0.21	0.18	0.20	0.16
4	0.07	0.06	0.05	0.05	0.02	0.03	0.02	0.04	0.03	0.05
5	0.37	1.01	0.29	0.89	0.44	0.87	0.44	0.82	0.65	0.67

续表

SITC 类别	2001年		2005年		2011年		2015年		2021年	
	中—日	日—中	中—日	日—中	中—日	日—中	中—日	日—中	中—日	日—中
6	0.78	0.92	0.81	0.71	0.86	0.68	0.96	0.65	0.97	0.65
7	0.57	1.77	0.83	2.06	0.90	1.96	0.93	1.80	0.99	1.60
8	3.16	0.48	2.69	0.71	2.48	0.60	2.44	0.47	2.53	0.39
9	0.03	0.20	0.02	0.08	0.02	1.46	0.00	0.25	0.22	0.41

资料来源：根据 UN Comtrade 数据、世界银行数据库整理而得。

注：因篇幅所限，只列出部分年份数据。

由表 2-5 可知，从中国出口的角度看，TCI 值大于 1 的出口商品集中于杂项制品（SITC8），说明中国出口的杂项制品与日本进口商品具有较强的贸易互补性。从日本出口的角度看，TCI 值大于 1 的出口商品主要分布在燃料除外的非食用原料（SITC2）、机械及运输设备（SITC7），说明在 SITC2、SITC7 两类商品上，日本出口与中国进口的匹配度较高，存在贸易互补关系。

2.4.2 综合贸易互补性指数（TCIT）分析

考虑多种产品贸易并存情况下的中国与日本之间贸易互补关系，本书采用综合贸易互补性指数（TCIT）进行分析。根据公式（1-5）计算中日两国 TCIT 指数，测算结果如图 2-3 所示。

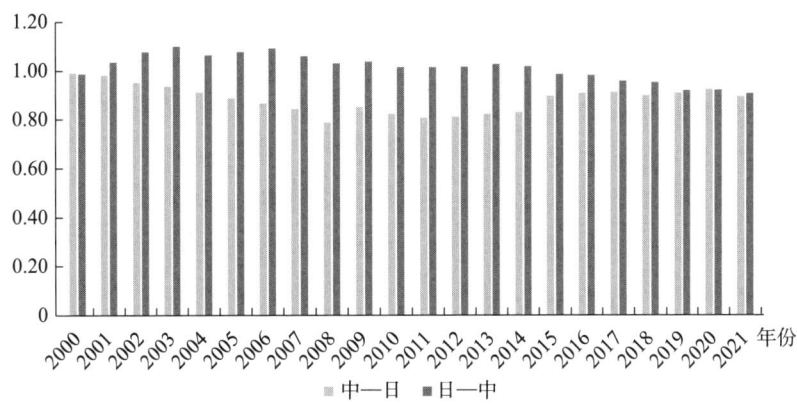

图 2-3 2000—2021 年中国与日本的综合贸易互补性指数（TCIT）比较

资料来源：根据 UN Comtrade 数据、世界银行数据库整理而得。

图 2-3 显示了 2000—2021 年中国与日本之间的综合贸易互补性指数的动态变化。从中国出口的角度看，中国出口与日本进口的 TCIT 值在 2000—2021 年均小于 1，说明中国出口与日本进口之间一直保持着较弱的贸易互补性。从日本出口的角度看，日本出口与中国进口的 TCIT 值在 2001—2014 年均大于 1，这意味着此期间日本出口与中国进口具有贸易互补性，但是从 2015 年开始，日本出口与中国进口之间的贸易互补性由强变弱，2015—2021 年 TCIT 值小于 1。

2.4.3 产业内贸易指数（GL）分析

为了深入分析中国与日本之间的产业内贸易程度，本书采用产业内贸易指数（GL）进行分析。根据公式（1-6）计算中日之间的产业内贸易指数（GL），测算结果见表 2-6（间隔期为 1 年）。

由表 2-6 可知，2001—2021 年，中国与日本在 SITC2、SITC3、SITC6、SITC7、SITC8 类别的商品 GL 值基本上大于 0.50，而其余类别的商品 GL 值基本上小于 0.50，说明中国与日本在燃料除外的非食用原料（SITC2）、矿物燃料、润滑油及有关原料（SITC3）、按原料分类的制成品（SITC6）、机械及运输设备（SITC7）、杂项制品（SITC8）五类商品上主要表现为产业内贸易，具有一定的贸易竞争性。中国与日本的食品及活动物（SITC0）、饮料及烟类（SITC1）、动植物油、脂及蜡（SITC4）、化学品及有关产品（SITC5）以及未分类的商品及交易品（SITC9）五类商品的产业内贸易水平都较低，表现为产业间贸易，这些商品具有较低的贸易竞争性。在中国对日本出口的商品中，低技术含量的劳动密集型产品占比较高，而在日本对中国出口的商品中，高技术水平的机械和电子产品等占比较高，说明中日之间在没有实现产业结构优化升级之前，中日贸易仍有较大的发展潜力。

表 2-6 中国与日本分类商品产业内贸易指数（GL）比较

SITC 类别	年份											均值
	2001	2003	2005	2007	2009	2011	2013	2015	2017	2019	2021	
0	0.07	0.07	0.08	0.08	0.10	0.05	0.06	0.09	0.10	0.17	0.22	0.10
1	0.26	0.10	0.19	0.21	0.36	0.33	0.42	0.88	0.52	0.41	0.31	0.36
2	0.96	0.86	0.66	0.54	0.49	0.55	0.51	0.61	0.62	0.98	0.99	0.71

续表

SITC类别	2001	2003	2005	2007	2009	2011	2013	2015	2017	2019	2021	均值
3	0.27	0.33	0.62	0.87	0.84	0.91	0.91	0.92	0.77	0.89	0.94	0.75
4	0.74	0.84	0.42	0.36	0.44	0.49	0.24	0.32	0.52	0.46	0.42	0.48
5	0.48	0.40	0.47	0.52	0.43	0.61	0.50	0.58	0.63	0.64	0.68	0.54
6	0.81	0.80	0.86	0.82	0.76	0.86	0.90	0.93	0.88	0.94	0.89	0.86
7	0.61	0.59	0.68	0.68	0.68	0.66	0.84	0.86	0.78	0.77	0.77	0.72
8	0.37	0.55	0.61	0.66	0.62	0.66	0.62	0.64	0.63	0.59	0.63	0.60
9	0.48	0.99	0.69	0.40	0.35	0.45	0.05	0.70	0.87	0.43	0.49	0.54

资料来源：根据 UN Comtrade 数据、世界银行数据库整理而得。

2.4.4 边际产业内贸易指数（MGL）分析

为了深入分析中日之间产品结构的边际产业内贸易情况，根据公式（1-7）计算 2001—2021 年中日两国之间的边际产业内贸易指数（MGL），测算结果见表 2-7（间隔期为 1 年）。

由表 2-7 可知，在中国与日本分类商品中，边际产业内贸易指数的均值大于 0.50 的商品较少。其中，按原料分类的制成品（SITC6）、机械及运输设备（SITC7）和杂项制品（SITC8）三类商品大部分年份 MGL 值大于 0.50，表明这三类商品的贸易量变化主要是由产业内贸易变化引起的，而其他七类商品的 MGL 均值都小于 0.50，表明在这七类商品增加的贸易量中，产业间贸易的比重较大。

表 2-7　中国与日本分类商品边际产业内贸易指数（MGL）比较

SITC类别	2001	2003	2005	2007	2009	2011	2013	2015	2017	2019	2021	均值
0	0.00	0.18	0.24	0.00	0.88	0.00	0.00	0.00	0.00	0.00	0.65	0.18
1	0.69	0.00	0.78	0.29	0.30	0.00	0.82	0.22	0.00	0.12	0.11	0.30
2	0.00	0.72	0.30	0.00	0.54	0.62	0.77	0.42	0.40	0.00	0.98	0.43
3	0.73	0.29	0.23	0.49	0.94	0.15	0.33	0.00	0.00	0.29	0.46	0.36

续表

SITC 类别	年份											均值
	2001	2003	2005	2007	2009	2011	2013	2015	2017	2019	2021	
4	0.14	0.00	0.27	0.03	0.00	0.00	0.00	0.00	0.00	0.00	0.32	0.07
5	0.00	0.37	0.83	0.55	0.58	0.84	0.00	0.26	0.82	0.00	0.86	0.47
6	0.00	0.89	0.78	0.55	0.92	0.55	0.59	0.82	0.13	0.00	0.99	0.56
7	0.87	0.54	0.22	0.73	0.79	0.77	0.00	0.77	0.52	0.56	0.80	0.60
8	0.00	0.97	0.72	0.84	0.84	0.41	0.64	0.75	0.97	0.93	0.51	0.69
9	0.00	0.63	0.88	0.00	0.34	0.00	0.00	0.01	0.00	0.02	0.48	0.21

资料来源：根据 UN Comtrade 数据、世界银行数据库整理而得。

2.4.5 综合产业内贸易指数（GLT）分析

为考察中日两国之间所有商品的总体产业内贸易水平，本书根据公式（1-8）计算两国综合产业内贸易指数（GLT）。图 2-4 反映了 2000—2021 年中国与日本之间的综合产业内贸易指数的变化情况。

由图 2-4 可以看出，所有 SITC 商品的 GLT 值在 0.51~0.76 范围波动，说明两国之间主要表现为产业内贸易。这是由于中国和日本都拥有相对完整的工业体系，中日之间的产业内分工不断深化，因而两国在产品结构上形成了产业内贸易，这意味着中日两国产品的市场竞争性较强，而贸易互补性不强。

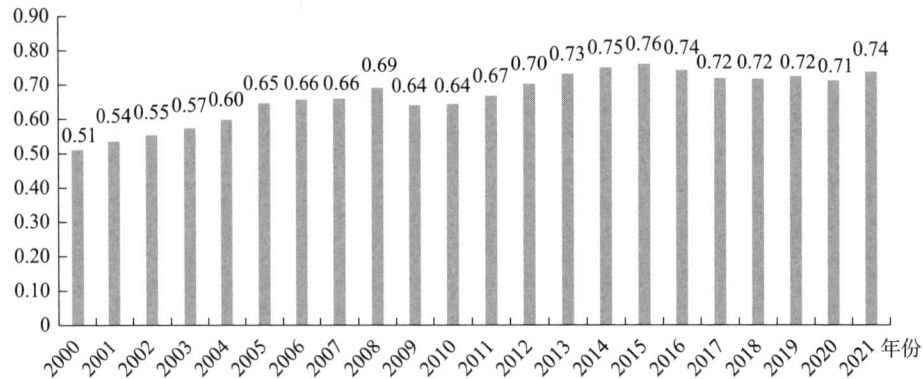

图 2-4　2000—2021 年中国与日本的综合产业内贸易指数（GLT）比较

资料来源：根据 UN Comtrade 数据、世界银行数据库整理而得。

2.5　中国与日本贸易结合度分析

本书采用贸易结合度指数（TII）反映中日之间贸易联系紧密程度，根据公式（1-9）计算2000—2021年中日贸易结合度指数，测算结果如图2-5所示。

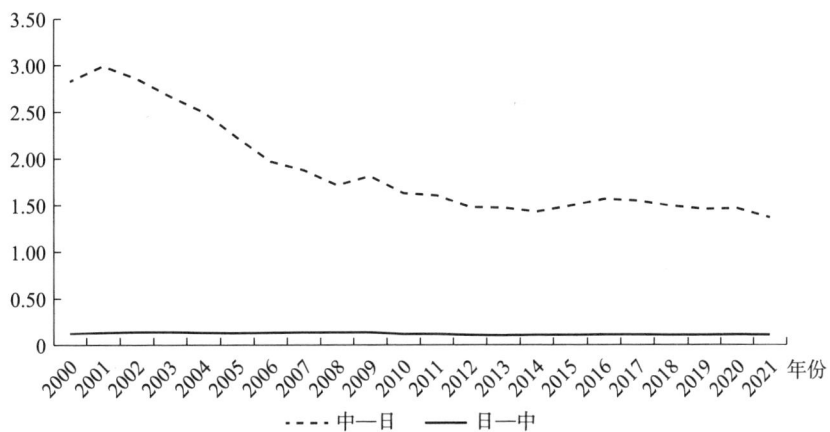

图2-5　2000—2021年中国与日本的贸易结合度指数（TII）比较

资料来源：根据UN Comtrade数据、世界银行数据库整理而得。

从中国出口的角度看，2000—2021年中国对日本出口TII值均大于1，说明中国与日本的贸易联系较为紧密，中国对日本的贸易依存度较高。从日本出口的角度看，日本与中国之间的TII值均小于1，表明日本对中国存在较松散的贸易联系，日本对中国的贸易依存度较低。从整体来看，2001—2021年中日之间的TII值呈下降态势，中国对日本的贸易依存度也日益下降。此外，日中之间的TII值变化趋势不明显，说明日本对中国的贸易依存度变化不明显。总之，TII指数计算结果说明，中日贸易结合度大于日中贸易结合度。

2.6　中国与日本地缘经济关系分析

为了探究中国和日本之间的地缘经济关系，本书采用对外经济联系强度和双边经济关系强度2个指标进行分析。

2.6.1 对外经济联系强度（Relation）分析

对外经济联系强度可以衡量中日两国之间由于某种要素所产生的空间相互作用。本书采用公式（1-10）计算中日两国之间对外经济联系强度，测算结果如图2-6所示。

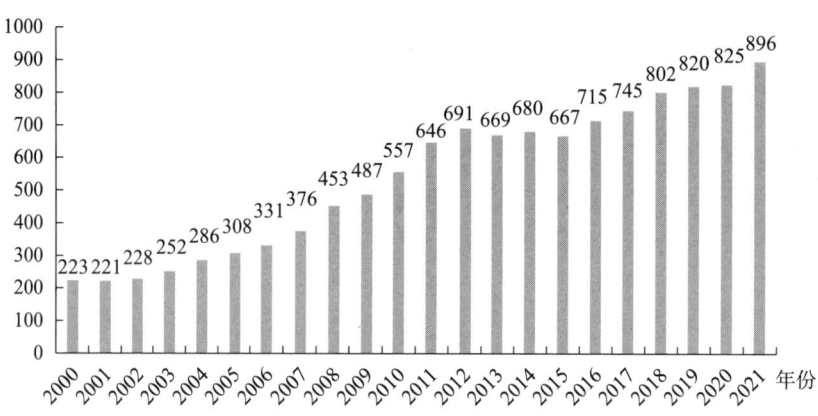

图2-6　2000—2021年中日之间的对外经济联系强度（Relation）

资料来源：根据 UN Comtrade 数据、世界银行数据库整理而得。

从图2-6可以看出2000—2021年中国与日本之间的 Relation 指数的变化情况。中日之间的对外经济联系强度处于明显的上升态势，分布区间为[223，896]，说明中日两国之间在经济发展、人员交流和经济联系方面日益紧密，两国之间的相互辐射能力和接受程度也越来越强，有利于两国之间的贸易往来。中国的国民收入和消费能力日益增长，可为日本提供潜力巨大的出口市场，也可为日本出口商提供重要的贸易合作机遇。

2.6.2 双边经济关系强度（ED）分析

本书采用欧氏距离指数衡量中日两国双边经济关系强度，根据公式（1-12）计算中日两国双边经济关系强度，测算结果如图2-7所示。

从图2-7可以看出，2000—2021年中日之间的双边经济关系强度（ED）值一直为正，ED指数值范围为[5.45，8.84]，且呈波浪式发展态势。中日两国之间仍表现为明显的互补型地缘经济关系。此外，欧氏距离的测算反映出日本在经济发展水平、对外开放程度以及基础设施情况等方面与中国经济存在巨大的合作空间，呈多元化发展趋势。贸易往来作为国际生产分工格局下的重要表现形式,其规模的增加得益于中日两国之间的互补型地缘经济关系不断增强。

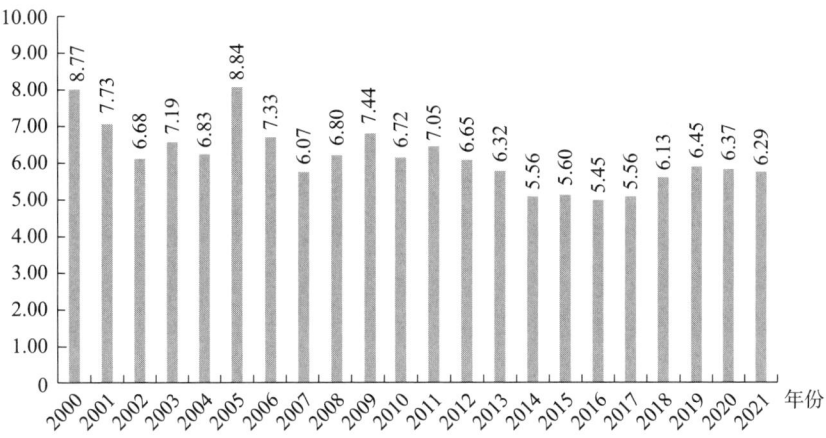

图 2-7 2000—2021 年中日之间的双边经济关系强度(ED)

资料来源:根据 UN Comtrade 数据、世界银行数据库整理而得。

2.7 本章小结

本章选取 UN Comtrade 和世界银行数据库中 2000—2021 年贸易数据,基于贸易竞争性、贸易互补性、贸易结合度以及地缘经济关系 4 个维度,采用 11 个相关指数探讨了中国与日本之间的双边贸易关系。结果表明:

(1)从贸易竞争性看,中日两国在国际市场上的出口结构相似度较高,表明两国在某些商品领域存在较强的贸易竞争性。具体来看,中国在按原料分类的制成品(SITC6)和杂项制品(SITC8)两类商品上具有贸易竞争力,而日本在化学品及有关产品(SITC5)、按原料分类的制成品(SITC6)、机械及运输设备(SITC7)和未分类的商品及交易品(SITC9)四类商品上具有贸易竞争力。两国的比较优势产品不同,这为双方提供了在不同领域竞争的可能性。

(2)从贸易互补性看,TCI 指数显示,中国出口商品在 SITC8 类别商品上与日本的进口商品具有较强的贸易互补性,而日本出口商品在 SITC2、SITC7 类别商品上与中国的进口商品存在较强的贸易互补关系,表明两国在某些商品领域可以相互补充,促进双方的贸易平衡。GL 指数和 MGL 指数显示,中日两国在 SITC2、SITC3、SITC6、SITC7、SITC8 五类商品上主要表现为产业内贸易，这意味着两国在这些领域的贸易竞争性较高，GLT 指数表明，整体上中日两国的贸易关系表现为产业内贸易，具有高度竞争的特点。

（3）从贸易结合度看，TII 值显示，中国对日本的 TII 值较高，表明中国与日本的贸易联系较为紧密。中国出口对日本进口的贸易依存度较高，而日本出口对中国进口的 TII 值较低，意味着日本对中国的贸易联系较为松散，日本出口对中国进口的贸易依存度较低。这可能意味着相对于中国，日本在与多国的贸易中，与中国的贸易联系并不是特别集中，显示出一种相对分散的贸易格局。

（4）从地缘经济关系看，Relation 指数显示，中日之间的对外经济联系强度总体持续上升，经贸合作日益紧密。ED 值的波动表明两国之间存在互补型地缘经济关系，这为双方提供了进一步深化经济合作的基础。

综上所述，中日两国的贸易关系复杂而多元，既有竞争也有互补。两国可以通过加强在互补性领域的合作来促进双边贸易的平衡和增长。同时，两国也可以在产业内贸易领域寻求合作机会，以减少直接竞争，实现互利共赢。此外，加强地缘经济关系，深化经贸合作，有助于两国经济的共同发展。

第3章

中国与韩国贸易关系分析

3.1 引言

韩国位于东亚朝鲜半岛南部,国土面积约10.329万平方千米,截至2022年12月,韩国人口约5162万人。韩国是亚洲四个发达国家之一,2022年人均GDP达到3.3万美元。韩国的国民支柱产业是制造业和服务业,其中造船、汽车、电子、钢铁、纺织等产业产量均进入世界前10名,69种产品在全球出口市场份额排名第一。但是,韩国人均耕地面积较少、农业劳动力不足、缺乏竞争力,这三重危机导致韩国农业产值不到GDP的2%,农业资源禀赋不足,粮食、牛肉、水果、禽肉以及牛奶等农牧产品主要靠进口来保证国内生活所需。在贸易方面,统计数据显示,2022年韩国的进出口总额为14140.2亿美元,同比增长12.4%,其中进口额为7307.9亿美元,出口额为6832.3亿美元,贸易逆差额为475.6亿美元。韩国前三大贸易伙伴国分别是中国、美国、日本。

1992年,中国与韩国建立外交关系,此后两国结束了长期互不承认和相互隔绝的历史,开始了稳定持久的长期经贸合作。2015年6月,中国和韩国正式签署《中华人民共和国政府和大韩民国政府自由贸易协定》,协定内容涉及货物贸易、服务贸易以及投资和规则等共计17个领域。此协定是中国对外签署的覆盖领域最多、涉及国别贸易额最高的自由贸易协定。2015年,中韩双方签署了《关于在丝绸之路经济带和21世纪海上丝绸之路建设以及欧亚倡议方面开展合作的谅解备忘录》。2022年1月1日,《区域全面经济伙伴关系协定》(RCEP)正式生效,中国和韩国作为成员国在RCEP平台上开展了更为深入和广阔的双边经贸合作。韩国作为国土面积在全球排名第107的国家,其经济发展需要通过更广阔的经贸合作平台。中国作为制造业大国、人口大国以及消费大国，为韩国提供了出口贸易的发展空间。2022年，统计数据显示，中国与韩国的双边货物进出口总额为3622.89亿美元，同比增长0.1%。其中，中国对韩国的出口额为1626.21亿美元，同比增长9.5%；而中国自韩国的进口商品总额为1996.67亿美元，同比下降6.5%，这导致中国与韩国的贸易逆差额为370.46亿美元。韩国是中国第三大贸易伙伴国，中国是韩国最大贸易伙伴国、最大出口市场和最大进口来源国。

学界关于中国与韩国之间贸易关系的研究主要围绕两个方面展开讨论：

一是中韩双边贸易关系分析。郑宁等（2010）发现，中韩产业内贸易呈现出一个提升态势，2007年以后，中国对韩国存在长期的持续上涨态势的贸易逆差。王绍媛和冯之晴（2021）在对中韩贸易关系的研究中发现，中韩两国之间在工业制成品上贸易结合度较高，其中，中韩两国在中高科技类产品的贸易结合度更高，但中—韩的贸易联系度总体上低于韩—中的贸易联系度。冯晓玲和赵鑫（2022）采用TI指数与ESI指数分析中韩贸易，结果表明，中韩双边贸易潜力处于上升态势，其中中韩之间初级产品贸易潜力具有很大的上升空间。

二是中韩双边贸易的影响因素分析。姚超和曲发明（2015）采用引力模型进行分析，发现韩国对中国对外直接投资带来出口创造效应小于进口创造效应，此为中国对韩国贸易逆差的主要原因。陈晓娟和穆月英（2014）采用2002—2011年数据实证研究，结论显示，韩国对中国设置的TBT是影响中国农产品出口的主要因素，它对中国出口具有显著的抑制作用。

综上所述，现有文献从贸易互补性、贸易竞争性以及产业内贸易等方面对中韩双边贸易进行了分析，但对于近年来中韩之间的全面性贸易关系以及地缘经济关系尚未进行深入和全面的分析，也未考虑到RCEP战略建设的新形势和新机遇。本章采用不同测度指标，分别从贸易竞争性、贸易互补性、贸易结合度以及地缘经济关系4个维度全面、准确地分析中韩之间的贸易关系，通过研究双方贸易合作的现状、发展潜力和趋势、重点发展领域等问题，为中韩之间的未来贸易合作提供现实数据，并据此提出对策与建议。本章相关统计分析的数据来源于UN Comtrade，并将所有进出口商品按《国际贸易标准分类》（SITC Rev.4）进行分类。

3.2 中国与韩国贸易发展概况

自1992年8月中国和韩国建立外交关系以来,中韩两国经贸合作进入了迅猛发展时期。截至2023年,中国是韩国最大贸易伙伴国,此外中国还是韩国第一大出口市场和第一进口来源国,而韩国常年保持中国前十的贸易伙伴国地位。根据UN Comtrade的数据,中韩两国贸易总额在2000—2021年年均增长45%(见表3-1)。从表3-1可以看出,2000年中韩双边贸易总额为345亿美元,2005年突破1000亿美元,2010年突破2000亿美元,2021年更是突破3000亿美元,达到3621.30亿美元。2009年,受国际金融危机影响,中韩两国贸易总额为1562.32亿美元,中韩两国贸易规模出现负增长,增长率为-16.04%,虽然2009年以后两国经济恢复,两国贸易总额增速为正增长,但是受到全球经济增速放缓以及2015年韩国"萨德"事件影响,中韩贸易规模在2015年和2016年分别出现了负增长。

表3-1 2000—2021年中韩贸易规模

年份	中韩贸易进出口总额		中国对韩国出口额		中国自韩国进口额	
	金额/亿美元	增长率/%	金额/亿美元	增长率/%	金额/亿美元	增长率/%
2000	345.00	—	112.93	—	232.07	—
2001	358.96	4.05	125.19	10.86	233.77	0.73
2002	441.03	22.86	155.35	24.09	285.68	22.21
2003	632.23	43.35	200.95	29.36	431.28	50.97
2004	900.46	42.43	278.12	38.40	622.34	44.30
2005	1119.28	24.30	351.08	26.23	768.20	23.44
2006	1342.46	19.94	445.22	26.82	897.24	16.80
2007	1601.84	19.32	564.32	26.75	1037.52	15.63
2008	1860.70	16.16	739.32	31.01	1121.38	8.08
2009	1562.32	-16.04	536.80	-27.39	1025.52	-8.55
2010	2071.06	32.56	687.67	28.10	1383.39	34.90
2011	2456.37	18.60	829.20	20.58	1627.17	17.62
2012	2564.02	4.38	876.74	5.73	1687.28	3.69
2013	2742.38	6.96	911.65	3.98	1830.73	8.50
2014	2904.42	5.91	1003.33	10.06	1901.09	3.84

续表

年份	中韩贸易进出口总额		中国对韩国出口额		中国自韩国进口额	
	金额/亿美元	增长率/%	金额/亿美元	增长率/%	金额/亿美元	增长率/%
2015	2754.78	−5.15	1012.38	0.90	1742.40	−8.35
2016	2523.90	−8.38	936.74	−7.47	1587.16	−8.91
2017	2801.80	11.01	1026.82	9.62	1774.98	11.83
2018	3132.87	11.82	1087.38	5.90	2045.49	15.24
2019	2842.83	−9.26	1109.34	2.02	1733.49	−15.25
2020	2854.60	0.41	1124.15	1.33	1730.45	−0.18
2021	3621.30	26.86	1487.62	32.33	2133.68	23.30

资料来源：根据 UN Comtrade 数据、世界银行数据库整理而得。

从图 3-1 可以看出，2000—2021 年中韩贸易差额表现为稳步增长态势，具体表现为"中方贸易逆差，韩方贸易顺差"，中国对韩国贸易逆差额从 119.14 亿美元增长到 646.06 亿美元，年均增长 21.06%，中国对韩国贸易长期处于贸易逆差状态。2013 年、2018 年贸易逆差出现峰顶值，分别为 919.08 亿美元、958.11 亿美元。2015—2016 年，美伊战争所引发的国际经济不景气导致各国经济发展缓慢，中国与韩国双边贸易规模有所下降。与此同时，中国对韩国的贸易逆差额也呈下降态势。

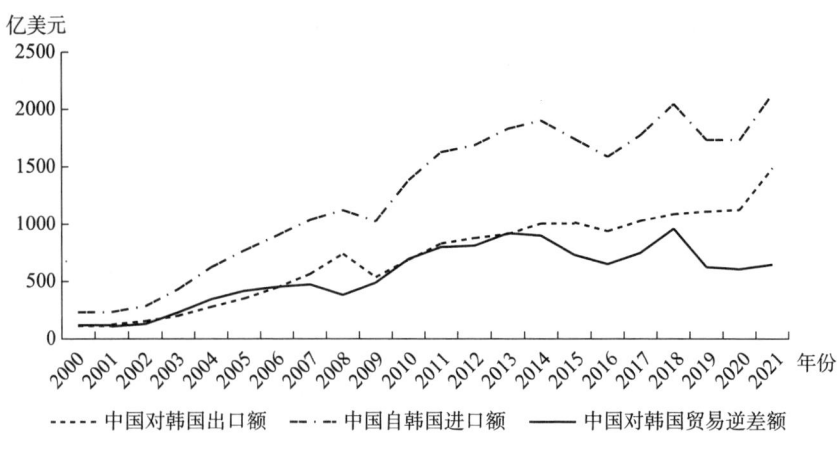

图 3-1 2000—2021 年中国与韩国进出口额及贸易差额

资料来源：根据 UN Comtrade 数据、世界银行数据库整理而得。

由表 3-2 可知 2021 年中韩双边贸易的具体产品结构。中国对韩国出口的商品主要集中在工业制成品 SITC5、SITC6、SITC7、SITC8 四类，其中机械及运输设备（SITC7）约占中国对韩国出口商品的 48.07%，按原料分类的制成品（SITC6）约占 16.64%，化学品及有关产品（SITC5）约占 15.10%，杂项制品（SITC8）约占 13.81%。韩国对中国出口的商品主要集中在 SITC5 和 SITC7，其中机械及运输设备（SITC7）约占韩国对中国出口商品的 64.06%，化学品及有关产品（SITC5）约占 19.34%。

表 3-2　2021 年中韩双边贸易主要商品出口额及占比

SITC 类别	名称	中国对韩国出口的主要商品		韩国对中国出口的主要商品	
		出口额/亿美元	占比/%	出口额/亿美元	占比/%
0	食品及活动物	44.55	2.99	10.72	0.50
1	饮料及烟类	1.12	0.08	2.61	0.12
2	燃料除外的非食用原料	18.44	1.24	20.36	0.95
3	矿物燃料、润滑油及有关原料	18.47	1.24	44.71	2.10
4	动植物油、脂及蜡	1.17	0.08	0.17	0.01
5	化学品及有关产品	224.57	15.10	412.59	19.34
6	按原料分类的制成品	247.56	16.64	155.88	7.31
7	机械及运输设备	715.07	48.07	1366.83	64.06
8	杂项制品	205.43	13.81	117.46	5.51
9	未分类的商品及交易品	11.24	0.76	2.35	0.11

资料来源：根据 UN Comtrade 数据、世界银行数据库整理而得。

3.3　中国与韩国贸易竞争性分析

本书采用出口相似度指数（ESI）、贸易竞争力指数（TC）以及显示性比较优势指数（RCA）3 个指标探究中国与韩国之间的贸易竞争性情况。

3.3.1　出口相似度指数（ESI）分析

根据公式（1-1）计算出口相似度指数，具体分析中韩两国出口商品在国际市场的竞争情况。从图 3-2 可以看出，2000—2021 年中国和韩国在国际市场上的 ESI 指数值较高，ESI 指数值范围为 [68，82]，这意味着中韩两国的出口商品在产品结构上相似度高，因而中韩两国出口商品在国际市场的贸易竞争较激烈。从 2000—2021 年中韩两国的 ESI 指数的动态变化发展趋势可以发现，中国和韩国出口商品的 ESI 指数在国际市场总体呈平稳上升态势，中国的出口商品与韩国的出口商品结构或产品属性比较相似，两国存在争夺国际市场份额的激烈竞争。

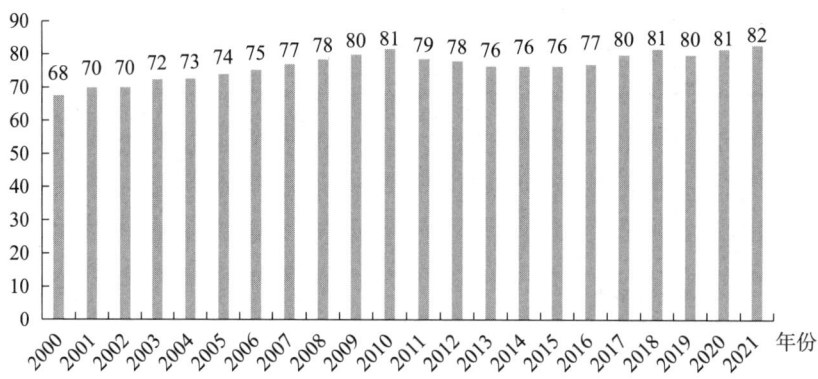

图 3-2　2000—2021 年中国与韩国的出口相似度指数（ESI）

资料来源：根据 UN Comtrade 数据、世界银行数据库整理而得。

3.3.2　贸易竞争力指数（TC）分析

为了更好地分析中韩贸易竞争情况，根据公式（1-2）计算 2001—2021 年中韩贸易竞争力指数（TC）并进行比较分析，测算结果见表 3-3。

表 3-3　中国和韩国的产品贸易竞争力指数（TC）比较

SITC 类别	名称	2001 年		2011 年		2021 年	
		中国	韩国	中国	韩国	中国	韩国
0	食品及活动物	0.44	-0.51	0.27	-0.64	-0.27	-0.62
1	饮料及烟类	0.36	-0.37	-0.24	0.17	-0.47	0.06
2	燃料除外的非食用原料	-0.69	-0.70	-0.90	-0.68	-0.90	-0.65
3	矿物燃料、润滑油及有关原料	-0.35	-0.62	-0.79	-0.54	-0.81	-0.56
4	动植物油、脂及蜡	-0.75	-0.88	-0.90	-0.88	-0.72	-0.89
5	化学品及有关产品	-0.41	-0.02	-0.23	0.12	0.21	0.24
6	按原料分类的制成品	0.03	0.23	0.36	0.09	0.41	0.11
7	机械及运输设备	-0.10	0.27	0.17	0.38	0.25	0.28

续表

SITC类别	名称	2001年		2011年		2021年	
		中国	韩国	中国	韩国	中国	韩国
8	杂项制品	0.73	0.12	0.58	0.13	0.56	-0.34
9	未分类的商品及交易品	-0.47	-0.90	-0.91	-0.71	-0.24	-0.42

资料来源：根据 UN Comtrade 数据、世界银行数据库整理而得。

注：因篇幅所限，只列出 2001 年、2011 年和 2021 年的数据。

由表3-3可知，2001—2021年中国的按原料分类的制成品（SITC6）和杂项制品（SITC8）两类商品的TC值一直为正，韩国的按原料分类的制成品（SITC6）、机械及运输设备（SITC7）两类商品的TC值一直为正，说明中国的SITC6、SITC8两类商品以及韩国的SITC6、SITC7两类商品具有贸易竞争力，其中中国SITC8类别商品的TC值相对更高。

中国的化学品及有关产品（SITC5）、机械及运输设备（SITC7）两类商品的TC值由负转为正，韩国的饮料及烟类（SITC1）、化学品及有关产品（SITC5）两类商品的TC值由负转为正，意味着中国和韩国各有两类SITC商品的贸易竞争力不断提升。

中国的燃料除外的非食用原料（SITC2）、矿物燃料、润滑油及有关原料（SITC3），动植物油、脂及蜡（SITC4）以及未分类的商品及交易品（SITC9）四类商品的TC值一直为负，韩国的SITC0、SITC2、SITC3、SITC4、SITC9五类商品的TC值一直为负，意味着中国和韩国在此领域商品的贸易竞争力都较弱。

此外，中国的食品及活动物（SITC0）、饮料及烟类（SITC1）两类商品的TC值由正转为负，韩国的杂项制品（SITC8）的TC值由正转为负，说明这些商品的贸易竞争力逐渐变弱。

从贸易竞争力指数可以看出，中国的优势产品为按原料分类的制成品（SITC6）、杂项制品（SITC8），而韩国的优势产品为按原料分类的制成品（SITC6）和机械及运输设备（SITC7），两国存在相同优势产品——按原料分类的制成品（SITC6），因此，中韩两国在SITC6商品类别上存在较强的贸易竞争性，而在其他商品类别上贸易竞争性较弱。

3.3.3 显示性比较优势指数（RCA）分析

为了更好地分析中韩贸易竞争情况，根据公式（1-3）计算2001—2021

年中国和韩国出口商品的 RCA 指数,测算结果见表 3-4(间隔期为 1 年)。

表 3-4 中国与韩国出口商品的 RCA 指数比较

国别	SITC 类别	2001	2003	2005	2007	2009	2011	2013	2015	2017	2019	2021	均值
中国	0	0.85	0.71	0.57	0.49	0.43	0.46	0.41	0.40	0.42	0.40	0.32	0.50
	1	0.35	0.25	0.19	0.15	0.15	0.16	0.15	0.17	0.18	0.16	0.10	0.18
	2	0.53	0.38	0.31	0.22	0.20	0.18	0.16	0.17	0.17	0.18	0.15	0.24
	3	0.34	0.27	0.19	0.13	0.13	0.11	0.09	0.11	0.16	0.18	0.12	0.17
	4	0.14	0.06	0.10	0.06	0.05	0.05	0.05	0.06	0.06	0.10	0.10	0.08
	5	0.52	0.42	0.44	0.45	0.42	0.56	0.51	0.51	0.75	0.76	0.83	0.56
	6	1.21	1.15	1.21	1.25	1.21	1.28	1.32	1.33	1.25	1.31	1.21	1.25
	7	0.81	1.02	1.16	1.24	1.38	1.41	1.39	1.24	1.27	1.29	1.33	1.23
	8	2.68	2.46	2.39	2.30	2.19	2.30	2.36	2.06	1.99	1.88	1.86	2.22
	9	0.05	0.05	0.04	0.05	0.03	0.03	0.02	0.01	0.05	0.15	0.35	0.08
韩国	0	0.26	0.20	0.17	0.14	0.14	0.15	0.14	0.14	0.14	0.17	0.18	0.17
	1	0.19	0.25	0.23	0.23	0.26	0.29	0.28	0.36	0.41	0.39	0.35	0.29
	2	0.37	0.35	0.32	0.33	0.33	0.34	0.30	0.30	0.31	0.32	0.33	0.33
	3	0.58	0.38	0.45	0.50	0.49	0.55	0.55	0.58	0.64	0.73	0.57	0.55
	4	0.04	0.03	0.02	0.02	0.02	0.02	0.02	0.03	0.03	0.03	0.03	0.03
	5	0.86	0.83	0.91	0.92	0.86	1.03	1.12	1.00	1.03	1.11	1.15	0.98
	6	1.31	1.15	1.04	0.98	1.06	1.06	1.04	0.99	1.01	1.07	0.98	1.06
	7	1.39	1.59	1.65	1.58	1.66	1.65	1.65	1.59	1.55	1.51	1.54	1.58
	8	0.72	0.58	0.64	0.79	0.86	0.78	0.75	0.66	0.58	0.44	0.47	0.66
	9	0.01	0.02	0.01	0.02	0.01	0.01	0.02	0.02	0.02	0.02	0.05	0.02

资料来源:根据 UN Comtrade 数据、世界银行数据库整理而得。
注:因篇幅所限,只列出部分年份的数据。

根据 RCA 结果分析,2001—2021 年中国和韩国的出口商品可分为三类:一是中国与韩国相比具有比较优势的产品,如中国的按原料分类的制成品(SITC6)和杂项制品(SITC8),两类商品的 RCA 指数均值分别为 1.25 和 2.22,而韩国同类商品的 RCA 指数均值分别为 1.06 和 0.66,意味着中国 SITC6、SITC8 两类商品的 RCA 指数值高于韩国,具有明显的竞争力;二是韩国与中国相比具有比较优势的产品,如韩国的机械及运输设备(SITC7)的 RCA 指数均值为 1.58,而中国同类商品的 RCA 指数均值为 1.23,意味着韩国 SITC7 类别的商品与中国相比具有明显的竞争力；三是中韩两国比较优势较弱的产品，如两国的 SITC0、SITC1、SITC2、SITC3、SITC4、SITC5 和 SITC9 七类商品的 RCA 指数均值都低于 1，属于比较劣势的产品。

从 RCA 指数分析可以看出，中韩两国具有比较优势的产品皆为工业制成品，但是类别不同，中国的优势产品为按原料分类的制成品和杂项制品，而韩国的优势产品为机械及运输设备。这种差异为两国在国际贸易中的互补提供了基础，有助于两国在各自的优势领域内进一步发展和加强贸易合作。

3.4 中国与韩国贸易互补性分析

为了进一步探究中国与韩国之间产品结构的贸易互补关系，本书采用贸易互补性指数（TCI）、综合贸易互补性指数（TCIT）、产业内贸易指数（GL）、边际产业内贸易指数（MGL）以及综合产业内贸易指数（GLT）5 个指标详细分析中国与韩国之间的贸易互补情况。

3.4.1 贸易互补性指数（TCI）分析

本书采用贸易互补性指数（TCI）探究 2001—2021 年中国与韩国之间产品结构的贸易互补性情况，根据公式（1-4）计算 TCI 指数，测算结果见表 3-5。

由表 3-5 可知，从中国出口的角度看，TCI 值大于 1 的产品覆盖了三类商品，具体包括按原料分类的制成品（SITC6）、机械及运输设备（SITC7）和杂项制品（SITC8）。说明中国在 SITC6、SITC7 和 SITC8 类别商品上相对于韩国商品具有明显的产品优势，中国出口与韩国进口之间具有较强的贸易互补性。从韩国出口的角度看，TCI 值大于 1 的出口商品主要分布在机械及运输设备（SITC7），说明韩国出口与中国进口之间只在一类商品上存在较强的互补关系。这是由于韩国的出口商品不仅包括造船、汽车、钢铁等传统重工业，而且还涵盖了半导体、显示器、手机等电子信息产业。其中半导体、汽车、石油化工等韩国的主力出口商品，与中国进口商品匹配度较高，大量出口到中国。

表 3-5　中国与韩国的产品贸易互补性指数（TCI）比较

SITC 类别	2001 年		2005 年		2011 年		2015 年		2021 年	
	中—韩	韩—中	中—韩	韩—中	中—韩	韩—中	中—韩	韩—中	中—韩	韩—中
0	0.71	0.09	0.43	0.05	0.33	0.04	0.32	0.07	0.27	0.13
1	0.15	0.03	0.05	0.03	0.03	0.08	0.05	0.15	0.03	0.13
2	1.04	0.99	0.53	0.95	0.30	1.15	0.26	0.99	0.21	1.06
3	0.83	0.42	0.36	0.32	0.18	0.48	0.24	0.61	0.23	0.73
4	0.08	0.04	0.06	0.03	0.02	0.03	0.02	0.03	0.05	0.03
5	0.47	1.13	0.37	1.00	0.45	0.95	0.43	0.92	0.60	0.83
6	1.06	1.65	1.22	0.94	1.23	0.73	1.24	0.68	1.04	0.68
7	0.71	1.55	1.02	1.98	1.09	1.81	1.10	1.79	1.20	1.61
8	1.57	0.37	1.72	0.51	1.52	0.56	1.61	0.47	1.99	0.26
9	0.03	0.20	0.02	0.08	0.02	1.46	0.00	0.25	0.22	0.41

资料来源：根据 UN Comtrade 数据、世界银行数据库整理而得。

注：因篇幅所限，只列出部分年份数据。

3.4.2　综合贸易互补性指数（TCIT）分析

如果需要考虑多种产品贸易并存情况下的中国与韩国之间贸易互补关系，则采用综合贸易互补性指数（TCIT）进行分析。根据公式（1-5）计算中韩两国 TCIT 指数，测算结果如图 3-3 所示。

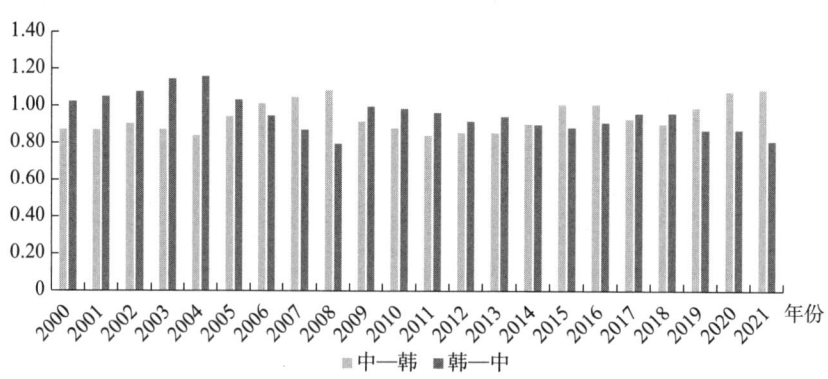

图 3-3　2000—2021 年中国与韩国的综合贸易互补性指数（TCIT）比较

资料来源：根据 UN Comtrade 数据、世界银行数据库整理而得。

图 3-3 显示了 2000—2021 年中国与韩国的综合贸易互补性指数的动态变化。从中国出口的角度看，除个别年份外，中国出口与韩国进口的 TCIT 值总体

上小于1，说明中国出口与韩国进口之间一直保持着较弱的贸易互补性。从韩国出口的角度看，2000—2005年韩国出口与中国进口的TCIT值大于1，而在2006—2021年TCIT值均小于1，总体上看，韩国出口与中国进口表现出较弱的贸易互补性。同时，韩国出口与中国进口之间的贸易互补性表现出由强到弱的态势。

3.4.3 产业内贸易指数（GL）分析

为了探究2001—2021年中国与韩国之间产业内贸易程度，本书采用产业内贸易指数（GL）进行分析。根据公式（1-6）计算中韩之间的产业内贸易指数，测算结果见表3-6（间隔期为1年）。

由表3-6得知，中国与韩国在SITC2、SITC6、SITC8三类商品上的GL值一直大于0.50，而SITC1、SITC3、SITC7三类商品上的GL值大于0.50的年份占比较大，说明中国与韩国之间在饮料及烟类（SITC1），燃料除外的非食用原料（SITC2），矿物燃料、润滑油及有关原料（SITC3），按原料分类的制成品（SITC6），机械及运输设备（SITC7），杂项制品（SITC8）六类商品上表现为产业内贸易，而其他类别的商品主要表现为产业间贸易。中韩双边贸易在SITC1、SITC2、SITC3、SITC6、SITC7、SITC8六类商品上表现出产业内贸易特征，表明中韩两国在这些领域的产品生产和贸易中存在较高的相似性，既出口也进口，存在激烈的竞争和互补关系。此外，中国和韩国的双边贸易在SITC0、SITC4、SITC5、SICT9四类商品上表现出产业间贸易特征，贸易竞争性较弱。

综上所述，中国与韩国之间的贸易关系复杂，既有竞争也有合作，产业内贸易和产业间贸易特征并存。随着两国经济的发展和产业结构的升级，产业内贸易的规模和重要性都在不断增加，两国在双边贸易中的竞争性和互补性并存，为双方提供了广阔的合作空间和发展潜力。

表3-6 中国与韩国分类商品产业内贸易指数（GL）比较

SITC类别	年份										
	2001	2003	2005	2007	2009	2011	2013	2015	2017	2019	2021
0	0.13	0.10	0.16	0.15	0.20	0.25	0.27	0.30	0.13	0.10	0.16
1	0.22	0.34	0.57	0.75	0.95	0.79	0.76	0.73	0.22	0.34	0.57
2	0.92	0.92	0.99	0.93	0.77	0.78	0.90	0.91	0.92	0.92	0.99
3	0.78	0.85	0.81	0.62	0.61	0.33	0.33	0.43	0.78	0.85	0.81
4	0.59	0.64	0.37	0.43	0.22	0.40	0.21	0.41	0.59	0.64	0.37

续表

SITC类别	年份										
	2001	2003	2005	2007	2009	2011	2013	2015	2017	2019	2021
5	0.29	0.30	0.30	0.36	0.35	0.42	0.38	0.46	0.29	0.30	0.30
6	0.56	0.69	0.92	0.81	1.00	0.83	0.93	0.81	0.56	0.69	0.92
7	0.64	0.47	0.50	0.58	0.70	0.64	0.64	0.65	0.64	0.47	0.50
8	0.69	0.86	0.61	0.63	0.57	0.59	0.66	0.84	0.69	0.86	0.61
9	0.19	0.13	0.35	0.13	0.06	0.06	0.30	0.82	0.19	0.13	0.35

资料来源：根据 UN Comtrade 数据、世界银行数据库整理而得。

3.4.4 边际产业内贸易指数（MGL）分析

为了深入分析中国与韩国之间产业内贸易情况，根据公式（1-7）计算 2001—2021 年中韩两国之间的边际产业内贸易指数（MGL），测算结果见表 3-7（间隔期为 1 年）。

由表 3-7 可知，中韩两国在 2001—2021 年分类商品边际产业内贸易发展特性并不相同。中国与韩国分类商品的边际产业内贸易指数（MGL）均值较高的是机械及运输设备（SITC7）和燃料除外的非食用原料（SITC2），其 MGL 年度均值分别为 0.59 和 0.52，表明这两类商品的贸易量变化主要是由产业内贸易量变化引起的，而其他八类 SITC 商品的 MGL 均值在 0.16~0.48，表明这些商品的贸易量变化主要是由产业间贸易变化引起的。

表 3-7 中国与韩国分类商品边际产业内贸易指数（MGL）比较

SITC类别	年份											均值
	2001	2003	2005	2007	2009	2011	2013	2015	2017	2019	2021	
0	0.95	0.11	0.13	0.18	0.18	0.44	0.52	0.00	0.00	0.00	0.62	0.29
1	0.11	0.12	0.57	0.68	0.90	0.00	0.63	0.04	0.00	0.26	0.06	0.31
2	0.68	0.55	0.51	0.72	0.32	0.60	0.44	0.77	0.29	0.00	0.83	0.52
3	0.00	0.55	0.82	0.87	0.48	0.15	0.22	0.31	0.93	0.00	0.79	0.47
4	0.00	0.35	0.00	0.00	0.00	0.00	0.00	0.82	0.36	0.02	0.19	0.18
5	0.59	0.30	0.39	0.44	0.74	0.50	0.23	0.12	0.73	0.30	0.93	0.48
6	0.76	0.70	0.53	0.09	0.12	0.48	0.00	0.30	0.77	0.00	0.42	0.38

续表

SITC类别	年份											均值
	2001	2003	2005	2007	2009	2011	2013	2015	2017	2019	2021	
7	0.92	0.38	0.47	0.87	0.96	0.64	0.40	0.61	0.49	0.00	0.74	0.59
8	0.47	0.42	0.09	0.40	0.14	0.90	0.00	0.00	0.41	0.00	0.14	0.27
9	0.00	0.14	0.00	0.20	0.00	0.06	0.04	0.20	0.74	0.20	0.14	0.16

资料来源：根据 UN Comtrade 数据、世界银行数据库整理而得。

3.4.5 综合产业内贸易指数（GLT）分析

为考察中韩两国之间所有商品的总体产业内贸易水平，根据公式（1-8）计算两国综合产业内贸易指数（GLT）。图 3-4 反映了 2000—2021 年中国与韩国之间综合产业内贸易指数的变化情况。

由图 3-4 可以看出，所有 SITC 类别商品的 GLT 值在 0.54~0.70 范围波动，说明两国之间整体的产业内贸易程度非常高，主要表现为产业内贸易，表明两国在产业链上具有较强的竞争性。这是由于中国拥有相对完整的工业体系，中国的工业品具有比较明显的产品优势，而韩国的工业品也具有较强的比较优势，因而中韩两国在产品结构上形成了产业内的贸易竞争。

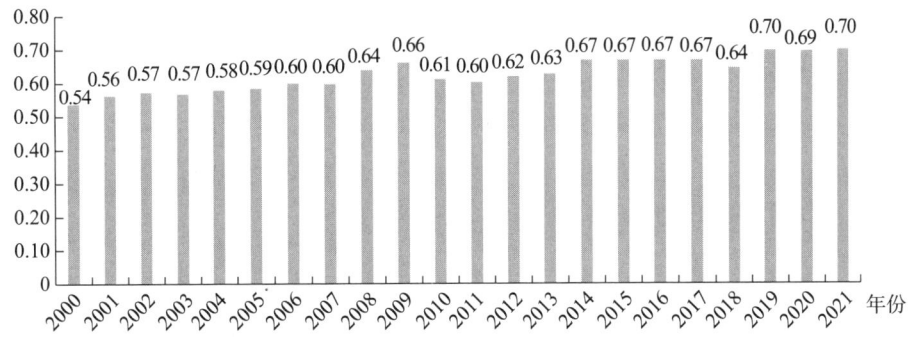

图 3-4 2000—2021 年中国与韩国的综合产业内贸易指数（GLT）比较

资料来源：根据 UN Comtrade 数据、世界银行数据库整理而得。

3.5 中国与韩国贸易结合度分析

本书采用贸易结合度指数（TII）反映中韩之间贸易联系紧密程度，根据公式（1-9）计算 2000—2021 年中韩贸易结合度指数，测算结果如图 3-5 所示。

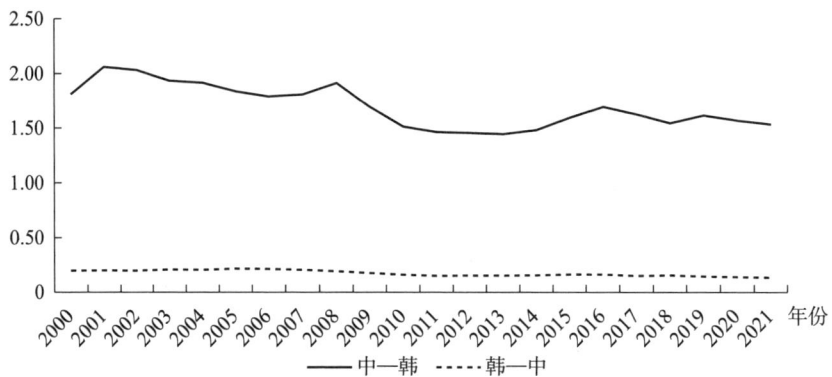

图 3-5　2000—2021 年中国与韩国的贸易结合度指数（TII）比较

资料来源：根据 UN Comtrade 数据、世界银行数据库整理而得。

从中国出口的角度看，2000—2021 年中国对韩国出口的 TII 值都大于 1，说明中国出口与韩国进口之间的贸易结合度较高，两国之间的贸易联系较为紧密。从韩国出口的角度看，韩国出口与中国进口之间的 TII 值均小于 1，表明韩国对中国的贸易结合度较低，韩国出口与中国进口之间具有较松散的贸易联系。从整体来看，中国对韩国出口的 TII 值呈缓慢下降态势，说明中韩贸易紧密性有所下降，韩国对中国出口的 TII 值呈平稳发展态势，变化趋势不明显。

3.6　中国与韩国地缘经济关系分析

为了探究中国与韩国之间地缘经济关系，本书采用对外经济联系强度和双边经济关系强度 2 个指标进行分析。

3.6.1　对外经济联系强度（Relation）分析

为了探究中国与韩国之间地缘经济关系，本书采用公式（1-10）计算中国与韩国之间对外经济联系强度（Relation），测算结果如图 3-6 所示。

从图 3-6 可以看出 2000—2021 年中国与韩国之间的 Relation 指数的变化情况。中韩之间的对外经济联系强度分布区间为［223，1678］，且呈明显的增长态势,说明中韩两国之间在经贸合作、要素流动的相互交换和联系日益紧密,尤其是2015年12月《中华人民共和国和大韩民国政府自由贸易协定》的签订,根据协定中韩双方货物贸易自由化比例均超过税目90%、贸易额85%,意味着中韩自由贸易协定签订后,双方超过90%的产品在过渡期后进入零关税时代,中韩贸易往来更加密切。

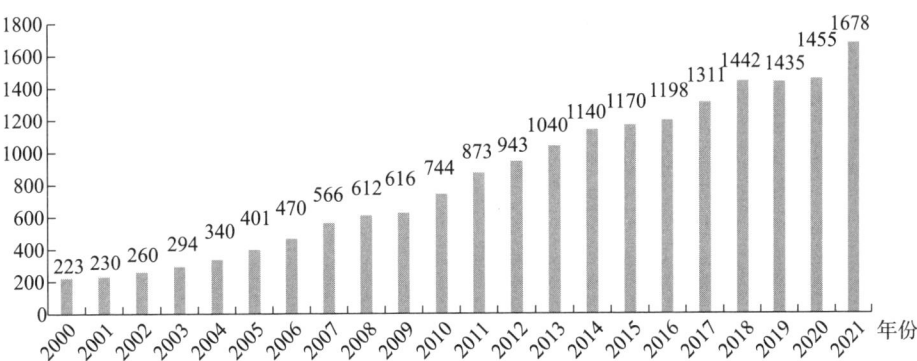

图 3-6　2000—2021 年中韩之间的对外经济联系强度（Relation）

资料来源:根据 UN Comtrade 数据、世界银行数据库整理而得。

3.6.2　双边经济关系强度（ED）分析

本书采用欧氏距离指数衡量中韩两国双边经济关系强度,根据公式（1-12）计算中韩两国双边经济关系强度,测算结果如图 3-7 所示。

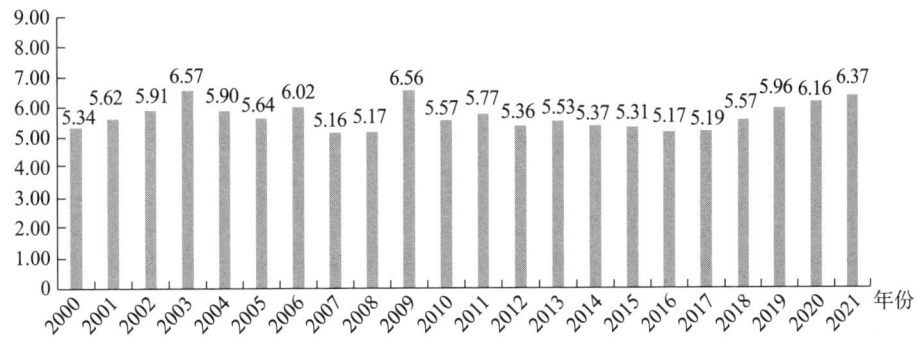

图 3-7　2000—2021 年中韩之间的双边经济关系强度（ED）

资料来源:根据 UN Comtrade 数据、世界银行数据库整理而得。

从图 3-7 可以看出 2000—2021 年中韩之间的 ED 指数变化情况。两国的双边经济关系强度（ED）值一直为正,指数值范围为[5.16,6.57],这意味着韩国与中国在经济发展水平、对外开放程度、基础设施建设等方面存在较大的互补合作空间，两国之间表现为互补型地缘经济关系。从动态发展看，ED 指数值呈波浪式发展态势，并且分别在 2003 年、2009 年、2021 年出现峰值。

3.7 本章小结

本章选取 UN Comtrade 和世界银行数据库中 2000—2021 年贸易数据，基于贸易竞争性、贸易互补性、贸易结合度以及地缘经济关系 4 个维度，采用 11 个相关指数分析中国与韩国之间的双边贸易关系。结果表明：

（1）从贸易竞争性看，中韩两国在国际市场上的出口结构相似度较高，表明两国在贸易领域存在较强的贸易竞争性。具体来看，中国在按原料分类的制成品（SITC6）和杂项制品（SITC8）两大商品类别上展现出较强的贸易竞争力。相对地，在按原料分类的制成品（SITC6）、机械及运输设备（SITC7）这两类商品上，韩国也占据了较为显著的竞争优势。两国存在相同优势产品（SITC6）。这种竞争格局的形成，很可能与两国在各自产品领域的生产技术、产业规模及市场战略等因素紧密相关。

（2）从贸易互补性看，TCI 指数显示，中国出口在按原料分类的制成品（SITC6）、机械及运输设备（SITC7）和杂项制品（SITC8）三类商品上与韩国的进口需求高度契合，显示出显著的贸易互补性，而韩国出口在机械及运输设备（SITC7）类别上也与中国的进口需求形成了较强的互补关系，表明韩国出口与中国进口之间只在 SITC7 商品类别上存在较强的贸易互补。产业内贸易指数（GL）的分析结果显示：中韩两国在初级产品（SITC1、SITC2、SITC3）以及劳动密集型产品（SITC6、SITC7、SITC8）上，产业内贸易特征显著，竞争性较强，表明中韩两国在这些领域的产品在生产和贸易中存在较高的相似性，进而在国际市场上形成直接竞争。这反映出中韩两国之间在某些商品上由于存在产品差异、规模经济、消费者偏好差异以及国家间产品层次结构和消费层次结构的重合，产生了同一类型产品既出口又进口的情况。中国和韩国的双边贸易在 SITC0、SITC4、SITC5 以及 SITC9 四类商品上表现出产业间贸易特征，具有较弱的贸易竞争性和较强的贸易互补性。这些商品类别的贸易模式反映了两国在资源禀赋和生产成本方面的差异。中国可能在部分劳动密集型产品方面具有比较优势，而韩国可能在某些技术和资本密集型产品方面具有优势。

GLT指数的分析结果表明，中韩两国整体上主要表现为产业内贸易，这意味着两国在许多产业内部存在专业化分工，能够各自发挥比较优势，生产同一产业内不同种类或不同质量等级的产品，然后进行相互交换，双方通过产业内贸易实现资源的优化配置。

（3）从贸易结合度看，TII值显示，中韩两国之间的贸易结合度较高，说明中国出口与韩国进口之间存在紧密的贸易联系。反过来看，韩国出口与中国进口之间的贸易结合度相对较低，这反映出韩国对中国进口市场的依赖性不强，从而说明双方在贸易往来上存在一定程度的不对称性。

（4）从地缘经济关系看，Relation指数显示，中韩两国在经济交流方面的紧密度呈明显的增长态势，反映出双方在对外经济合作上的联系正日益加强。ED指数显示，中韩两国的ED值介于[5.16, 6.57]，两国之间表现为互补型地缘经济关系，且呈波浪式发展态势。

综上所述，中国与韩国的贸易关系是复杂且多维的，既有竞争又有互补。两国可以在互补性强的领域加强合作，如SITC6和SITC8类别，同时在产业内贸易领域寻求差异化竞争策略，以减少直接竞争。此外，两国应继续深化地缘经济关系，利用各自的比较优势，推动双边贸易和经济关系的进一步发展。

第4章

中国与澳大利亚贸易关系分析

4.1 引言

澳大利亚国土面积为768.82万平方千米,位居世界第六,人口密度较低,2022年总人口2598万人。澳大利亚是全球第十二大经济体,2022年人均GDP约为6.5万美元。澳大利亚的传统支柱产业是农牧业和采矿业,盛产羊和牛,被称为"骑在羊背上的国家",也是全球放养绵羊数量和出口羊毛最多的国家。与此同时,澳大利亚的小麦和蔗糖等农产品产量极高,是全球第四大农产品出口国。澳大利亚还被称为"坐在矿车上的国家",拥有的矿产种类繁多,矿产出口量位居全球第一。从20世纪70年代开始,澳大利亚产业结构开始调整,制造业和高新科技产业呈现快速发展态势,旅游业和服务业也迅猛发展,成为国民经济主导产业。在贸易方面,统计数据显示,2022年澳大利亚的货物进出口总额为7214亿美元,其中出口额为4122亿美元,同比增长19.5%;进口额为3092亿美元,同比增长18.4%。

1972年12月,中国与澳大利亚建交。中澳建立外交关系后,两国之间历经50多年的经贸合作。2015年6月17日,中国与澳大利亚正式签署《中华人民共和国政府和澳大利亚政府自由贸易协定》,此协定以"全面、高质量和利益平衡"为目标,涵盖货物贸易、服务贸易和外商投资等多个领域,是中国与其他国家已商签的贸易投资自由化整体水平最高的自贸协定之一,对中国构建贸易强国起到重要的助力作用。2020年11月2日,澳大利亚政府宣布已完成RCEP核准程序,正式加入RCEP,这对于推动《区域全面经济伙伴关系协定》(RCEP)、实现区域共同发展和繁荣具有十分重要的意义。2019年,中国已连续11年成为澳大利亚第一大贸易伙伴国、出口市场和进口来源地,而澳大利亚是中国第七大贸易伙伴国。RCEP生效后,中澳贸易规模明显上升,数据显示,2022年中澳双边贸易额为2209.19亿美元,中国对澳大利亚出口商品总额为788.27亿美元,同比增长19%;中国自澳大利亚进口商品总额达到1420.92亿美元,同比下降13.10%。

学界关于中国与澳大利亚之间贸易关系的研究主要围绕三个方面展开讨论:

一是中澳双边贸易关系分析。董俊鑫和许欣(2015)采用2005—2013年数据研究发现,中澳两国贸易产品之间存在很强的互补性,且具有较高的贸易依存关系,中澳双边贸易规模增长较快,贸易结构互补性较强,澳大利亚对中国的贸易依存度不断加深。田燕梅(2016)发现,从贸易互补性看,中澳两国贸易是"以合作为主,竞争为辅",澳大利亚对中国的贸易依赖不断提升。武兰玉和赵方圆(2024)指出,澳大利亚与中国出口的产品在国际市场的竞争力较弱,中澳双边贸易产品以互补性为主。

二是中澳贸易的影响因素分析。王晶和卢进勇(2015)认为,影响中澳贸易的因素分为有利因素和不利因素。李芬英等(2017)选取1995—2014年中澳出境旅游与双边贸易数据,分析旅游与贸易之间的关系,发现入境客流量占比以及游客偏爱度对中澳贸易依存度均具有明显的提升作用。曹芳芳等(2022)以大麦为研究对象,分析"双反"关税的贸易效应,研究结果显示,中国对澳大利亚实施的"双反"关税对澳大利亚大麦具有贸易限制作用,此外还对其他国家大麦产生了贸易转移和贸易创造效应。

三是分析中澳贸易关系对两国经济的影响。侯敏跃(2005)认为,不断加深的中澳之间贸易互补关系会在长期内对两国经济发展和总体关系产生正向作用。沈琪(2020)指出,中国和澳大利亚贸易互补性较强,中澳的贸易合作会带动两国在投资、教育等方面的合作。胡阳(2023)指出,RCEP的实施可以为中澳贸易往来提供新的机遇和转折,中澳贸易规模将大幅提升。

综上所述,现有文献分别从贸易互补性和贸易竞争性角度分析了中国与澳大利亚之间的贸易关系,但对于近年来中国与澳大利亚之间的全面性贸易关系以及地缘经济关系尚未进行深入和全面的分析。本章对中国与澳大利亚之间的贸易关系分别从贸易竞争性、贸易互补性、贸易结合度以及地缘经济关系4个维度进行系统分析和评估,且有针对性地提供合理化的对策与建议,这可为中澳之间未来基于RCEP贸易平台上的贸易合作提供可靠的现实证据和经验参考。本章的研究数据皆来源于UN Comtrade,并将所有进出口商品按《国际贸易标准分类》(SITC Rev.4)进行分类。

4.2 中国与澳大利亚贸易发展概况

在中国和澳大利亚建立外交关系 50 多年间，中澳两国之间贸易关系呈增强趋势。截至 2019 年，中国持续 11 年蝉联澳大利亚最大贸易伙伴国桂冠。

从表 4-1 可以看出，中澳两国贸易总额在 2000—2021 年一直处于稳步增长态势，年均增长 120%，其中 2000 年中澳双边贸易总额为 84.53 亿美元，2011 年突破 1000 亿美元，2021 年突破 2000 亿美元。受 2008 年国际金融危机影响，全球经济下滑，但是中澳贸易受到的影响不明显，2008 年以后中澳贸易总规模保持上升态势，2009 年中澳贸易额达到 600.84 亿美元，2010 年中澳贸易总额规模明显提升，达到 883.25 亿美元。2015—2016 年受全球经济总体复苏乏力影响，中澳贸易规模出现负增长。2020 年，新冠疫情在全球蔓延，中澳两国之间贸易增速有所下降，但贸易总规模仍保持强劲的增长态势。2021 年两国贸易额达到 2212.12 亿美元，同比增长 30.10%，其中中国自澳大利亚进口额为 1548.29 亿美元，同比增长 32.83%，中国对澳大利亚出口额为 663.83 亿美元，同比增长 24.16%。

表 4-1 2000—2021 年中澳贸易规模

年份	中澳贸易进出口总额		中国对澳大利亚出口额		中国自澳大利亚进口额	
	金额/亿美元	增长率/%	金额/亿美元	增长率/%	金额/亿美元	增长率/%
2000	84.53	—	34.29	—	50.24	—
2001	89.95	6.42	35.69	4.10	54.26	8.00
2002	104.36	16.01	45.85	28.45	58.51	7.83
2003	135.64	29.97	62.64	36.61	73.00	24.78
2004	203.91	50.33	88.38	41.11	115.52	58.25
2005	272.55	33.66	110.62	25.15	161.94	40.17
2006	329.48	20.89	136.25	23.17	193.23	19.33
2007	437.98	32.93	179.97	32.09	258.02	33.53
2008	596.82	36.27	222.47	23.62	374.35	45.09
2009	600.84	0.67	206.46	-7.20	394.39	5.35
2010	883.25	47.00	272.20	31.85	611.05	54.94
2011	1165.78	31.99	339.10	24.58	826.67	35.29
2012	1223.03	4.91	377.35	11.28	845.68	2.30

续表

年份	中澳贸易进出口总额		中国对澳大利亚出口额		中国自澳大利亚进口额	
	金额/亿美元	增长率/%	金额/亿美元	增长率/%	金额/亿美元	增长率/%
2013	1365.08	11.61	375.54	-0.48	989.54	17.01
2014	1367.77	0.20	391.46	4.24	976.31	-1.34
2015	1050.64	-23.19	403.06	2.96	647.58	-33.67
2016	1015.92	-3.30	372.82	-7.50	643.10	-0.69
2017	1281.20	26.11	414.38	11.15	866.82	34.79
2018	1426.02	11.30	473.30	14.22	952.72	9.91
2019	1620.25	13.62	482.29	1.90	1137.96	19.44
2020	1700.31	4.94	534.68	10.86	1165.64	2.43
2021	2212.12	30.10	663.83	24.16	1548.29	32.83

资料来源：根据 UN Comtrade 数据、世界银行数据库整理而得。

在贸易差额方面，澳大利亚是中国贸易逆差第一的国家。从图 4-1 可以看出，2000—2021 年中澳贸易差额呈扩大态势，具体表现为"中方贸易逆差，澳方贸易顺差"。中国对澳大利亚贸易一直处于贸易逆差状态，且中国对澳大利亚的贸易逆差额一直增长。2000—2021 年，中国对澳大利亚的贸易逆差从近 16 亿美元增长到 884.46 亿美元。2000—2007 年，中国对澳大利亚贸易逆差额稳步增长，年均增长 55.36%。2007 年以后，中国对澳大利亚贸易逆差开始高速增长，2013 年中国对澳大利亚逆差额超过 600 亿美元，2021 年中国对

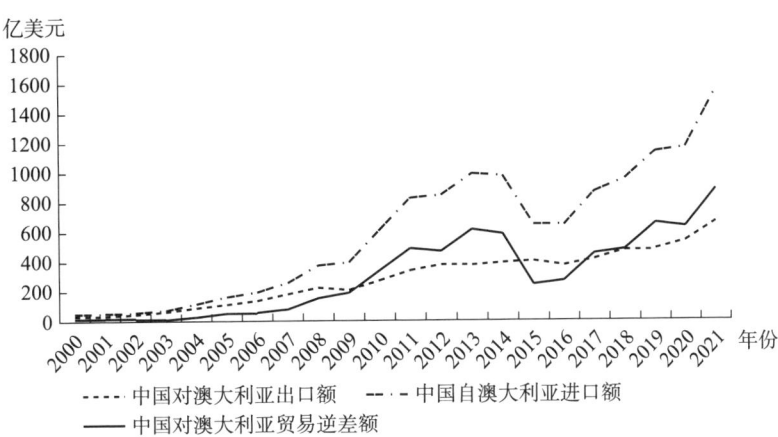

图 4-1 2000—2021 年中国与澳大利亚进出口额及贸易差额

资料来源：根据 UN Comtrade 数据、世界银行数据库整理而得。

澳大利亚贸易逆差额更是高达884.46亿美元。2008—2021年，中国对澳大利亚贸易逆差额年均增长37.1%。中国对澳大利亚贸易长期逆差的原因是，澳大利亚是中国矿产品和农产品的主要进口来源国之一，尤其是中国对澳大利亚的矿产品依赖性较大，2016年中国自澳大利亚超过50%的进口货值来源于铁矿石。

表4-2显示了2021年中澳双边贸易的具体产品结构。中国对澳大利亚出口的商品主要集中在工业制成品上，其中机械及运输设备（SITC7）约占对澳大利亚出口额的41.03%，杂项制品（SITC8）约占22.67%，按原料分类的制成品（SITC6）约占18.02%。澳大利亚对中国出口的商品主要集中在初级产品，其中燃料除外的非食用原料（SITC2）约占对中国出口额的77.87%，矿物燃料、润滑油及有关原料（SITC3）约占11.99%。

表4-2 2021年中澳双边贸易主要商品出口额及占比

SITC类别	名称	中国对澳大利亚出口的主要商品		澳大利亚对中国出口的主要商品	
		出口额/亿美元	占比/%	出口额/亿美元	占比/%
0	食品及活动物	8.75	1.32	65.45	4.23
1	饮料及烟类	0.45	0.07	1.09	0.07
2	燃料除外的非食用原料	1.43	0.22	1205.69	77.87
3	矿物燃料、润滑油及有关原料	17.23	2.60	185.67	11.99
4	动植物油、脂及蜡	0.28	0.04	2.75	0.18
5	化学品及有关产品	85.79	12.92	16.27	1.05
6	按原料分类的制成品	119.65	18.02	61.48	3.97
7	机械及运输设备	272.39	41.03	4.08	0.26
8	杂项制品	150.46	22.67	1.92	0.12
9	未分类的商品及交易品	7.40	1.11	3.89	0.25

资料来源：根据UN Comtrade数据、世界银行数据库整理而得。

4.3 中国与澳大利亚贸易竞争性分析

本书通过出口相似度指数（ESI）、贸易竞争力指数（TC）以及显示性比较优势指数（RCA）3个指标探究中国与澳大利亚之间的贸易竞争性情况。

4.3.1 出口相似度指数（ESI）分析

根据公式（1-1）计算出口相似度指数，具体分析中国与澳大利亚出口商品在国际市场的竞争情况。从图4-2可以看出，中国和澳大利亚在国际市场上的ESI指数值不高，介于18.79~44.67，说明中澳两国出口商品的产品吻合度不高，或者产品类型差异较大，在国际出口市场上不存在激烈的贸易竞争情况。从出口相似度指数的动态变化发展趋势看，2000—2021年，中国和澳大利亚出口商品的ESI指数呈明显的总体下降态势。从出口相似度角度分析，中国和澳大利亚的产品出口相似度不大，意味着两国之间出口商品的相互替代可能性较小，贸易竞争性较弱；反之，也意味着中国和澳大利亚之间出口商品结构差异性较大，具有一定的贸易互补性特征，有利于两国未来贸易互补合作。

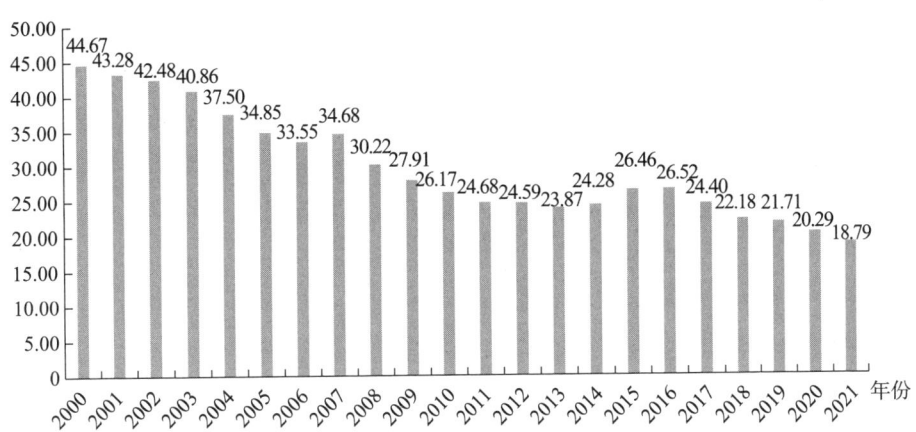

图4-2 2000—2021年中国与澳大利亚的出口相似度指数（ESI）

资料来源：根据UN Comtrade数据、世界银行数据库整理而得。

4.3.2 贸易竞争力指数（TC）分析

本书采用贸易竞争力指数（TC）分析中澳两国出口商品在国际市场的贸易竞争情况，根据公式（1-2）计算2001—2021年中国和澳大利亚的贸易竞争力指数，测算结果见表4-3。

由表4-3可知，2001—2021年，中国的按原料分类的制成品（SITC6）和杂项制品（SITC8）两类商品的TC值一直为正，澳大利亚的食品及活动物

（SITC0）、燃料除外的非食用原料（SITC2）、矿物燃料、润滑油及有关原料（SITC3）三类商品的 TC 值一直为正，说明中国在工业品制造上具有贸易竞争力，而澳大利亚在初级产品上具有贸易竞争力。

中国的化学品及有关产品（SITC5）、机械及运输设备（SITC7）两类商品的 TC 值由负转为正，澳大利亚的动植物油、脂及蜡（SITC4）的 TC 值由负转为正，意味着中国的两种工业品和澳大利亚的一种初级产品贸易竞争力不断提升。

中国的燃料除外的非食用原料（SITC2）、矿物燃料、润滑油及有关原料（SITC3）、动植物油、脂及蜡（SITC4）以及未分类的商品及交易品（SITC9）四类商品的 TC 值一直为负，澳大利亚的化学品及有关产品（SITC5）、按原料分类的制成品（SITC6）、机械及运输设备（SITC7）、杂项制品（SITC8）四类产品的 TC 值一直为负，意味着中国和澳大利亚分别在这些初级产品和工业品上的贸易竞争力较弱。一方面是因为澳大利亚是农牧业发达国家，其初级产品在国际市场具有较强的竞争优势，食品及活动物（SITC0）、燃料除外的非食用原料（SITC2）以及矿物燃料、润滑油及有关原料（SITC3）三类商品的竞争优势更强，铁矿石、煤、羊毛的出口量均排名世界第一；另一方面澳大利亚工业制成品优势不明显，所以在进口商品中工业制成品占比较高，其中自中国进口的主要商品为机电产品、纺织品、家具、玩具、杂项制品。

从贸易竞争力指数分析可以看出，澳大利亚的优势产品为农牧产品，而中国的优势产品为工业制成品，两国优势商品并不相同，中澳两国之间的贸易竞争性不强。

表 4-3　中国和澳大利亚的产品贸易竞争力指数（TC）比较

SITC 类别	名称	2001 年		2011 年		2021 年	
		中国	澳大利亚	中国	澳大利亚	中国	澳大利亚
0	食品及活动物	0.44	0.64	0.27	0.45	-0.27	0.42
1	饮料及烟类	0.36	0.37	-0.24	0.10	-0.47	-0.18
2	燃料除外的非食用原料	-0.69	0.80	-0.90	0.94	-0.90	0.95
3	矿物燃料、润滑油及有关原料	-0.35	0.40	-0.79	0.32	-0.81	0.56

续表

SITC 类别	名称	2001 年		2011 年		2021 年	
		中国	澳大利亚	中国	澳大利亚	中国	澳大利亚
4	动植物油、脂及蜡	−0.75	−0.01	−0.90	0.10	−0.72	0.11
5	化学品及有关产品	−0.41	−0.22	−0.23	−0.30	0.21	−0.36
6	按原料分类的制成品	0.03	−0.02	0.36	−0.19	0.41	−0.39
7	机械及运输设备	−0.10	−0.59	0.17	−0.74	0.25	−0.80
8	杂项制品	0.73	−0.60	0.58	−0.69	0.56	−0.77
9	未分类的商品及交易品	−0.47	0.45	−0.91	−0.12	−0.24	0.14

资料来源：根据 UN Comtrade 数据、世界银行数据库整理而得。

注：因篇幅所限，只列出 2001 年、2011 年和 2021 年的数据。

4.3.3 显示性比较优势指数（RCA）分析

本书采用显示性比较优势指数（RCA）分析中国和澳大利亚出口商品的国际竞争情况。根据公式（1-3）计算 2001—2021 年中国和澳大利亚出口商品的 RCA 指数，测算结果见表 4-4。

表 4-4 中国与澳大利亚出口商品的 RCA 指数比较

国别	SITC 类别	年份											均值
		2001	2003	2005	2007	2009	2011	2013	2015	2017	2019	2021	
中国	0	0.85	0.71	0.57	0.49	0.43	0.46	0.41	0.40	0.42	0.40	0.32	0.50
	1	0.35	0.25	0.19	0.15	0.15	0.16	0.15	0.17	0.18	0.16	0.10	0.18
	2	0.53	0.38	0.31	0.22	0.20	0.18	0.16	0.17	0.17	0.18	0.15	0.24
	3	0.34	0.27	0.19	0.13	0.13	0.10	0.09	0.12	0.16	0.16	0.12	0.17
	4	0.14	0.06	0.10	0.06	0.05	0.05	0.05	0.06	0.06	0.10	0.10	0.08
	5	0.52	0.42	0.44	0.45	0.42	0.56	0.51	0.51	0.75	0.76	0.83	0.56
	6	1.21	1.15	1.21	1.25	1.21	1.28	1.32	1.33	1.25	1.31	1.21	1.25
	7	0.81	1.02	1.16	1.24	1.38	1.41	1.39	1.24	1.27	1.29	1.33	1.23
	8	2.68	2.46	2.39	2.30	2.19	2.30	2.36	2.06	1.99	1.88	1.86	2.22
	9	0.05	0.05	0.04	0.05	0.03	0.03	0.02	0.01	0.05	0.15	0.35	0.08

续表

国别	SITC 类别	年份											均值
		2001	2003	2005	2007	2009	2011	2013	2015	2017	2019	2021	
澳大利亚	0	3.31	2.83	2.74	2.18	1.90	1.69	1.80	2.34	1.94	1.59	1.56	2.17
	1	2.01	2.76	2.76	2.63	1.59	1.19	1.07	1.25	1.25	1.13	0.73	1.67
	2	5.24	4.91	5.79	6.42	7.34	8.28	9.69	8.83	8.44	9.38	9.83	7.65
	3	2.34	2.24	2.18	1.88	2.44	1.76	1.58	2.52	3.34	1.92	2.76	2.27
	4	0.86	0.78	0.64	0.61	0.52	0.43	0.49	0.52	0.40	0.26	0.36	0.53
	5	0.85	0.80	0.77	0.79	0.57	0.49	0.50	0.45	0.30	0.30		0.58
	6	0.91	0.86	0.74	0.87	0.64	0.52	0.50	0.52	0.47	0.42	0.33	0.62
	7	0.29	0.31	0.27	0.24	0.19	0.16	0.17	0.18	0.14	0.13	0.10	0.20
	8	0.29	0.32	0.28	0.28	0.23	0.19	0.17	0.20	0.21	0.19	0.16	0.23
	9	1.45	2.00	1.45	1.85	1.21	1.16	0.97	1.04	0.84	4.19	1.12	1.57

资料来源：根据 UN Comtrade 数据、世界银行数据库整理而得。

注：因篇幅所限，只列出部分年份的数据。

根据 RCA 结果分析，中国和澳大利亚的出口商品可分为三类：一是中国与澳大利亚相比具有比较优势的产品，如中国的按原料分类的制成品（SITC6）、机械及运输设备（SITC7）、杂项制品（SITC8）的 RCA 指数均值分别为 1.25、1.23 和 2.22，而澳大利亚同类商品的 RCA 指数均值分别为 0.62、0.20 和 0.23，这意味着中国 SITC6、SITC7、SITC8 三类商品的 RCA 指数值高于澳大利亚，具有更明显的竞争力；二是澳大利亚与中国相比具有比较优势的产品，如澳大利亚的食品及活动物（SITC0）、饮料及烟类（SITC1）、燃料除外的非食用原料（SITC2）、矿物燃料、润滑油及有关原料（SITC3）和未分类的商品及交易品（SITC9）的 RCA 指数均值分别为 2.17、1.67、7.65、2.27 和 1.57，而中国同类商品的 RCA 指数均值分别为 0.50、0.18、0.24、0.17 和 0.08，表明澳大利亚与中国相比这五类商品具有更明显的国际竞争力；三是中澳两国比较优势较弱的产品，如两国的动植物油、脂及蜡（SITC4），化学品及有关产品（SITC5）的 RCA 指数均值都低于 0.80。

对比中国和澳大利亚的 RCA 指数，可以发现两国出口到国际市场的产品结构存在较大差异，两国具有比较优势的产品类别并不相同，澳大利亚的 SITC0~SITC3、SITC9 五类商品与中国的 SITC6~SITC8 三类商品表现出较强的贸易互补性，具体表现为中国的工业制成品具有比较优势，而澳大利亚的初级产品具有比较优势。

4.4 中国与澳大利亚贸易互补性分析

为了进一步探究中国与澳大利亚之间产品结构的贸易互补关系，本书采用贸易互补性指数（TCI）、综合贸易互补性指数（TCIT）、产业内贸易指数（GL）、边际产业内贸易指数（MGL）以及综合产业内贸易指数（GLT）5个指标详细分析中国与澳大利亚之间的贸易互补情况。

4.4.1 贸易互补性指数（TCI）分析

为了进一步探究2001—2021年中国与澳大利亚之间产品结构的贸易互补关系，本书采用贸易互补性指数（TCI）进行分析。根据公式（1-4）计算中国与澳大利亚之间产品结构TCI指数，测算结果见表4-5。

由表4-5可知，从中国出口的角度看，TCI值大于1的商品集中于按原料分类的制成品（SITC6）、机械及运输设备（SITC7）、杂项制品（SITC8），说明中国出口在这三类商品上相对于澳大利亚更具有产品优势，中国出口商品与澳大利亚进口商品具有明显的贸易互补性。从澳大利亚出口的角度看，TCI值大于1的商品包括食品及活动物（SITC0），燃料除外的非食用原料（SITC2），矿物燃料、润滑油及有关原料（SITC3），尤其是SITC2的TCI值明显高于其他商品（2021年TCI值高达31.59），说明澳大利亚的这三类商品具有比较优势，与中国存在极强的贸易互补关系。这是由于作为人口大国的中国需要大量的农产品且供不应求，而澳大利亚既是农业大国也是矿产资源储量大国，可以为中国提供所需的农产品和矿产品。同时，澳大利亚的工业制成品供给量不能满足国内需求，存在一定的供给缺口，需要大量进口工业制成品，这也为中国向澳大利亚出口工业品提供了潜在的出口市场。

表4-5 中国与澳大利亚的产品贸易互补性指数（TCI）比较

SITC类别	年份									
	2001年		2005年		2011年		2015年		2021年	
	中—澳	澳—中	中—澳	澳—中	中—澳	澳—中	中—澳	澳—中	中—澳	澳—中
0	0.57	1.18	0.42	0.76	0.32	0.48	0.31	1.14	0.26	1.15
1	0.30	0.37	0.16	0.40	0.16	0.33	0.24	0.53	0.14	0.27
2	0.26	14.04	0.12	17.13	0.05	27.78	0.05	29.19	0.04	31.59
3	0.30	1.69	0.15	1.55	0.09	1.53	0.11	2.66	0.10	3.54

续表

SITC 类别	年份									
	2001年		2005年		2011年		2015年		2021年	
	中—澳	澳—中	中—澳	澳—中	中—澳	澳—中	中—澳	澳—中	中—澳	澳—中
4	0.11	0.86	0.06	0.89	0.02	0.47	0.03	0.47	0.04	0.34
5	0.62	1.12	0.45	0.84	0.52	0.45	0.44	0.48	0.63	0.21
6	1.10	1.16	1.06	0.67	1.10	0.35	1.31	0.36	1.19	0.23
7	0.91	0.33	1.41	0.32	1.59	0.17	1.30	0.21	1.44	0.10
8	2.86	0.15	2.63	0.22	2.68	0.14	2.57	0.15	3.15	0.09
9	0.03	0.29	0.03	0.14	0.08	1.29	0.01	0.17	0.45	0.21

资料来源：根据UN Comtrade数据、世界银行数据库整理而得。

注：因篇幅所限，只列出部分年份数据。

4.4.2 综合贸易互补性指数（TCIT）分析

如果需要考虑多种产品贸易并存情况下的中国与澳大利亚之间贸易互补关系，则采用综合贸易互补性指数（TCIT）进行分析。本书根据公式（1-5）计算中澳两国TCIT指数，测算结果如图4-3所示。

图4-3显示了2000—2021年中国与澳大利亚的综合贸易互补性指数（TCIT）的动态变化。从中国出口的角度看，中国出口与澳大利亚进口的TCIT值介于1.03~1.11，说明中国出口与澳大利亚进口之间一直保持着相对较强的贸易互补性。从澳大利亚出口的角度看，澳大利亚出口与中国进口的

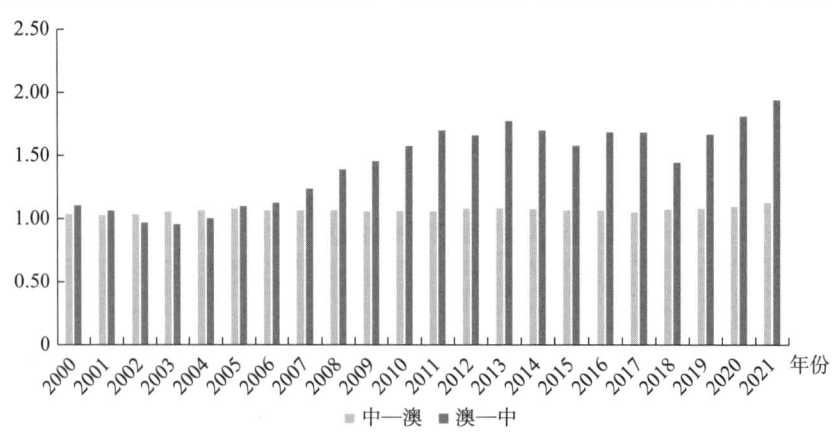

图4-3 2000—2021年中国与澳大利亚的综合贸易互补性指数（TCIT）比较

资料来源：根据UN Comtrade数据、世界银行数据库整理而得。

TCIT 值介于 0.96~1.94，澳大利亚出口与中国进口具有较强的贸易互补性，且贸易互补性呈明显上升态势。总体来说，通过对比可以看出，中澳的 TCIT 值总体上明显小于澳中的 TCIT 值，意味着中国出口与澳大利亚进口之间具有一定的贸易互补性，而澳大利亚出口与中国进口之间也呈现明显的贸易互补性，但是相比较而言，澳大利亚出口与中国进口之间的贸易互补性更强。

4.4.3 产业内贸易指数（GL）分析

为了深入分析中国与澳大利亚之间的产业内贸易程度，本书采用产业内贸易指数（GL）进行分析。根据公式（1-6）计算中澳之间的产业内贸易指数（GL），测算结果见表 4-6（间隔期为 1 年）。

由表 4-6 可知，2001—2021 年中国与澳大利亚只有化学品及有关产品（SITC5）、按原料分类的制成品（SITC6）两类商品的 GL 值总体上大于 0.50，而食品及活动物（SITC0）、饮料及烟类（SITC1）、未分类的商品及交易品（SITC9）三类商品在个别年份的 GL 值大于 0.50，其余商品的 GL 值均小于 0.50，说明中国与澳大利亚在部分工业制成品、初级产品上表现为产业内贸易，而其他大部分商品主要表现为产业间贸易。从 GL 值可以看出，中国和澳大利亚之间大部分行业还没有实现产业内贸易互补，两国产业内贸易的发展潜力巨大，同时也说明中国和澳大利亚的双边贸易在整体上具有较强的贸易互补性。中澳之间贸易主要表现出产业间贸易特征，源于中国与澳大利亚的地理位置不同所产生的自然资源以及人口数量产生的劳动力资源等要素禀赋的显著不同，且这种要素禀赋差异难以改变，两国之间贸易互补性明显。

表 4-6 中国与澳大利亚分类商品产业内贸易指数（GL）比较

SITC 类别	年份										
	2001	2003	2005	2007	2009	2011	2013	2015	2017	2019	2021
0	0.35	0.64	0.50	0.95	0.82	0.69	0.44	0.30	0.29	0.22	0.24
1	0.18	0.32	0.72	0.65	0.42	0.26	0.26	0.18	0.15	0.11	0.58
2	0.02	0.02	0.01	0.01	0.01	0.01	0.00	0.01	0.00	0.00	0.00
3	0.43	0.43	0.31	0.15	0.09	0.07	0.04	0.23	0.12	0.19	0.17
4	0.04	0.04	0.07	0.05	0.07	0.07	0.25	0.30	0.18	0.17	0.19
5	0.54	0.41	0.50	0.62	0.82	0.79	0.89	0.79	0.49	0.52	0.32
6	0.99	0.95	0.79	0.80	0.85	0.64	0.59	0.56	0.64	0.61	0.68

续表

SITC类别	年份										
	2001	2003	2005	2007	2009	2011	2013	2015	2017	2019	2021
7	0.40	0.27	0.27	0.17	0.11	0.11	0.08	0.05	0.06	0.05	0.03
8	0.12	0.11	0.05	0.04	0.04	0.04	0.04	0.04	0.03	0.04	0.03
9	0.00	0.00	0.05	0.01	0.08	0.00	0.00	0.12	0.97	0.60	0.69

资料来源：根据 UN Comtrade 数据、世界银行数据库整理而得。

4.4.4 边际产业内贸易指数（MGL）分析

考察中澳两国之间分类商品的动态产业内贸易水平，根据公式（1-7）计算 2001—2021 年中澳两国之间的边际产业内贸易指数（MGL），测算结果见表 4-7（间隔期为 1 年）。

由表 4-7 可知，中国与澳大利亚分类商品中，边际产业内贸易指数的均值在 0.01~0.39，其中按原料分类的制成品（SITC6）的边际产业内贸易指数均值最大，但其值也只有 0.39，说明中国与澳大利亚之间产品贸易量变化主要由产业间贸易变化引起。

表 4-7 中国与澳大利亚分类商品边际产业内贸易指数（MGL）比较

SITC类别	年份											均值
	2001	2003	2005	2007	2009	2011	2013	2015	2017	2019	2021	
0	0.31	0.00	0.00	0.00	0.49	0.87	0.20	0.00	0.02	0.05	0.84	0.25
1	0.31	0.75	0.98	0.08	0.00	0.12	0.10	0.01	0.08	0.00	0.00	0.22
2	0.08	0.00	0.01	0.01	0.02	0.01	0.00	0.00	0.00	0.00	0.00	0.01
3	0.44	0.53	0.00	0.00	0.04	0.18	0.00	0.00	0.00	0.65	0.00	0.17
4	0.00	0.01	0.00	0.00	0.00	0.15	0.00	0.73	0.00	0.07	0.45	0.13
5	0.15	0.25	0.50	0.00	0.77	0.00	0.57	0.00	0.06	0.00	0.00	0.21
6	0.00	0.77	0.21	0.79	0.00	0.63	0.00	0.00	0.62	0.31	0.97	0.39
7	0.78	0.16	0.38	0.18	0.70	0.13	0.62	0.00	0.06	0.00	0.01	0.28
8	0.00	0.08	0.00	0.08	0.03	0.05	0.00	0.10	0.06	0.74	0.00	0.10
9	0.00	0.00	0.00	0.07	0.02	0.00	0.00	0.00	0.84	0.50	0.00	0.13

资料来源：根据 UN Comtrade 数据、世界银行数据库整理而得。

4.4.5 综合产业内贸易指数（GLT）分析

为考察中澳两国之间所有商品的总体产业内贸易水平，本书根据公式（1-8）计算两国综合产业内贸易指数（GLT）。图4-4显示了2000—2021年中国与澳大利亚之间的综合产业内贸易指数的变化情况。

由图4-4可以看出，所有SITC商品的综合产业内贸易指数值在0.10~0.34波动，说明两国之间整体的产业内贸易程度非常低，主要表现为产业间贸易，表明中澳两国在产业链上具有较好的互补性。这是由于中国的工业品具有比较明显的产品优势，而澳大利亚的初级产品具有较强的比较优势，因而中澳两国在产品结构上具有极高的产业间贸易互补性。

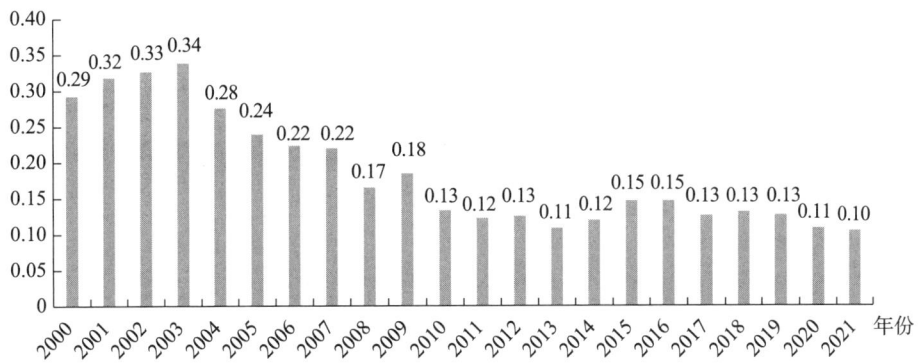

图4-4　2000—2021年中国与澳大利亚的综合产业内贸易指数（GLT）比较

资料来源：根据UN Comtrade数据、世界银行数据库整理而得。

4.5　中国与澳大利亚贸易结合度分析

本书采用贸易结合度指数（TII）反映中澳之间贸易联系紧密程度，根据公式（1-9）计算2000—2021年中澳贸易结合度指数，测算结果如图4-5所示。

从中国出口的角度看，2000—2021年中国对澳大利亚出口的TII值都大于1，说明中国与澳大利亚的贸易联系较为紧密，贸易结合度较高。从澳大利亚出口的角度看，澳大利亚与中国之间的TII值均小于1，表明澳大利亚对中国存在较松散的贸易联系，贸易结合度较低。从整体来看，中—澳的TII值呈明显的上升态势，说明中—澳的贸易紧密性不断提升；2001—2021年，澳—

中的 TII 值呈缓慢上升态势，说明澳—中的贸易结合度正在加强。

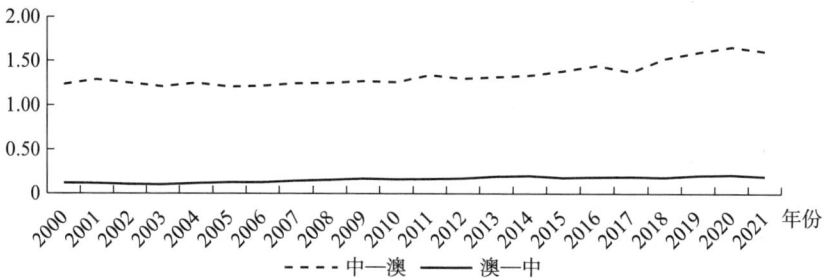

图 4-5　2000—2021 年中国与澳大利亚的贸易结合度指数（TII）比较

资料来源：根据 UN Comtrade 数据、世界银行数据库整理而得。

4.6　中国与澳大利亚地缘经济关系分析

为了探究中国与澳大利亚之间地缘经济关系，本书采用对外经济联系强度和双边经济关系强度 2 个指标进行分析。

4.6.1　对外经济联系强度（Relation）分析

为了深入分析中国与澳大利亚之间的地缘经济关系，本书采用对外经济联系强度（Relation）进行分析，根据公式（1-10）计算中澳两国之间对外经济联系强度，测算结果如图 4-6 所示。

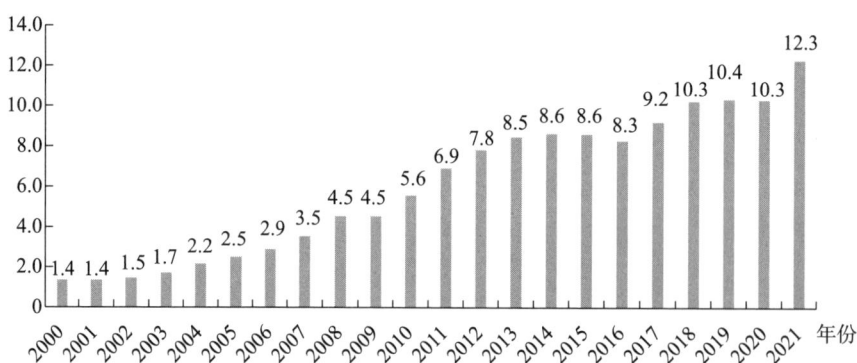

图 4-6　2000—2021 年中澳之间的对外经济联系强度（Relation）

资料来源：根据 UN Comtrade 数据、世界银行数据库整理而得。

从图 4-6 可以看出 2000—2021 年中国与澳大利亚之间 Relation 指数的变化情况。中国和澳大利亚之间的对外经济联系强度一直处于上升态势，Relation 指数分布区间为 [1.4，12.3]，且 2011 年之后增长态势显著，说明两国在物质、能源、人员、资金、信息等方面双边联系日益紧密，两国之间的相互辐射能力和接受程度也越来越强。这是因为中国拥有庞大的消费市场，能为澳大利亚出口商品提供重要的合作机遇，尤其是在 2015 年 6 月《中华人民共和国政府和澳大利亚政府自由贸易协定》签订后，中澳贸易往来更加密切。

4.6.2 双边经济关系强度（ED）分析

本书采用欧氏距离指数衡量中澳两国双边经济关系强度，根据公式（1-12）计算中澳两国双边经济关系强度，测算结果如图 4-7 所示。

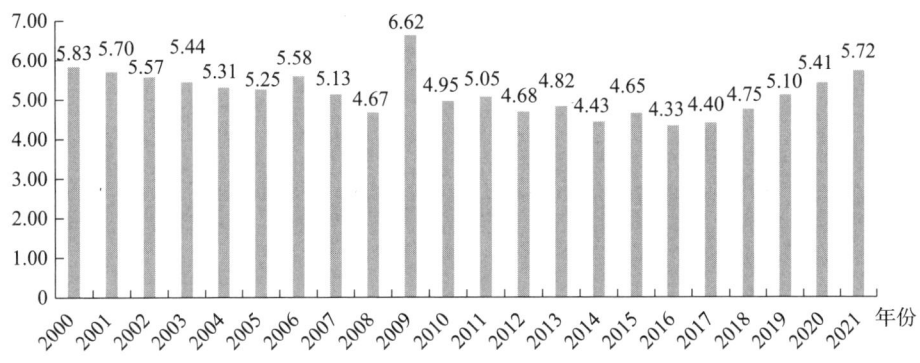

图 4-7　2000—2021 年中澳之间的双边经济关系强度（ED）

资料来源：根据 UN Comtrade 数据、世界银行数据库整理而得。

从图 4-7 可以看出，2000—2021 年中澳之间的双边经济关系强度（ED）值一直为正，ED 值范围为 [4.33，6.62]，意味着中澳两国之间为显著的互补型地缘经济关系。从动态变化发展趋势看，中澳之间的双边经济关系强度呈现有升有降反复波动的跳跃式发展态势，其中 2009 年 ED 值处于最高点。此外，欧氏距离的测算还反映出澳大利亚在经济发展水平、对外开放程度以及基础设施等方面可以与中国持续进行合作且空间较大。

4.7 本章小结

本章选取 UN Comtrade 和世界银行数据库中 2000—2021 年贸易数据，基于贸易竞争性、贸易互补性、贸易结合度以及地缘经济关系 4 个维度，采用 11 个相关指数分析了中国和澳大利亚之间的双边贸易关系。结果表明：

（1）从贸易竞争性看，ESI 指数显示中国和澳大利亚的出口商品相似度较低，ESI 指数值介于 18.79~44.67，说明两国的出口商品相互替代的可能性较小，贸易竞争性较弱。TC 指数和 RCA 指数进一步表明，澳大利亚在农牧产品上具有优势，而中国在工业制成品上具有优势，反映了两国在不同产业领域的比较优势，减少了直接竞争。

（2）从贸易互补性看，贸易互补性指数（TCI）的分析结果显示，在按原料分类的制成品（SITC6）、机械及运输设备（SITC7）、杂项制品（SITC8）三类商品上，中国的出口与澳大利亚的进口之间具有明显的互补性，表明这些领域为两国贸易合作提供了丰富的机遇。此外，澳大利亚对中国的出口在食品及活动物（SITC0），燃料除外的非食用原料（SITC2），矿物燃料、润滑油及有关原料（SITC3）三个类别上同样表现出与中国市场的互补性，进一步证实了双方在这些商品领域的贸易潜力。

产业内贸易指数（GL）的计算结果显示，尽管中澳两国在某些特定商品类别上表现出产业内贸易的特点，但从整体上看，两国的贸易更多地表现出产业间贸易特性。这种贸易模式的差异为中澳两国在各自优势产业领域提供了互补和合作的空间，有助于促进双边贸易的平衡和深化。

（3）从贸易结合度看，TII 指数计算结果显示了中澳两国在贸易结合度上的不平衡。具体来看，中国与澳大利亚的贸易联系较为紧密，表明中国对澳大利亚的贸易依赖性较强。相反，澳大利亚与中国的贸易联系则相对松散，表明澳大利亚对中国市场的依赖性较低，反映出两国在贸易互动上的不对称性。

（4）从地缘经济关系看，Relation 指数和 ED 指数的分析结果表明，中澳两国的经济联系正在不断加强，并且这种联系在不同地区表现出显著的差异性。两国之间的关系是一个典型的互补型地缘经济关系，这种关系的优势在于能够充分利用各自的地理优势和资源特点，在经济合作中实现互惠互利，有利于推动双方在贸易和投资领域的进一步发展和深化合作。

综合以上分析,中国与澳大利亚的贸易关系以互补性为主,两国在不同的产业领域拥有各自的比较优势,这为双方提供了合作的机遇。两国可以在互补性强的领域深化合作,如通过农牧产品和工业制成品的贸易来促进双边贸易的增长和经济的共同发展。同时,两国应继续深化地缘经济关系,利用各自的地理和资源优势,推动更广泛的经济合作。

第5章

中国与新西兰贸易关系分析

5.1 引言

新西兰国土面积约27万平方千米,2022年总人口为512.41万人。新西兰是发达国家之一,2022年人均GDP达到4.7万美元。新西兰拥有高度发达的农业经济,农牧产品出口约占出口总量的50%。其中,羊肉和奶制品的出口规模常年保持世界第一位,羊毛出口量居世界第三位。新西兰主要贸易伙伴为中国、欧盟、澳大利亚、美国、日本、韩国、新加坡。

自1972年中国和新西兰建立外交关系后,中新两国之间长达50多年的经贸合作,为世界各国之间的经贸合作与友好互助关系发展树立了典范。2008年4月,两国签署《中华人民共和国政府与新西兰政府自由贸易协定》,协定内容涉及诸多领域,为中新双边经贸合作搭建了新的平台。2017年3月,中国与新西兰签订"一带一路"合作协议,新西兰成为第一个加入"一带一路"倡议的西方发达国家。2021年1月,中新双方签署了《中华人民共和国政府与新西兰政府关于升级〈中华人民共和国政府与新西兰政府自由贸易协定〉的议定书》,以下简称《升级议定书》。《升级议定书》规定进一步扩大中国和新西兰双方零关税产品范围,中新双方分别实行达到97%和100%产品的零关税。2022年1月1日《区域全面经济伙伴关系协定》(RCEP)正式生效,中国和新西兰作为成员国拥有了更广阔的区域合作平台。中国连续多年成为新西兰全球最大贸易伙伴国、最大出口地和进口来源国,而新西兰也成为中国全球五大食品供应国之一。2022年,中国与新西兰双边货物进出口总额为251.51亿美元。其中,中国对新西兰的出口商品总值为91.75亿美元,中国自新西兰进口商品总值为159.76亿美元,中国对新西兰贸易逆差额为68.01亿美元。

学界关于中国与新西兰之间贸易关系的研究主要围绕三个方面展开讨论：

一是中国与新西兰双边贸易关系分析。胡君茹（2016）从贸易互补性角度研究发现，新西兰的初级产品具有比较优势，而中国的工业制成品具有比较优势，因此中国与新西兰之间存在稳定持久的产业间贸易互补关系。佟继英等（2017）从贸易竞争性、贸易互补性双维度解读中国和新西兰双边贸易关系，研究发现中国与新西兰具有较低的出口相似度，表明两国出口产品结构具有较高的贸易互补性。卢艳平和肖海峰（2017）采用显示性比较优势指数（RCA）和贸易互补性指数（TCI）进行分析得出，2001—2015年中国与新西兰之间农产品的贸易互补性较高。

二是《中华人民共和国政府与新西兰政府自由贸易协定》（FTA）的签订对两国之间贸易的影响效应。从整体贸易而言，李云鹏和闫永军（2021）认为，FTA的建立对两国出口贸易具有明显的促进作用；赵金龙等（2019）的研究结果显示，FTA的建立使得中国和新西兰之间的年均贸易额提升了15.7%。从行业贸易而言，耿仲钟和肖海峰（2017）发现，中新自贸区的建立有助于提升两国羊毛贸易的产业内贸易水平和贸易联系紧密度；杨碧琴和刘传凤（2022）指出，两国乳品贸易在FTA签订后，其规模存在明显的提升，中国对新西兰乳品的进口依赖性也在逐年提高。欧阳嘉原等（2023）采用HMS方法进行分析，结果显示，中国和新西兰签订的自由贸易协定的深度加大有助于中国对新西兰出口贸易规模的提升。

三是中国与新西兰贸易的影响因素分析。隗莲丽（2015）发现，中国和新西兰的人均收入差、外商直接投资额以及市场规模是影响中新贸易的主要因素。李彧（2022）认为，国家核心战略、特定利益集团政治影响力以及进出口行业特征是影响中国与新西兰FTA的重要因素。

综上所述，现有文献分析了中国与新西兰的贸易关系，分别从贸易互补性、贸易竞争性及产业内贸易进行分析，但是对中新两国的地缘经济关系尚未进行深入剖析。本章在分析贸易互补性、贸易竞争性和贸易结合度基础上，加入了两国地缘经济关系的分析，通过研究两国贸易合作的现状和贸易关系发展情况，提出在RCEP背景下加强中国和新西兰贸易合作的合理化对策与建议。中新贸易关系分析的相关数据均来自UN Comtrade，并将所有进出口商品按《国际贸易标准分类》（SITC Rev.4）进行分类。

5.2 中国与新西兰贸易发展概况

新西兰是以农牧业为经济基础的发达国家，其中动物产品占其出口总量的50%左右，是新西兰出口的支柱产品。自1972年中国和新西兰建立外交关系以来，中新两国之间贸易关系呈增强态势，2013年以来，中国连续多年成为新西兰最大的贸易伙伴国、第一大出口市场以及第一大进口来源地。根据UN Comtrade的数据，中新两国贸易总额在2000—2021年年均增长107.10%（见表5-1）。从表5-1可以看出，2000年中新双边贸易总额为10.54亿美元，2004年突破24亿美元，2008年两国双边贸易未受到国际金融危机影响，贸易总额达到44.00亿美元，且一直处于高速增长的态势，2009—2019年两国双边贸易额年均增速达到27.39%，其中2010年贸易总额增速达到42.67%，2013年突破123亿美元。2020—2021年新冠疫情在全球蔓延，但是中新两国之间贸易总额增速仍保持强劲的增长态势。2021年两国双边贸易额达到247.60亿美元，同比增长36.42%，其中，中国对新西兰出口额为85.60亿美元，同比增长41.49%，中国自新西兰进口额为162.00亿美元，同比增长33.88%。

表5-1 2000—2021年中国与新西兰贸易规模

年份	中国和新西兰贸易进出口总额		中国对新西兰出口额		中国自新西兰进口额	
	金额/亿美元	增长率/%	金额/亿美元	增长率/%	金额/亿美元	增长率/%
2000	10.54	—	4.16	—	6.38	—
2001	11.72	11.20	4.35	4.57	7.37	15.52
2002	13.99	19.37	5.96	37.01	8.03	8.96
2003	18.23	30.31	8.03	34.73	10.20	27.02
2004	24.90	36.59	10.80	34.50	14.10	38.24
2005	26.80	7.63	13.50	25.00	13.30	-5.67
2006	29.30	9.33	16.20	20.00	13.10	-1.50
2007	37.00	26.28	21.60	33.33	15.40	17.56
2008	44.00	18.92	25.10	16.20	18.90	22.73
2009	45.70	3.86	20.90	-16.73	24.80	31.22
2010	65.20	42.67	27.60	32.06	37.60	51.61

续表

年份	中国和新西兰贸易进出口总额		中国对新西兰出口额		中国自新西兰进口额	
	金额/亿美元	增长率/%	金额/亿美元	增长率/%	金额/亿美元	增长率/%
2011	87.20	33.74	37.40	35.51	49.80	32.45
2012	96.70	10.89	38.60	3.21	58.10	16.67
2013	123.80	28.02	41.30	6.99	82.50	42.00
2014	142.50	15.11	47.40	14.77	95.10	15.27
2015	115.00	−19.30	49.20	3.80	65.80	−30.81
2016	119.00	3.48	47.60	−3.25	71.40	8.51
2017	144.90	21.76	51.00	7.14	93.90	31.51
2018	168.70	16.43	57.70	13.14	111.00	18.21
2019	183.40	8.71	57.40	−0.52	126.00	13.51
2020	181.50	−1.04	60.50	5.40	121.00	−3.97
2021	247.60	36.42	85.60	41.49	162.00	33.88

在贸易差额方面，从图5-1可以看出，2000—2021年，中新贸易差额呈持续增长态势，具体表现为"中方贸易逆差，新方贸易顺差"。中国对新西兰贸易一直处于贸易逆差状态，且贸易逆差额一直呈稳步增长态势。

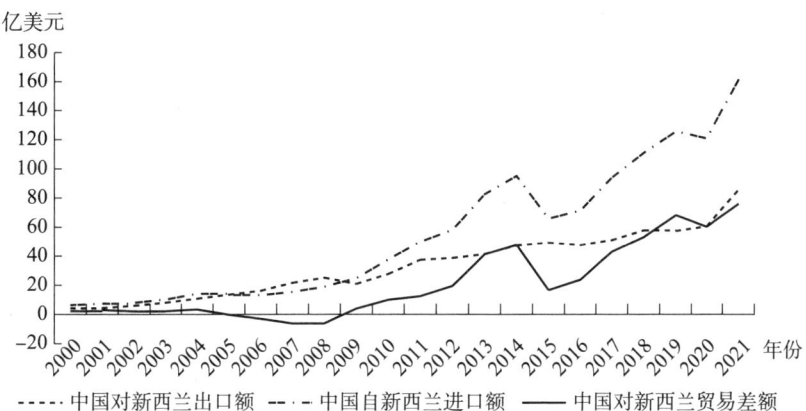

图5-1 2000—2021年中国与新西兰进出口额及贸易差额

资料来源：根据UN Comtrade数据、世界银行数据库整理而得。

表5-2反映了2021年中国和新西兰双边贸易的具体产品结构。中国对新西兰出口的商品主要集中在工业制成品，其中机械及运输设备（SITC7）占中国对新西兰出口额的34.99%、杂项制品（SITC8）占23.72%、按原料分类的

制成品（SITC6）占 21.34%。新西兰对中国的出口商品主要集中在初级产品，其中食品及活动物（SITC0）占新西兰对中国出口额的 65.14%，燃料除外的非食用原料（SITC2）占 26.42%。

表 5-2　2021 年中国和新西兰双边贸易主要商品出口额及占比

SITC 类别	名称	中国对新西兰出口的主要商品		新西兰对中国出口的主要商品	
		出口额/亿美元	占比/%	出口额/亿美元	占比/%
0	食品及活动物	2.07	2.42	105.20	65.14
1	饮料及烟类	0.02	0.02	0.43	0.27
2	燃料除外的非食用原料	0.41	0.48	42.68	26.42
3	矿物燃料、润滑油及有关原料	0.43	0.50	0.28	0.18
4	动植物油、脂及蜡	0.07	0.08	0.40	0.25
5	化学品及有关产品	12.84	15.00	8.96	5.55
6	按原料分类的制成品	18.27	21.34	1.57	0.97
7	机械及运输设备	29.96	34.99	0.94	0.58
8	杂项制品	20.31	23.72	0.58	0.36
9	未分类的商品及交易品	12.43	1.45	0.47	0.29

资料来源：根据 UN Comtrade 数据、世界银行数据库整理而得。

5.3　中国与新西兰贸易竞争性分析

为了探究中国与新西兰出口商品在国际市场的贸易竞争性情况，本书采用出口相似度指数（ESI）、贸易竞争力指数（TC）以及显示性比较优势指数（RCA）3 个指标进行分析。

5.3.1　出口相似度指数（ESI）分析

根据公式（1-1）计算出口相似度指数（ESI），对 2000—2021 年中国与新西兰出口商品在国际市场、欧盟市场、RCEP 市场以及美国市场的出口相似度进行量化分析，测算结果见表 5-3。

从表 5-3 可以看出，中国和新西兰在国际市场上的 ESI 指数值较低，说明中国的出口商品与新西兰的出口商品相似度不高，从而不具有较高的贸易竞争性。从细分市场来看，中国出口商品和新西兰出口商品的ESI指数在RCEP市场介于25.01~54.82，ESI指数在欧盟市场介于24.87~41.23，ESI指数在美国市场介于27.81~38.50，说明中国和新西兰的出口商品在欧盟、RCEP、美国市场的出口相似度不高，存在贸易竞争较弱和贸易互补性较强的特征。从出口相似度指数的动态变化发展趋势看，2000—2021年，中国和新西兰出口商品的ESI指数在国际市场和RCEP市场呈总体下降趋势，而在欧盟市场和美国市场总体上呈小幅上涨趋势。新西兰对欧盟、RCEP和美国市场的出口一直以初级产品为主，中国则经历了从初级产品到劳动密集型产品再到资本密集型产品和技术密集型产品的转变，近年来出口的资本密集型产品和技术密集型产品的比重也在不断提高。从出口相似度指数可以看出，中国和新西兰之间的出口商品相似度不高，贸易竞争性不强，有利于两国未来长期持续的贸易合作。

表5-3　2000—2021年中国与新西兰的出口相似度指数（ESI）

年份	国际市场	欧盟市场	RCEP市场	美国市场	年份	国际市场	欧盟市场	RCEP市场	美国市场
2000	43.82	31.43	54.82	32.15	2011	31.40	25.89	39.21	32.93
2001	41.27	28.82	52.39	32.01	2012	30.69	27.87	36.99	30.92
2002	41.51	26.79	52.43	33.46	2013	28.67	26.81	32.19	31.33
2003	41.62	27.61	51.96	35.36	2014	27.27	28.15	30.75	28.40
2004	40.59	27.71	52.17	35.57	2015	29.41	27.88	34.80	27.81
2005	40.55	27.14	53.34	36.60	2016	28.94	28.76	33.13	27.92
2006	39.75	31.49	52.72	36.07	2017	26.84	30.60	30.06	32.39
2007	37.30	28.62	48.37	37.62	2018	26.36	30.83	28.85	33.59
2008	35.20	28.52	42.77	33.84	2019	25.46	32.71	26.29	34.47
2009	33.44	24.87	43.11	29.56	2020	25.36	38.21	25.01	38.50
2010	32.50	27.57	40.62	32.14	2021	25.71	41.23	25.09	36.19

资料来源：根据UN Comtrade数据、世界银行数据库整理而得。

5.3.2　贸易竞争力指数（TC）分析

为了进一步探究中国与新西兰之间产品结构的贸易竞争情况，根据公式

(1-2) 计算 2001—2021 年中国和新西兰的贸易竞争力指数（TC）并进行比较分析，测算结果见表 5-4。

表 5-4　中国和新西兰的产品贸易竞争力指数（TC）比较

SITC 类别	名称	2001 年		2011 年		2021 年	
		中国	新西兰	中国	新西兰	中国	新西兰
0	食品及活动物	0.44	0.74	0.27	0.70	-0.27	0.70
1	饮料及烟类	0.34	0.00	-0.24	0.44	-0.47	0.47
2	燃料除外的非食用原料	-0.69	0.76	-0.90	0.77	-0.90	0.80
3	矿物燃料、润滑油及有关原料	-0.35	-0.58	-0.79	-0.52	-0.81	-0.83
4	动植物油、脂及蜡	-0.75	0.17	-0.90	-0.05	-0.72	-0.30
5	化学品及有关产品	-0.41	-0.22	-0.23	-0.42	0.21	-0.45
6	按原料分类的制成品	0.03	-0.02	0.36	-0.09	0.41	-0.33
7	机械及运输设备	-0.100	-0.59	0.17	-0.60	0.25	-0.70
8	杂项制品	0.73	-0.57	0.58	-0.56	0.56	-0.55
9	未分类的商品及交易品	-0.47	0.92	-0.91	0.74	-0.24	0.40

资料来源：根据 UN Comtrade 数据、世界银行数据库整理而得。
注：因篇幅所限，只列出 2001 年、2011 年和 2021 年的数据。

由表 5-4 可知，2001—2021 年中国按原料分类的制成品（SITC6）和杂项制品（SITC8）的 TC 值一直为正，新西兰的食品及活动物（SITC0）、饮料及烟类（SITC1）、燃料除外的非食用原料（SITC2）、未分类的商品及交易品（SITC9）的 TC 值一直为正，说明中国在工业品制造上具有贸易竞争力，而新西兰在初级产品上具有贸易竞争力。中国的燃料除外的非食用原料（SITC2）、矿物燃料、润滑油及有关原料（SITC3）、动植物油、脂及蜡（SITC4）以及未分类的商品及交易品（SITC9）的 TC 值一直为负，新西兰的矿物燃料、润滑油及有关原料（SITC3）、化学品及有关产品（SITC5）、按原料分类的制成品（SITC6）、机械及运输设备（SITC7）、杂项制品（SITC8）五类商品的 TC 值一直为负，意味着中国存在四类 SITC 商品不具有贸易竞争力，而新西兰存在五类 SITC 商品在国际市场上贸易竞争力较弱。

此外，中国的食品及活动物（SITC0）、饮料及烟类（SITC1）的 TC 值由正转为负，新西兰的动植物油、脂及蜡（SITC4）的 TC 值由正转为负，意味着中国和新西兰都存在竞争力由强变弱的商品。

这是因为与中国相比，一方面新西兰是以农牧业为经济基础的农业国，农牧产品出口量占其出口总量的50%，新西兰的农业实现了高度机械化，农产品和自然资源在国际市场上具有较强的竞争优势，羊肉和奶制品的出口量一直稳居世界第一。另一方面，新西兰缺乏高度发达的工业体系和高科技产业，但是近年来新西兰的高新技术产业有所发展，新西兰的高新技术产品占其出口总量的比重有明显提升。整体而言，新西兰的制造业在国际市场上的竞争力较弱，欠发达的制造业迫使新西兰需要进口大量的工业品以满足其国内的生产和生活需要。

对比中国和新西兰产品贸易竞争力指数，中国的SITC6、SITC8两类商品具有贸易竞争力，新西兰的SITC0、SITC1、SITC2、SITC9四类商品具有贸易竞争力，中国和新西兰具有产品竞争力的商品并不相同，表明两国之间的贸易竞争性不强。

5.3.3 显示性比较优势指数（RCA）分析

本书采用显示性比较优势指数（RCA）分析中国与新西兰之间产品结构的贸易竞争情况。根据公式（1-3）计算2001—2021年中国和新西兰的出口商品RCA指数，测算结果见表5-5（间隔期为1年）。

表5-5 中国与新西兰出口商品的RCA指数比较

国家	SITC类别	年份											均值
		2001	2003	2005	2007	2009	2011	2013	2015	2017	2019	2021	
中国	0	0.85	0.71	0.57	0.49	0.43	0.46	0.41	0.40	0.42	0.40	0.32	0.50
	1	0.35	0.25	0.19	0.15	0.15	0.16	0.15	0.17	0.18	0.16	0.10	0.18
	2	0.53	0.38	0.31	0.22	0.20	0.18	0.16	0.17	0.17	0.18	0.15	0.24
	3	0.34	0.27	0.19	0.13	0.13	0.09	0.12	0.16	0.18	0.18	0.17	0.17
	4	0.14	0.06	0.10	0.06	0.05	0.05	0.05	0.06	0.06	0.10	0.10	0.08
	5	0.52	0.42	0.44	0.45	0.42	0.56	0.51	0.51	0.75	0.76	0.83	0.56
	6	1.21	1.15	1.21	1.25	1.21	1.28	1.32	1.33	1.25	1.31	1.21	1.25
	7	0.81	1.02	1.16	1.24	1.38	1.41	1.39	1.24	1.27	1.29	1.33	1.23
	8	2.68	2.46	2.39	2.30	2.19	2.30	2.36	2.06	1.99	1.88	1.86	2.22
	9	0.05	0.05	0.04	0.05	0.03	0.03	0.02	0.01	0.05	0.15	0.35	0.08

续表

国家	SITC 类别	年份											均值
		2001	2003	2005	2007	2009	2011	2013	2015	2017	2019	2021	
新西兰	0	8.13	8.05	9.28	9.30	7.92	8.70	8.74	8.36	8.53	9.12	9.14	8.66
	1	1.30	1.62	2.56	3.34	3.46	3.92	4.16	4.49	4.51	4.33	4.67	3.49
	2	4.39	4.27	3.60	3.14	3.07	2.66	3.30	3.47	3.46	3.32	2.81	3.41
	3	0.28	0.20	0.21	0.34	0.37	0.32	0.21	0.17	0.17	0.14	0.10	0.23
	4	1.60	1.24	0.86	0.86	0.71	0.69	0.65	0.55	0.57	0.55	0.67	0.81
	5	0.96	0.70	0.53	0.53	0.46	0.47	0.52	0.57	0.43	0.38	0.37	0.54
	6	0.96	0.98	0.92	0.84	0.73	0.72	0.64	0.59	0.54	0.50	0.44	0.72
	7	0.23	0.29	0.32	0.28	0.27	0.24	0.20	0.20	0.17	0.17	0.18	0.23
	8	0.32	0.38	0.39	0.41	0.36	0.33	0.33	0.31	0.25	0.25	0.32	0.33
	9	0.23	0.21	0.29	0.45	0.71	0.82	0.74	0.63	0.73	0.69	0.78	0.57

资料来源：根据 UN Comtrade 数据、世界银行数据库整理而得。

根据 RCA 结果分析，中国和新西兰的出口商品可分为三类：一是中国与新西兰相比具有较强比较优势的商品，如中国 SITC6、SITC7、SITC8 三类出口商品的 RCA 指数均值在 [1.23，2.22] 范围内，而新西兰同类商品的 RCA 指数均值在 [0.23，0.72] 范围内，说明中国这三类商品的 RCA 指数值在 20 多年间一直高于新西兰，尤其是杂项制品（SITC8）的比较优势更加明显。二是新西兰与中国相比具有较强比较优势的商品，如新西兰 SITC0、SITC1、SITC2、SITC4 四类商品的 RCA 指数均值在 [0.23，8.66] 范围内，尤其是食品及活动物（SITC0）的比较优势相当明显，2001—2021 年 SITC0 的 RCA 最低值为 7.92，最高值为 9.30。在新西兰出口的优势产品中，出口到中国的比重较高，中国商务部数据显示，2021 年中国占新西兰乳制品、肉类和木制品对外出口总额的比重分别高达 42%、42% 和 65%。三是中国和新西兰比较优势较弱的商品，如 SITC3、SITC5 及 SITC9，两国的这些出口商品的 RCA 值基本上低于 0.80。

对比中国和新西兰的 RCA 指数，可以发现两国出口商品在国际市场的产品结构存在较大差异，两国具有比较优势的商品类别并不相同，在 SITC0、SITC1、SITC2、SITC4、SITC6、SITC7、SITC8 类别上具有较强的贸易互补性，具体表现为中国在按原料分类的制成品、机械及运输设备以及杂项制品等工业制成品上具有比较优势，而新西兰的农牧产品等初级产品具有比较优势。

新西兰所需的机械设备、中间品等工业产品及生活所用的居民消费品可从中国进口；同时，作为人口大国和世界工厂的中国需要进口大量的农牧产品以及石油、天然气等资源，而这些产品可以从新西兰进口。中国产能过剩的工业品可以借助潜力巨大的新西兰市场得以消化，新西兰的能源资源也可为中国经济发展提供动力，双方的进出口贸易合作存在广阔的空间。

5.4 中国与新西兰贸易互补性分析

为了进一步探究中国与新西兰之间产品结构的贸易互补关系，本书采用贸易互补性指数（TCI）、综合贸易互补性指数（TCIT）、产业内贸易指数（GL）、边际产业内贸易指数（MGL）以及综合产业内贸易指数（GLT）5个指标详细分析中国与新西兰之间的贸易互补情况。

5.4.1 贸易互补性指数（TCI）分析

本书采用贸易互补性指数（TCI）对中国与新西兰的贸易互补关系进行分析。根据公式（1-4）计算中国与新西兰之间产品结构 TCI 指数，测算结果见表 5-6。

表 5-6　中国与新西兰的产品贸易互补性指数（TCI）比较

SITC 类别	2001 年		2011 年		2021 年	
	中—新	新—中	中—新	新—中	中—新	新—中
0	1.00	2.90	0.70	2.48	0.47	6.75
1	0.45	0.24	0.24	1.08	0.19	1.73
2	0.32	11.76	0.05	8.94	0.04	9.01
3	0.34	0.20	0.10	0.27	0.08	0.13
4	0.14	1.60	0.04	0.75	0.09	0.62
5	0.71	1.25	0.59	0.43	0.82	0.27
6	1.23	1.22	1.14	0.49	1.18	0.31
7	0.79	0.26	1.44	0.26	1.43	0.19
8	2.84	0.17	2.96	0.23	2.34	0.18
9	0.00	0.05	0.01	0.91	0.20	0.15

资料来源：根据 UN Comtrade 数据、世界银行数据库整理而得。

注：因篇幅所限，只列出部分年份数据。

由表 5-6 可知，从中国出口的角度看，TCI 值大于 1 的产品集中于 SITC6、SITC7、SITC8 三类商品上，说明中国传统劳动密集型产品和资本密集型产品与新西兰具有较强的互补性。从新西兰出口的角度看，TCI 值大于 1 的商品主要分布在 SITC0、SITC2 两类商品上，其中燃料除外的非食用原料（SITC2）的 TCI 值明显高于其他商品，2001 年 SITC2 的 TCI 值高达 11.76，说明在资源密集型产品上，新西兰与中国存在极强的互补关系。这是由于中国的农牧产品不存在生产比较优势，而新西兰是农业大国，恰好可为中国提供农牧产品，同时新西兰为弥补国内的工业制成品的供给缺口，从中国大量进口工业制成品。

5.4.2 综合贸易互补性指数（TCIT）分析

如果需要考虑多种产品贸易并存情况下的中国与新西兰之间贸易互补关系，则采用综合贸易互补性指数（TCIT）进行分析。根据公式（1-5）计算中国与新西兰的 TCIT 指数，测算结果如图 5-2 所示。

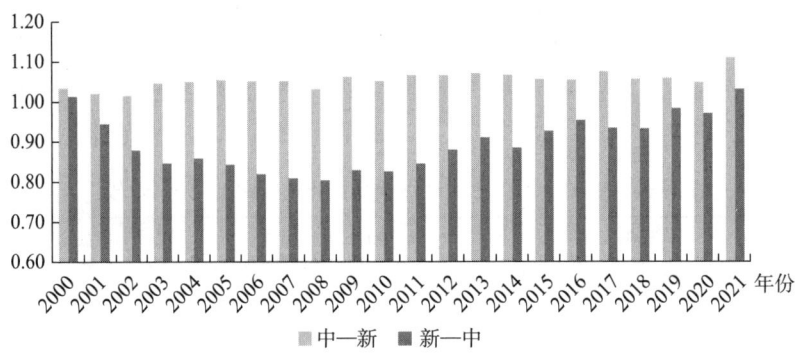

图 5-2 2000—2021 年中国与新西兰的综合贸易互补性指数（TCIT）比较

资料来源：根据 UN Comtrade 数据、世界银行数据库整理而得。

由图 5-2 可以看出 2000—2021 年中国与新西兰的综合贸易互补性指数的动态变化。从中国出口的角度看，中国出口与新西兰进口的 TCIT 值均大于 1，说明中国出口与新西兰进口之间一直保持着较强的贸易互补性。从新西兰出口的角度看，新西兰出口与中国进口的 TCIT 值总体上小于 1，表现出较弱的贸易互补性。

5.4.3 产业内贸易指数（GL）分析

为了深入分析中国与新西兰之间产业内贸易程度，本书采用产业内贸易指数（GL）进行分析。根据公式（1-6）计算两国之间的产业内贸易指数，测算结果见表5-7（间隔期为1年）。

由表5-7得知，2001—2021年中国与新西兰多数商品的GL值小于0.50，只有化学品及有关产品（SITC5）的GL值大于0.50，而饮料及烟类（SITC1），矿物燃料、润滑油及有关原料（SITC3）、按原料分类的制成品（SITC6）和未分类的商品及交易品（SITC9）四类商品的GL值在部分年份大于0.50，说明中国与新西兰之间只有一类商品完全实现产业内贸易，而绝大部分商品表现为产业间贸易。从GL值可以看出，中国和新西兰之间大部分行业还没有实现产业内贸易，两国产业内贸易的发展潜力巨大，同时也说明中国和新西兰的双边贸易在整体上具有较强的贸易互补性。中新双边贸易主要表现出产业间贸易特征，源于中国与新西兰在资源、资金、技术以及劳动力等要素禀赋上存在明显的差异性，从而形成了产品价格的比较优势差异，且预计在未来一段时间内，中国与新西兰之间的要素禀赋差异难以改变，两国之间贸易互补性明显，仍有较大的贸易潜力。

表5-7 中国与新西兰分类商品产业内贸易指数（GL）比较

SITC类别	2001	2003	2005	2007	2009	2011	2013	2015	2017	2019	2021
0	0.13	0.12	0.16	0.23	0.12	0.09	0.05	0.08	0.06	0.05	0.04
1	0.26	0.40	0.64	0.64	0.65	0.69	0.27	0.42	0.30	0.12	0.07
2	0.10	0.06	0.05	0.03	0.04	0.03	0.02	0.03	0.02	0.02	0.02
3	0.09	0.17	0.33	0.60	0.38	0.55	0.36	0.72	0.81	0.11	0.80
4	0.02	0.02	0.06	0.07	0.04	0.07	0.17	0.29	0.15	0.20	0.30
5	0.78	0.96	0.96	0.77	0.93	0.73	0.88	0.82	0.98	0.89	0.82
6	0.92	0.94	0.63	0.45	0.50	0.28	0.23	0.24	0.27	0.20	0.16
7	0.54	0.19	0.17	0.13	0.14	0.15	0.16	0.14	0.07	0.13	0.06
8	0.05	0.04	0.02	0.03	0.03	0.03	0.04	0.05	0.06	0.06	0.06
9	0.02	0.03	0.73	—	0.99	0.59	0.95	0.99	0.66	0.99	0.55

资料来源：根据UN Comtrade数据、世界银行数据库整理而得。

5.4.4 边际产业内贸易指数（MGL）分析

为了深入分析中国与新西兰之间产品结构的边际产业内贸易情况，根据公式（1-7）计算 2001—2021 年中国和新西兰的边际产业内贸易指数（MGL），测算结果见表 5-8（间隔期为 1 年）。

由表 5-8 可知，中国与新西兰分类商品边际产业内贸易指数的年度均值介于 0.11~0.32，其中边际贸易程度较高的是化学品及有关产品（SITC5）和未分类的商品及交易品（SITC9），其中化学品及有关产品（SITC5）的年均边际产业内贸易程度最高，MGL 年均值为 0.32，说明中国与新西兰之间的产品贸易量的变动中，产业间贸易量变化占有极高的比重。

表 5-8 中国与新西兰分类商品边际产业内贸易指数（MGL）比较

SITC 类别	年份											均值
	2001	2003	2005	2007	2009	2011	2013	2015	2017	2019	2021	
0	0.76	0.11	0.00	0.45	0.00	0.08	0.01	0.00	0.02	0.00	0.01	0.13
1	0.26	0.00	0.00	0.31	0.59	0.36	0.45	0.40	0.00	0.00	0.00	0.22
2	0.07	0.00	0.00	0.04	0.00	0.02	0.00	0.00	0.01	0.03	0.01	0.02
3	0.08	0.00	0.00	0.00	0.00	0.00	0.61	0.00	0.00	0.00	0.99	0.15
4	0.00	0.02	0.00	0.08	0.04	0.14	0.00	0.44	0.00	0.00	0.46	0.11
5	0.00	0.00	0.59	0.28	0.00	0.58	0.32	0.05	0.80	0.02	0.84	0.32
6	0.25	0.64	0.00	0.16	0.00	0.10	0.14	0.95	0.00	0.00	0.09	0.21
7	0.68	0.10	0.00	0.00	0.12	0.15	0.00	0.10	0.07	0.05	0.00	0.12
8	0.00	0.04	0.02	0.00	0.06	0.00	0.13	0.46	0.03	0.00	0.03	0.08
9	0.09	0.01	0.00	0.38	0.00	0.00	0.75	0.55	0.52	0.99	0.00	0.30

资料来源：根据 UN Comtrade 数据、世界银行数据库整理而得。

5.4.5 综合产业内贸易指数（GLT）分析

为考察中国与新西兰之间所有商品的总体产业内贸易水平，根据公式（1-8）计算两国综合产业内贸易指数（GLT），测算结果如图 5-3 所示。

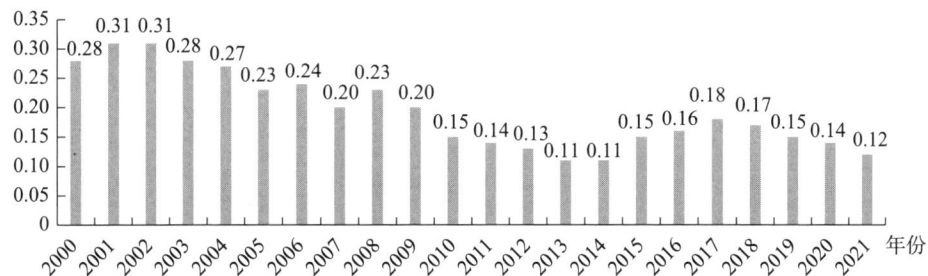

图 5-3　2000—2021 年中国与新西兰的综合产业内贸易指数（GLT）比较

资料来源：根据 UN Comtrade 数据、世界银行数据库整理而得。

由图 5-3 可以看到 2000—2021 年中国与新西兰之间的综合产业内贸易指数的变化情况。GLT 值介于 0.11~0.31，呈波浪式发展态势，说明两国之间整体的产业内贸易程度非常低，主要表现为产业间贸易，表明中国与新西兰在产业链上具有较好的互补性。这是由于中国拥有相对完整的产业链，中国的工业品具有比较明显的产品优势，而新西兰的农产品、金属和非金属矿产品等初级产品具有较强的比较优势，因而两国在产品结构上形成了产业间的贸易互补，表现出极高的产业间贸易水平。

5.5　中国与新西兰贸易结合度分析

本书采用贸易结合度指数（TII）反映中国与新西兰之间贸易紧密度，根据公式（9）计算 2000—2021 年两国贸易结合度指数，测算结果如图 5-4 所示。

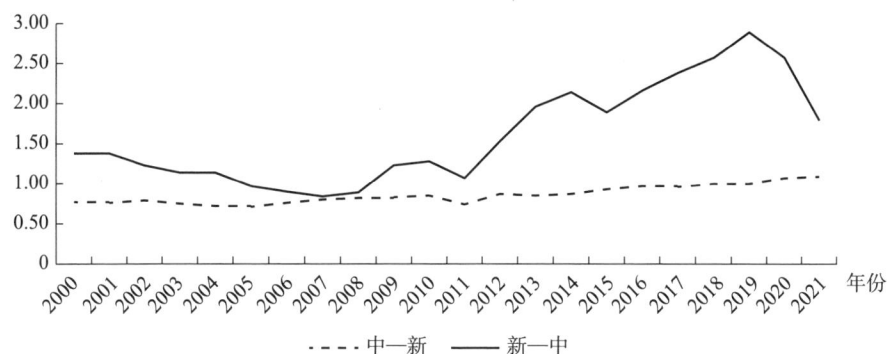

图 5-4　2000—2021 年中国与新西兰的贸易结合度指数（TII）比较

资料来源：根据 UN Comtrade 数据、世界银行数据库整理而得。

从中国出口的角度看，中国对新西兰出口的 TII 值在 2018 年之前都小于 1，说明中国与新西兰的贸易联系较为松散，中国对新西兰的贸易依存度较低。从新西兰出口的角度看，新西兰与中国之间的 TII 值在大部分年份超过 1，表明新西兰与中国之间具有紧密的贸易联系，新西兰对中国的贸易依存度较高。从整体上看，2000—2021 年，中国与新西兰之间的 TII 值呈缓慢上升态势，尤其是在 2017 年之后，TII 值均大于 1，说明中国对新西兰的贸易往来日益密切，中国对新西兰的贸易依存度逐渐提升。新西兰与中国之间的 TII 值呈上升态势，尤其是在 2013 年以后，TII 值大幅上涨，2019 年达到峰值 2.89，说明随着"一带一路"建设的不断推进，新西兰与中国的贸易往来更加密切，新西兰对中国的贸易依存度日渐增加。总之，中国对新西兰的贸易结合度小于新西兰对中国的贸易结合度，双方之间的贸易流向以新西兰向中国出口为主。因此，中国需进一步加强两国贸易合作，抓住并利用好贸易逆差带来的发展机遇。

5.6　中国与新西兰地缘经济关系分析

为了探究中国与新西兰之间地缘经济关系，本书采用对外经济联系强度和双边经济关系强度 2 个指标进行分析。

5.6.1　对外经济联系强度（Relation）分析

本书采用对外经济联系强度（Relation）对中国与新西兰之间地缘经济关系进行分析。根据公式（1-10）计算两国之间对外经济联系强度，测算结果如图 5-5 所示。

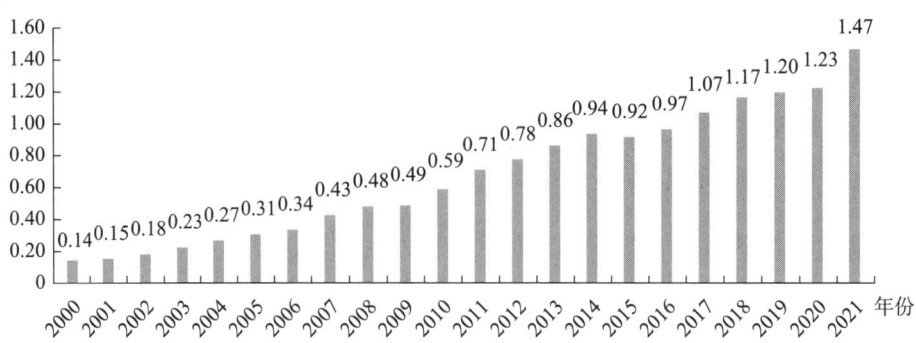

图 5-5　2000—2021 年中国与新西兰之间的对外经济联系强度（Relation）

资料来源：根据 UN Comtrade 数据、世界银行数据库整理而得。

由图 5-5 可知 2000—2021 年中国与新西兰之间 Relation 指数的变化情况。中新之间的对外经济联系强度虽然一直处于上升态势，但是 Relation 值介于 [0.14，1.47]，说明中新两国之间的经济联系较弱，两国之间的相互辐射能力和接受程度也较弱。在 2008 年《中华人民共和国政府与新西兰政府自由贸易协定》签订后，两国的对外经济联系强度有所提升。

5.6.2 双边经济关系强度（ED）分析

关于中国与新西兰之间的地缘经济关系，本书还采用欧氏距离（ED）进行测度。根据公式（1-12）计算两国双边经济关系强度，测算结果如图 5-6 所示。

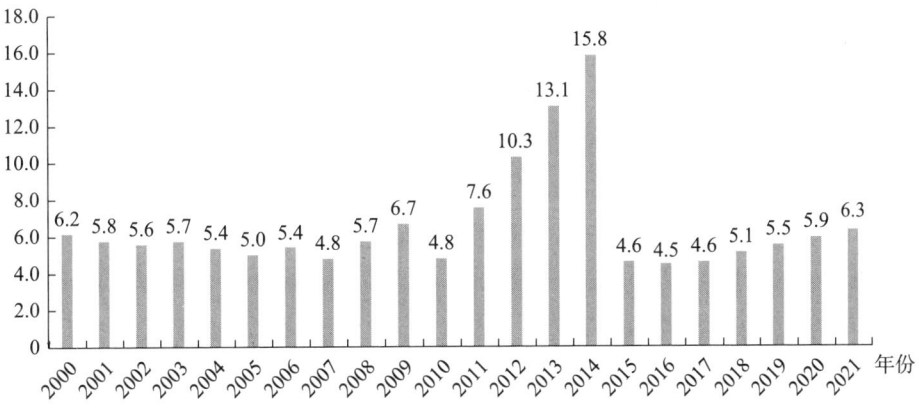

图 5-6　2000—2021 年中国与新西兰之间的双边经济关系强度（ED）

资料来源：根据 UN Comtrade 数据、世界银行数据库整理而得。

由图 5-6 可知 2000—2021 年中国与新西兰之间的 ED 指数变化情况。ED 值一直为正，介于 [4.5，15.8]，表明中新两国之间存在明显的互补型地缘经济关系。ED 指数值呈波浪式发展态势，且呈先降后升又降态势，其中 2014 年处于最高点，ED 值达到 15.8。通过欧氏距离的测算结果可知，中国与新西兰在贸易往来、双边投资等领域具有极大的合作空间。

5.7　本章小结

本章选取 UN Comtrade 和世界银行数据库中 2000—2021 年贸易数据，基于贸易竞争性、贸易互补性、贸易结合度以及地缘经济关系 4 个维度，采用

11个指标分析中国和新西兰之间的双边贸易关系。结果表明：

（1）从贸易竞争性看，ESI 指数显示中国与新西兰的出口产品相似度介于 25.01~54.82，指数值不高，表明两国之间的贸易竞争性较弱。从 TC 指数来看，中国在按原料分类的制成品（SITC6）和杂项制品（SITC8）具有贸易竞争力，而新西兰在 SITC0、SITC1、SITC2 和 SITC9 四类商品具有贸易竞争力。由于两国优势商品不同，贸易竞争性不强。

（2）从贸易互补性看，TCI 指数显示，中国在 SITC6、SITC7、SITC8 三类商品的出口与新西兰的进口之间存在明显的贸易互补性，而新西兰在 SITC0、SITC2 两类商品的出口与中国的进口之间存在贸易互补关系。GL 指数显示，中国和新西兰之间大部分行业还没有实现产业内贸易。GLT 指数显示，中国和新西兰之间整体表现为产业间贸易，这意味着两国之间具有较强的贸易互补性。

（3）从贸易结合度看，TII 指数显示，中国对新西兰的贸易结合度小于新西兰对中国的贸易结合度，表明双方之间的贸易流向以新西兰向中国出口为主，中国对新西兰的出口相对较少。

（4）从地缘经济关系看，Relation 数据显示，中国与新西兰的对外经济联系强度介于 0.14~1.47，表明尽管两国的经济联系尚未达到最紧密的水平，但经贸合作正在持续增长。此外，ED 指数值在 4.5~15.8 的范围内波动，反映了中新两国之间基于相互合作的互补型地缘经济关系且随着时间推移而日益巩固和加强。

总体来看，中国与新西兰的贸易关系具有互补性强、竞争性低的特点，为双方提供了合作共赢的机会。通过加强经济合作和政策协调，两国可以实现更深层次的经济整合和共同繁荣。

第6章

中国与新加坡贸易关系分析

6.1 引言

新加坡是东南亚的一个岛国，面积为735.2平方千米，由新加坡岛及附近63个小岛组成，其中新加坡岛占全国面积的88.5%。2022年总人口约564万人。新加坡位于马六甲海峡的出入口，由于其地理位置优越成为转口贸易和过境贸易的重要航运要道。新加坡是亚洲四个发达国家之一，2022年人均GDP达8.28万美元。城市基础设施排名世界第一。在贸易方面，2022年新加坡贸易总额为9890亿美元，其中出口额为5148.2亿美元，进口额为4741.9亿美元，贸易顺差达到406.3亿美元。新加坡的主要贸易伙伴包括中国、马来西亚、欧盟、印度尼西亚和美国等。

1990年，中国和新加坡建立外交关系。虽然新加坡与中国建交时间比较晚，是东南亚最后一个和中国建交的国家，但是中新两国在建交后一直保持着紧密的经济、社会文化联系。2008年10月23日，中新两国签署《中华人民共和国政府和新加坡共和国政府自由贸易协定》，协定内容涉及货物贸易、服务贸易、投资等多个领域，中新双边经贸合作实现全方面覆盖。2017年3月，中国与新加坡合作建立解决"一带一路"跨境合作相关争议的机制。2018年11月，中国与新加坡签署升级双边自由贸易协定的议定书，协定首次将"一带一路"合作纳入其中，并规定中国和新加坡双方零关税水平分别达到97%和100%，为双边贸易提供了更加便利的贸易合作平台，中国和新加坡作为成员国拥有了更广阔的区域合作平台。自2013年起，至2022年，中国连续11年成为新加坡全球最大贸易伙伴国，也是新加坡第一大出口市场、第一大进口来源地以及第三大服务贸易国。2022年，中国与新加坡双边贸易总额为1151.3亿美元，同比增长22.8%。其中，中国对新加坡出口额达811.7

亿美元，同比增长 47.8%；自新加坡进口额达 339.6 亿美元，同比下降 12.5%。自 2013 年起，新加坡连续 11 年成为中国最大外资来源国。

学界关于中国与新加坡之间贸易关系的研究主要围绕两个方面展开讨论：

一是中国和新加坡双边贸易关系分析。刘光辉（2019）以 2007—2018 年数据为例进行分析，发现中国和新加坡双边贸易的地位不平等，中国出口对新加坡的贸易依存度要高于新加坡出口对中国的贸易依存度。王领和刘瑞青（2021）通过贸易引力模型分析发现，中国和新加坡之间的双边贸易存在贸易互补性结构不平衡、进口产品的贸易依赖性问题。石璐萍和陈学刚（2023）使用 1992—2022 年贸易数据进行分析，发现中国与新加坡双边贸易之间同时存在贸易竞争性与贸易互补性，而资本密集型商品的贸易竞争性更加明显。

二是以东盟 10 国为例进行分析。斯·钱德拉·达斯和周中坚（1990）发现，在东盟 10 国中，中国和新加坡之间的双边贸易不单单是竞争性贸易，还存在贸易互补关系。此外，相对于其他东盟国家，新加坡与中国的贸易互补性更高，更好地起到贸易互补作用。陈秀莲（2019）指出，中国与新加坡经贸合作模式和中国与东盟合作方式类似，双边关系以陆地为主，海洋经贸合作呈碎片化，存在严重的不对称经济依赖关系特征，并提出"陆地为依托，海洋寻突破"的经贸合作模式。

综上所述，现有文献分析了中国与新加坡之间的贸易关系，分别从贸易互补性和贸易竞争性两个角度进行分析，但对于近年来中国与新加坡之间的地缘经济关系尚未进行深入、全面的分析。本书对中国与新加坡之间的贸易关系进行研究，主要从贸易竞争性、贸易互补性、贸易结合度及地缘经济关系 4 个维度进行系统分析和评估，通过研究中国与新加坡双边贸易合作的现状以及发展潜力，提出在 RCEP 背景下加强中国和新加坡的双边贸易合作的对策与建议。

6.2 中国与新加坡贸易发展概况

新加坡是外贸驱动型经济的发达国家，贸易依存度非常高，外贸总额是 GDP 的 3 倍。新加坡经济以电子、石油化工、金融、航运、服务业为主，其农业用地占国土面积的比重非常低（1% 左右）。自 1990 年中新建交以来，两国之间贸易合作持续深化，自 2013 年"一带一路"倡议提出以来，截至 2022

年，中国连续11年成为新加坡最大的贸易伙伴国，新加坡连续11年成为中国最大外资来源国。根据UN Comtrade的数据，中国与新加坡贸易总额在2000—2021年年均增长35.69%（见表6-1）。

表6-1 2000—2021年中国与新加坡贸易规模

年份	中新贸易进出口总额		中国对新加坡出口额		中国自新加坡进口额	
	金额/亿美元	增长率/%	金额/亿美元	增长率/%	金额/亿美元	增长率/%
2000	108.21	—	57.61	—	50.60	—
2001	109.19	0.91	57.91	0.52	51.28	1.36
2002	140.31	28.50	69.84	20.61	70.47	37.41
2003	193.49	37.90	88.64	26.91	104.85	48.79
2004	266.82	37.90	126.88	43.14	139.94	33.47
2005	331.47	24.23	166.32	31.09	165.15	18.01
2006	408.58	23.26	231.85	39.40	176.73	7.01
2007	474.97	16.25	299.46	29.16	175.50	-0.69
2008	524.77	10.49	323.06	7.88	201.71	14.93
2009	478.63	-8.79	300.66	-6.93	177.97	-11.77
2010	570.76	19.25	323.47	7.59	247.29	38.95
2011	637.10	11.62	355.70	9.96	281.40	13.79
2012	692.80	8.74	407.50	14.56	285.30	1.39
2013	758.96	9.55	458.32	12.47	300.65	5.38
2014	797.40	5.06	489.11	6.72	308.29	2.54
2015	779.63	-2.23	519.12	6.14	260.51	-15.50
2016	683.11	-12.38	444.92	-14.29	238.19	-8.57
2017	744.93	9.05	450.16	1.18	294.77	23.76
2018	803.49	7.86	490.39	8.94	313.10	6.22
2019	851.27	5.95	547.95	11.74	303.32	-3.12
2020	868.23	1.99	574.35	4.82	293.88	-3.11
2021	919.11	5.86	551.98	-3.89	367.13	24.93

资料来源：根据UN Comtrade数据、世界银行数据库整理而得。

由表6-1可知，2000年中国和新加坡双边贸易总额为108.21亿美元，2008年突破500亿美元。2009年，受国际金融危机的影响，中国和新加坡贸易增速有所下降，两国贸易规模出现负增长，2015年全球经济增速放缓，总体复苏乏力，中国和新加坡的外需低迷，2015—2016年中国和新加坡贸易规模出现负增长。2017—2021年中国和新加坡之间进出口总额增速恢复正增长，但呈低速增长态势。

中国和新加坡的双边贸易从最初的原材料、劳动密集型产品发展为高附加值产品，中国对新加坡出口商品主要包括机械设备、电子产品、通信设备、建筑材料、服装装饰、纺织品等。其中，机械设备是中国对新加坡出口占比最高的商品。中国从新加坡进口的主要商品包括机电产品、化工产品、贵金属及制品、塑料、橡胶等。中国和新加坡在双边贸易和区域产业链中形成了"你中有我，我中有你"利益交融的合作格局。

关于中国与新加坡之间的贸易差额，从图6-1可以看出，中国和新加坡贸易差额表现出明显的增长态势，2002—2004年表现为"中方贸易逆差，新方贸易顺差"，在2000—2001年和2005—2021年表现为"中方贸易顺差，新方贸易逆差"，其中2002—2004年，中国对新加坡贸易逆差额从0.63亿美元增长到13.06亿美元，2005—2021年，中国对新加坡贸易顺差额从1.17亿美元增长到184.85亿美元，其中2020年中国对新加坡贸易顺差出现峰顶值，达到280.47亿美元。

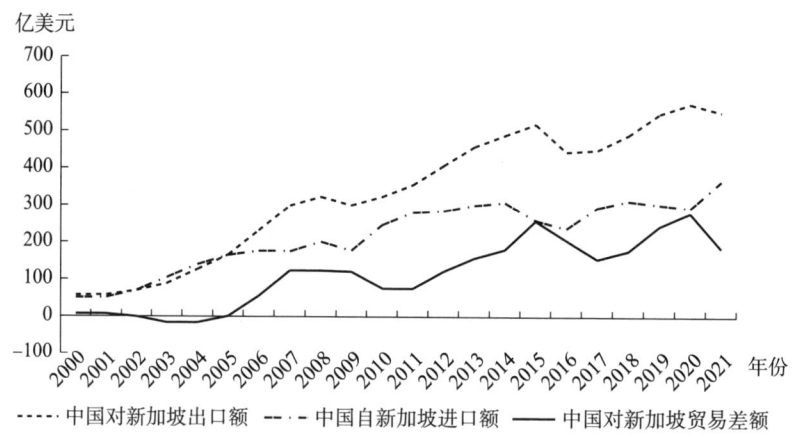

图6-1 2000—2021年中国与新加坡进出口额及贸易差额

资料来源：根据UN Comtrade数据、世界银行数据库整理而得。

表6-2反映了2021年中国和新加坡双边贸易的具体产品结构。中国对新加坡出口的商品主要集中在SITC7、SITC3和SITC8三类，其中机械及运输设备（SITC7）约占对新加坡出口额的57.58%，矿物燃料、润滑油及有关原料（SITC3）约占10.79%，杂项制品（SITC8）约占10.20%。新加坡对中国出口的商品主要集中在SITC7和SITC5两类，其中机械及运输设备（SITC7）约

占出口额的53.18%，化学品及有关产品（SITC5）约占31.08%。

表6-2 2021年中国与新加坡双边贸易主要商品出口额及占比

SITC类别	名称	中国对新加坡出口的主要商品		新加坡对中国出口的主要商品	
		出口额/亿美元	占比/%	出口额/亿美元	占比/%
0	食品及活动物	7.95	1.44	2.77	0.75
1	饮料及烟类	0.98	0.18	0.69	0.19
2	燃料除外的非食用原料	1.11	0.20	3.17	0.86
3	矿物燃料、润滑油及有关原料	59.56	10.79	27.21	7.41
4	动植物油、脂及蜡	2.51	0.45	0.11	0.03
5	化学品及有关产品	45.93	8.32	114.10	31.08
6	按原料分类的制成品	52.53	9.52	3.06	0.83
7	机械及运输设备	317.86	57.58	195.26	53.18
8	杂项制品	56.28	10.20	20.44	5.57
9	未分类的商品及交易品	7.26	1.32	0.32	0.09

资料来源：根据UN Comtrade数据、世界银行数据库整理而得。

6.3 中国与新加坡贸易竞争性分析

为了探究中国与新加坡之间的贸易竞争性情况，本书采用出口相似度指数（ESI）、贸易竞争力指数（TC）以及显示性比较优势指数（RCA）3个指标进行分析。

6.3.1 出口相似度指数（ESI）分析

根据公式（1-1）计算出口相似度指数（ESI），对2000—2021年中国与新加坡出口商品在国际市场的竞争情况进行分析，测算结果如图6-2所示。

从图6-2可以看出，中国和新加坡在国际市场上的ESI指数值较高，介于45~76，说明中国和新加坡的出口商品在国际市场的产品结构相似度由低走高，贸易竞争程度逐渐加大。从出口相似度指数的动态变化发展趋势看，在2000—2021年，ESI指数呈明显的总体上升态势。从出口相似度指数可以看出，中国和新加坡出口商品的产品相似度较高，因而中国和新加坡的出口商品竞争性较强。

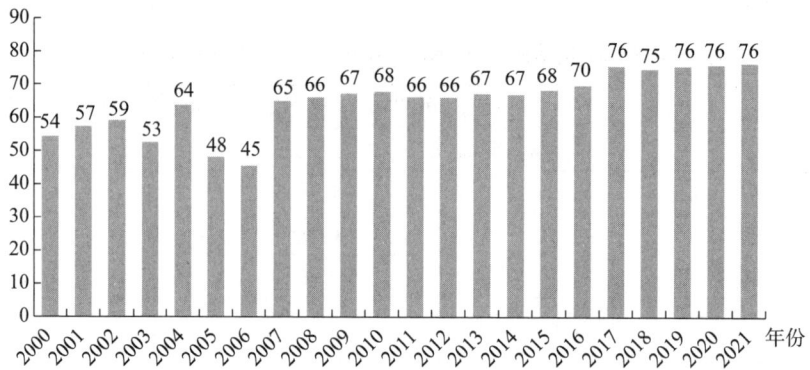

图 6-2　2000—2021 年中国与新加坡的出口相似度指数（ESI）

资料来源：根据 UN Comtrade 数据、世界银行数据库整理而得。

6.3.2　贸易竞争力指数（TC）分析

为了进一步探究中国与新加坡出口商品在国际市场的贸易竞争情况，根据公式（1-2）计算两国 2001—2021 年贸易竞争力指数（TC）并进行比较分析，测算结果见表 6-3。

表 6-3　中国与新加坡的产品贸易竞争力指数（TC）比较

SITC 类别	名称	2001 年		2011 年		2021 年	
		中国	新加坡	中国	新加坡	中国	新加坡
0	食品及活动物	0.44	−0.31	0.27	−0.21	−0.27	0.05
1	饮料及烟类	0.36	−0.03	−0.24	0.01	−0.47	−0.01
2	燃料除外的非食用原料	−0.69	0.09	−0.90	−0.07	−0.90	0.04
3	矿物燃料、润滑油及有关原料	−0.35	−0.23	−0.79	−0.19	−0.81	−0.26
4	动植物油、脂及蜡	−0.75	0.01	−0.90	−0.45	−0.72	−0.77
5	化学品及有关产品	−0.41	0.18	−0.23	0.34	0.21	0.31
6	按原料分类的制成品	0.03	−0.29	0.36	−0.23	0.41	−0.17
7	机械及运输设备	−0.10	0.05	0.17	0.11	0.25	0.10
8	杂项制品	0.73	0.08	0.58	0.04	0.56	−0.09
9	未分类的商品及交易品	−0.47	0.48	−0.91	0.42	−0.24	0.12

资料来源：根据 UN Comtrade 数据、世界银行数据库整理而得。

注：因篇幅所限，只列出 2001 年、2011 年和 2021 年的数据。

由表 6-3 可知，2001—2021 年中国的按原料分类的制成品（SITC6）和杂项制品（SITC8）两类商品的 TC 值一直为正，新加坡的化学品及有关产品（SITC5）、机械及运输设备（SITC7）以及未分类的商品及交易品（SITC9）三类商品的 TC 值一直为正，说明中国在工业品制造上具有贸易竞争力，而新加坡也在工业品上具有产品竞争力，但产品类型不同。

中国的化学品及有关产品（SITC5）、机械及运输设备（SITC7）两类商品的 TC 值由负转为正，新加坡的食品及活动物（SITC0）的 TC 值由负转为正，意味着中国和新加坡都出现了贸易竞争力不断提升的商品。

中国的燃料除外的非食用原料（SITC2）、矿物燃料、润滑油及有关原料（SITC3），动植物油、脂及蜡（SITC4）以及未分类的商品及交易品（SITC9）的 TC 值一直为负，新加坡的矿物燃料、润滑油及有关原料（SITC3），按原料分类的制成品（SITC6）的 TC 值一直为负，意味着中国存在四类商品不具有贸易竞争力，而新加坡存在两类商品不具有贸易竞争力。

此外，中国的食品及活动物（SITC0）、饮料及烟类（SITC1）的 TC 值由正转为负，新加坡的动植物油、脂及蜡（SITC4），杂项制品（SITC8）的 TC 值由正转为负，意味着中国和新加坡的这些商品的贸易竞争力由强变弱。

进一步说明，新加坡的工业制成品在国际市场具有竞争优势，其中主要出口商品为机电产品和化工产品。而新加坡的初级产品在国际市场没有竞争优势，进口比重较高，其中矿产品的进口在新加坡进口商品中位居第二。

从贸易竞争力指数分析可以看出，新加坡的优势产品为化学品及有关产品（SITC5）、机械及运输设备（SITC7）和未分类的商品及交易品（SITC9），而中国的优势产品为按原料分类的制成品（SITC6）、杂项制品（SITC8），中国和新加坡的优势商品不同，两国之间的贸易竞争性不强。

6.3.3 显示性比较优势指数（RCA）分析

本书采用显示性比较优势指数（RCA）分析中国和新加坡出口商品的贸易竞争性，根据公式（1-3）计算 2001—2021 年中国和新加坡的出口商品 RCA 指数，测算结果见表 6-4（间隔期为 1 年）。

表 6-4 中国与新加坡出口商品的 RCA 指数比较

国别	SITC 类别	2001	2003	2005	2007	2009	2011	2013	2015	2017	2019	2021	均值
中国	0	0.85	0.71	0.57	0.49	0.43	0.46	0.41	0.40	0.42	0.40	0.32	0.50
	1	0.35	0.25	0.19	0.15	0.15	0.16	0.15	0.17	0.18	0.16	0.10	0.18
	2	0.53	0.38	0.31	0.22	0.20	0.18	0.16	0.17	0.17	0.18	0.15	0.24
	3	0.34	0.27	0.19	0.13	0.13	0.10	0.09	0.12	0.16	0.18	0.12	0.17
	4	0.14	0.06	0.10	0.06	0.05	0.05	0.05	0.06	0.06	0.10	0.10	0.08
	5	0.52	0.42	0.44	0.45	0.42	0.56	0.51	0.51	0.75	0.76	0.83	0.56
	6	1.21	1.15	1.21	1.25	1.21	1.28	1.32	1.33	1.25	1.31	1.21	1.25
	7	0.81	1.02	1.16	1.24	1.38	1.41	1.39	1.24	1.27	1.29	1.33	1.23
	8	2.68	2.46	2.39	2.30	2.19	2.30	2.36	2.06	1.99	1.88	1.86	2.22
	9	0.05	0.05	0.04	0.05	0.03	0.03	0.02	0.01	0.05	0.15	0.35	0.08
新加坡	0	0.26	0.20	0.17	0.14	0.14	0.15	0.14	0.14	0.14	0.17	0.18	0.17
	1	0.19	0.25	0.23	0.23	0.26	0.29	0.28	0.36	0.41	0.39	0.35	0.29
	2	0.37	0.35	0.32	0.33	0.33	0.34	0.30	0.30	0.31	0.32	0.33	0.33
	3	0.58	0.38	0.45	0.50	0.49	0.55	0.55	0.58	0.64	0.73	0.57	0.55
	4	0.04	0.03	0.02	0.02	0.02	0.03	0.02	0.03	0.03	0.03	0.03	0.03
	5	0.86	0.83	0.91	0.92	0.86	1.03	1.12	1.00	1.03	1.11	1.15	0.98
	6	1.31	1.15	1.04	0.98	1.06	1.06	1.04	0.99	1.01	1.07	0.98	1.06
	7	1.39	1.59	1.65	1.58	1.66	1.65	1.65	1.59	1.55	1.51	1.54	1.58
	8	0.72	0.58	0.64	0.79	0.86	0.78	0.75	0.66	0.58	0.44	0.47	0.66
	9	0.01	0.02	0.01	0.02	0.02	0.01	0.02	0.02	0.02	0.02	0.05	0.02

资料来源：根据 UN Comtrade 数据、世界银行数据库整理而得。

注：因篇幅所限，只列出部分年份的数据。

根据 RCA 结果分析，中国和新加坡的出口商品可分为三类：一是中国与新加坡相比具有比较优势的产品，如中国的按原料分类的制成品（SITC6）和杂项制品（SITC8），两类商品的 RCA 指数均值分别为 1.25 和 2.22，而新加坡同类商品的 RCA 指数均值为 1.06 和 0.66，说明中国的这两类商品的 RCA 指数均值高于新加坡，具有明显的竞争力；二是新加坡与中国相比具有比较优势的产品，如新加坡的化学品及有关产品（SITC5）、机械及运输设备（SITC7）两类商品 RCA 指数均值分别为 0.98 和 1.58，而中国同类商品的 RCA 指数均值分别为 0.56 和 1.23，说明新加坡的 SITC5、SITC7 两类商品具有明显的竞争力；三是中新两国比较优势较弱的产品，如两国的 SITC0、SITC1、SITC2、SITC3、SITC4、SITC9 六类商品的 RCA 指数均值都低于 0.80，属于国际竞争力较弱的产品。

对比中国和新加坡的 RCA 指数，可以发现中国出口到国际市场的 SITC6、SITC8 两类商品具有比较优势，而新加坡的 SITC5、SITC7 两类商品具有比较优势。

6.4 中国与新加坡贸易互补性分析

为了进一步探究中国与新加坡之间产品结构的贸易互补关系，本书采用贸易互补性指数（TCI）、综合贸易互补性指数（TCIT）、产业内贸易指数（GL）、边际产业内贸易指数（MGL）以及综合产业内贸易指数（GLT）5 个指标详细分析中国与新加坡之间的贸易互补情况。

6.4.1 贸易互补性指数（TCI）分析

本书采用贸易互补性指数（TCI）对中国与新加坡之间产品结构的贸易互补关系进行分析。根据公式（1-4）计算 TCI 指数，测算结果见表 6-5。

表 6-5 中国与新加坡的产品贸易互补性指数（TCI）比较

SITC 类别	2001 年		2005 年		2011 年		2015 年		2021 年	
	中—新	新—中	中—新	新—中	中—新	新—中	中—新	新—中	中—新	新—中
0	0.37	0.08	0.18	0.05	0.17	0.06	0.16	0.13	0.12	0.27
1	0.36	0.17	0.15	0.09	0.16	0.27	0.20	0.56	0.12	0.39
2	0.10	0.67	0.06	0.55	0.03	0.50	0.03	0.71	0.02	0.50
3	0.43	0.59	0.24	0.69	0.18	1.01	0.21	1.25	0.19	1.21
4	0.07	0.51	0.04	0.42	0.03	0.19	0.02	0.10	0.08	0.09
5	0.30	1.10	0.24	1.10	0.34	1.09	0.32	1.12	0.47	0.72
6	0.66	0.35	0.64	0.27	0.66	0.19	0.71	0.21	0.52	0.18
7	1.24	1.76	0.92	0.97	1.73	1.54	1.51	1.57	1.80	1.59
8	1.77	0.39	1.34	0.37	1.43	0.43	1.43	0.49	1.68	0.36
9	0.02	0.19	0.41	0.69	0.05	2.55	0.01	0.24	0.65	0.34

资料来源：根据 UN Comtrade 数据、世界银行数据库整理而得。

注：因篇幅所限，只列出部分年份数据。

由表 6-5 可知,从中国出口的角度看,2001—2021 年,TCI 值大于 1 的商品集中于 SITC7、SITC8 两类,说明中国在机械及运输设备、杂项制品上与新加坡具有较强的互补性。从新加坡出口的角度看,TCI 值大于 1 的商品主要集中于化学品及有关产品(SITC5)、机械及运输设备(SITC7)两类,说明新加坡与中国在这两类商品上存在极强的贸易互补关系。

6.4.2 综合贸易互补性指数(TCIT)分析

如果需要考察多种产品贸易并存情况下的中国与新加坡之间整体贸易互补关系,则采用综合贸易互补性指数(TCIT)进行分析。根据公式(1-5)计算两国 TCIT 指数,测算结果如图 6-3 所示。

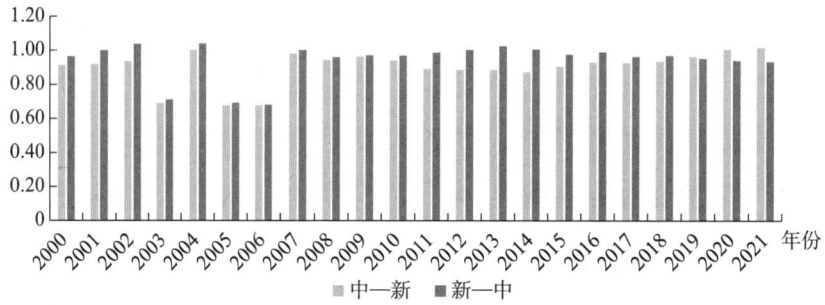

图 6-3　2000—2021 年中国与新加坡的综合贸易互补性指数(TCIT)比较

资料来源:根据 UN Comtrade 数据、世界银行数据库整理而得。

图 6-3 显示了 2000—2021 年中国与新加坡的综合贸易互补性指数动态变化。从中国出口的角度看,中国出口与新加坡进口的 TCIT 值在大部分年份均小于 1,说明中国出口与新加坡进口之间一直保持着较弱的贸易互补性。从新加坡出口的角度看,新加坡出口与中国进口的 TCIT 值在大部分年份均小于 1,也呈现出较弱的互补性。两国之间的出口贸易以及进口贸易的贸易互补性都不强。

6.4.3 产业内贸易指数(GL)分析

本书采用产业内贸易指数(GL)分析中国与新加坡之间产业内贸易情况。根据公式(1-6)计算两国之间产业内贸易指数(GL),测算结果见表 6-6(间隔期为 1 年)。

表 6-6 中国与新加坡分类商品产业内贸易指数（GL）比较

SITC 类别	年份										
	2001	2003	2005	2007	2009	2011	2013	2015	2017	2019	2021
0	0.25	0.47	0.51	0.78	0.95	0.91	0.74	0.65	0.53	0.52	0.52
1	0.33	0.00	0.08	0.89	0.88	0.88	0.69	0.88	0.94	0.72	0.83
2	0.87	0.92	0.96	0.55	0.76	0.74	0.87	0.78	0.35	0.32	0.52
3	0.82	0.66	0.73	0.90	0.91	0.47	0.83	0.80	0.79	0.54	0.63
4	0.99	0.91	0.43	0.73	0.50	0.54	0.46	0.52	0.75	0.83	0.09
5	0.29	0.22	0.28	0.38	0.41	0.38	0.37	0.40	0.57	0.70	0.57
6	0.41	0.68	0.44	0.29	0.30	0.20	0.14	0.17	0.14	0.11	0.11
7	0.97	0.95	0.95	0.68	0.62	0.71	0.71	0.61	0.73	0.70	0.76
8	0.38	0.56	0.70	0.56	0.60	0.77	0.54	0.41	0.49	0.50	0.53
9	0.04	0.03	0.89	0.84	0.55	0.51	0.56	0.49	0.22	0.11	0.08

资料来源：根据 UN Comtrade 数据、世界银行数据库整理而得。

由表 6-6 得知，2001—2021 年中国与新加坡在 SITC2、SITC3、SITC4、SITC7、SITC8 类别商品上的 GL 值在绝大部分年份大于 0.50，其他类别商品的 GL 值在绝大部分年份小于 0.50，说明中国与新加坡在 SITC0、SITC1、SITC2、SITC3、SITC4、SITC7、SITC8 类别商品上主要表现为产业内贸易，在 SITC5、SITC6、SITC9 三类商品上主要表现为产业间贸易。从 GL 值可以看出，中国和新加坡之间绝大部分商品实现了产业内贸易，同时也说明中国和新加坡的双边贸易在整体上具有较强的贸易竞争性。GLT 指数分析表明，中新双边贸易主要表现出产业内贸易特征，源于中国和新加坡在经济发展过程中产业结构逐渐向相似方向演进，特别是在制造业等产业领域都具备了一定的生产能力和产业基础，能够生产同类型的产品，这为两国之间的产业内贸易的发生提供了基础。

6.4.4 边际产业内贸易指数（MGL）分析

为了深入分析中国与新加坡之间产品结构的边际产业内贸易情况，根据公式（1-7）计算 2001—2021 年中国和新加坡的边际产业内贸易指数（MGL），测算结果见表 6-7（间隔期为 1 年）。

由表 6-7 可知，中国与新加坡分类商品边际产业内贸易指数的年度均值介于 0.13~0.44，其中食品及活动物（SITC0）、化学品及有关产品（SITC5）和杂项制品（SITC8）的边际产业内贸易指数年度均值较大，分别为 0.44、0.41 和 0.43，说明中国与新加坡之间产业内贸易量变化起到主导作用。此外，从表 6-7 的 MGL 值可以看出，中国和新加坡之间边际产业内贸易水平在 2001—2021 年处于不连续的发展态势，反映出双方的全球供应链分工水平较低。

表 6-7　中国与新加坡分类商品边际产业内贸易指数（MGL）比较

SITC类别	年份											均值
	2001	2003	2005	2007	2009	2011	2013	2015	2017	2019	2021	
0	0.00	0.77	0.00	0.90	0.21	0.00	0.36	0.97	0.73	0.85	0.00	0.44
1	0.00	0.00	0.31	0.43	0.00	0.00	0.78	0.08	0.70	0.37	0.55	0.29
2	0.00	0.89	0.00	0.00	0.00	0.00	0.93	0.19	0.00	0.67	0.00	0.24
3	0.93	0.30	0.00	0.00	0.00	0.00	0.00	0.12	0.96	0.62	0.69	0.33
4	0.00	0.00	0.00	0.64	0.17	0.00	0.46	0.21	0.90	0.00	0.00	0.22
5	0.05	0.21	0.41	0.76	0.93	0.60	0.19	0.36	0.94	0.00	0.00	0.41
6	0.00	0.00	0.23	0.09	0.23	0.02	0.05	0.71	0.09	0.00	0.00	0.13
7	0.00	0.86	0.85	0.00	0.73	0.64	0.36	0.00	0.60	0.00	0.00	0.37
8	0.04	0.97	0.94	0.29	0.60	0.00	0.94	0.00	0.41	0.43	0.07	0.43
9	0.00	0.00	0.52	0.00	0.53	0.01	0.00	0.67	0.14	0.05	0.05	0.18

资料来源：根据 UN Comtrade 数据、世界银行数据库整理而得。

6.4.5　综合产业内贸易指数（GLT）分析

为考察中国与新加坡之间所有产品的总体产业内贸易水平，根据公式（1-8）计算 2000—2021 年两国综合产业内贸易指数（GLT），测算结果如图 6-4 所示。

图 6-4 反映了 2000—2021 年中国与新加坡之间的综合产业内贸易指数变化情况。所有 SITC 商品的 GLT 值在 0.53~0.78，说明两国之间整体的产业内贸易程度较高，表明中国与新加坡在产业链上具有较强的竞争性。这是由于中国拥有相对完整的工业体系，中国的工业品具有比较明显的产品优势，而新加坡的工业品也具有较强的比较优势，因而两国在产品结构上形成了产业内的贸易竞争。

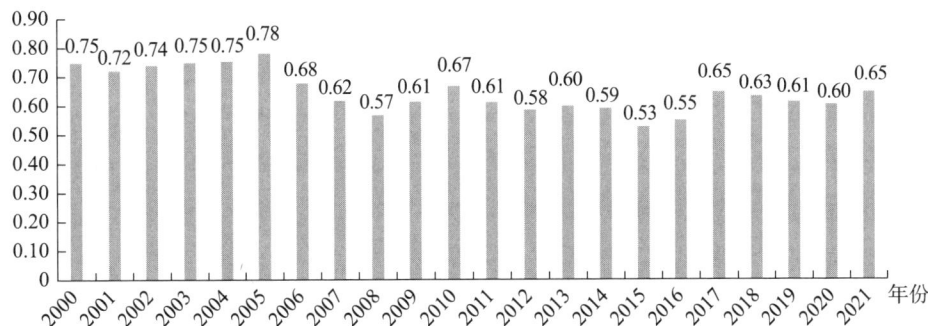

图 6-4 2000—2021 年中国与新加坡的综合产业内贸易指数（GLT）比较

资料来源：根据 UN Comtrade 数据、世界银行数据库整理而得。

6.5 中国与新加坡贸易结合度分析

为了深入分析中国与新加坡之间产品结构的贸易结合度，本书采用贸易结合度指数（TII）进行分析。根据公式（1-9）计算 2000—2021 年中国与新加坡贸易结合度指数，测算结果如图 6-5 所示。

从中国出口的角度看，2000—2021 年中国对新加坡出口的 TII 值在大部分年份大于 1，说明中国出口对新加坡的贸易结合度较高，贸易联系较为紧密。从新加坡出口的角度看，新加坡与中国之间的 TII 值一直小于 1，表明新加坡出口对中国的贸易结合度较低，新加坡与中国之间具有较松散的贸易联系。从整体来看，2000—2021 年，中国和新加坡之间的 TII 值呈缓慢的波浪

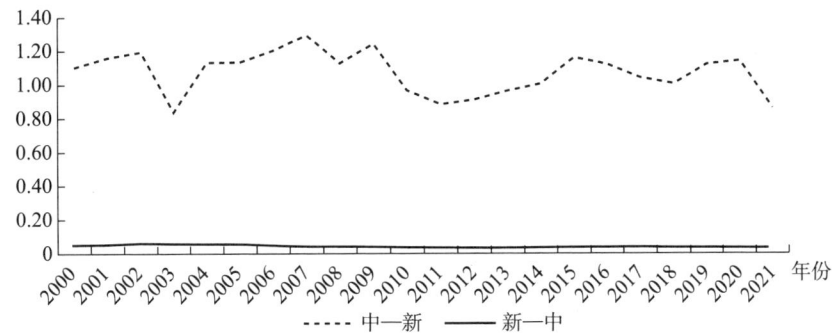

图 6-5 2000—2021 年中国与新加坡的贸易结合度指数（TII）比较

资料来源：根据 UN Comtrade 数据、世界银行数据库整理而得。

式发展态势,尤其是受 2003 年美伊战争、2010 年金融危机和 2020 年全球新冠疫情的影响,中国与新加坡的 TII 值明显下降。此外,新加坡对中国出口的 TII 值长期发展态势不明显。

6.6 中国与新加坡地缘经济关系分析

为了探究中国与新加坡地缘经济关系,本书采用对外经济联系强度和双边经济关系强度 2 个指标进行分析。

6.6.1 对外经济联系强度（Relation）分析

本书根据公式（1-10）计算 2000—2021 年中国与新加坡的对外经济联系强度（Relation）,测算结果如图 6-6 所示。

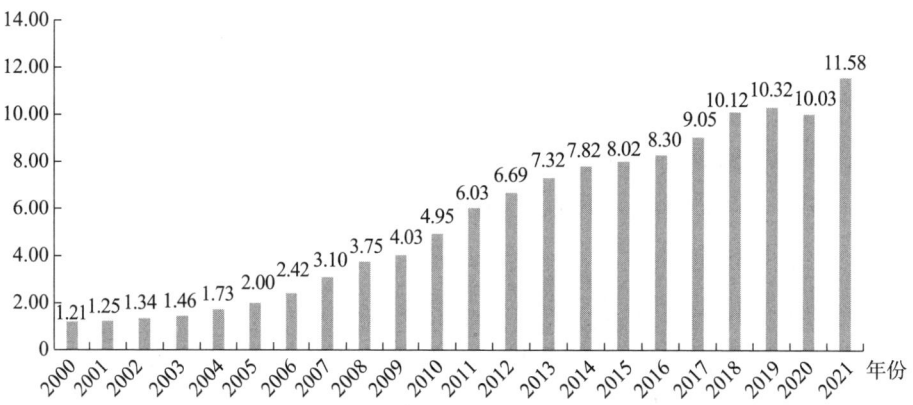

图 6-6 2000—2021 年中国与新加坡之间的对外经济联系强度（Relation）

资料来源：根据 UN Comtrade 数据、世界银行数据库整理而得。

从图 6-6 可以看出中国与新加坡之间的 Relation 指数的变化情况。中国和新加坡之间的对外经济联系强度一直处于上升态势,分布区间为 [1.21, 11.58],说明两国之间在对外经济联系方面日益加强。这是因为中国拥有庞大的消费市场,为新加坡出口商提供了重要机遇。2008 年,两国签署了《中华人民共和国政府和新加坡共和国政府自由贸易协定》（以下简称《协定》）,根据《协定》规定,新加坡从 2009 年 1 月 1 日起,取消所有自中国进口产品的关税;中国在 2012 年 1 月 1 日前取消 97.1% 自新加坡进口产品的关税,其中 87.5% 的产品从《协定》生效时起即实现零关税。协定生效后,中国和新加坡贸易往来更加密切。

6.6.2 双边经济关系强度（ED）分析

为了深入分析中国与新加坡的地缘经济关系，本书采用双边经济关系强度（ED）进行分析。根据公式（1-12）计算中国和新加坡双边经济关系强度（ED），测算结果如图 6-7 所示。

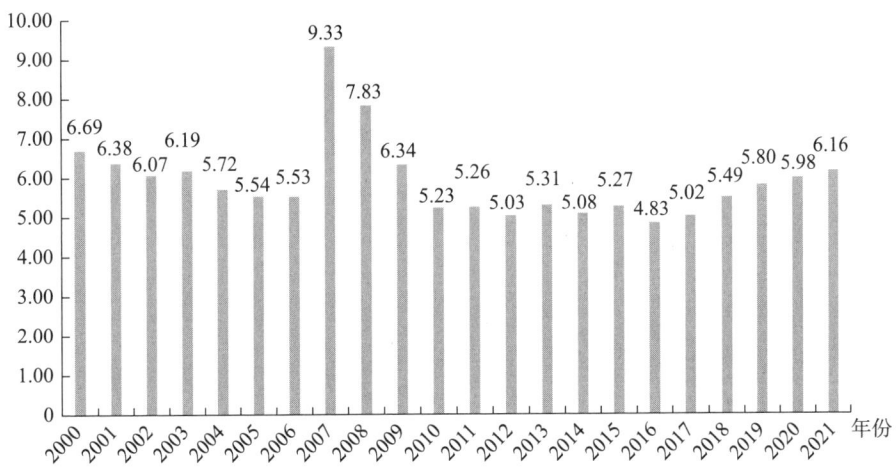

图 6-7　2000—2021 年中国与新加坡之间的双边经济关系强度（ED）

资料来源：根据 UN Comtrade 数据、世界银行数据库整理而得。

从图 6-7 可以看到 2000—2021 年中国与新加坡之间的 ED 指数的变化情况，ED 指数值一直为正，介于 [4.83, 9.33]，且呈"W"形波动，其中 2007 年处于最高点，说明中国和新加坡之间存在明显的互补型地缘经济关系。

6.7　本章小结

本章选取 UN Comtrade 和世界银行数据库中 2000—2021 年贸易数据，基于贸易竞争性、贸易互补性、贸易结合度以及地缘经济关系 4 个维度，采用 11 个指标分析中国和新加坡之间的双边贸易关系。结果表明：

（1）从贸易竞争性看，出口相似度指数（ESI）显示，中国和新加坡在国际市场上的出口产品结构具有较高的相似性，反映出两国在贸易领域的竞争关系正逐步增强。贸易竞争力指数（TC）和显示性比较优势指数（RCA）显示,新加坡在化学品及有关产品(SITC5)、机械及运输设备(SITC7)以及未分类的商品及交易品(SITC9)上展现出较强的竞争力。与此同时,中国在按原料分类的制成品(SITC6)和杂项制品(SITC8)等制造业产品上拥有显著的生产优势。两国在各自的优势商品领域竞争并不激烈,这表明每个国家都在其专业领域内拥有独特的竞争优势。

(2)从贸易互补性看,TCI指数表明,中国在SITC7、SITC8两类商品的出口与新加坡的进口之间存在较强的互补性,而新加坡在SITC5、SITC7两类商品的出口与中国的进口之间存在极强的互补关系。GL指数分析结果显示,中国与新加坡在SITC0、SITC1、SITC2、SITC3、SITC4、SITC7、SITC8商品上表现出产业内贸易特征,表明两国在这些领域的产品生产和贸易中存在较高的相似性,存在贸易竞争性。GLT指数分析结果显示,中国与新加坡双边贸易整体表现为产业内贸易,两国都不再局限于单一产业的生产与贸易,而是能够在同一产业内进行多种产品的生产与交换,这也反映了两国实现了产业内部的专业化分工和生产技术的不断进步。

(3)从贸易结合度看,TII指数显示,中国与新加坡贸易联系紧密,表明中国对新加坡市场的依赖程度较高,并且非常重视与新加坡的贸易往来。相对而言,新加坡对中国的贸易联系则显得较为宽松,反映出新加坡在与中国进行贸易时,拥有更大的选择空间和灵活性。

(4)从地缘经济关系看,Relation指数揭示了中国与新加坡之间日益紧密的经济联系,显示双方的对外经济互动持续增强。同时,ED指数呈"W"形波动,表明两国之间的互补型地缘经济关系正经历活跃的动态变化和周期性调整。

总体来看,中国与新加坡的贸易关系具有高度的互动性和发展潜力。通过加强沟通、促进产业合作和深化经济联系,两国可以共同推动双边贸易关系的进一步发展。同时,两国也应关注贸易平衡和市场变化问题,以实现更加稳定和可持续的经济发展。

第7章

中国与越南贸易关系分析

7.1 引言

越南位于东南亚的中南半岛东部,国土面积约33万平方千米,2022年人口9847万人,人均GDP达4110美元。越南的耕地及林地占总面积的60%,农业是国民经济的支柱产业,农业产值约占越国GDP的30%。在贸易方面,2022年越南贸易总额为7297亿美元,其中出口额为3709.1亿美元,进口货物总值为3597.9亿美元,贸易顺差达到111.2亿美元。越南主要贸易伙伴有中国、东盟、欧盟及美国。

1950年1月18日,中国和越南正式建交,中越两国开始了长达70多年的经贸合作。1999年,中越两国建立了"长期稳定、面向未来、睦邻友好、全面合作"的关系框架。2000年,中越两国签署《中华人民共和国和越南社会主义共和国关于新世纪全面合作的联合声明》,对发展双边友好合作关系作出了具体规划。2008年6月,两国发表《中越联合声明》,确定建立全面战略合作伙伴关系。中国连续十多年是越南第一大贸易伙伴和第二大出口市场。越南是中国全球第六大贸易伙伴和东盟第一大贸易伙伴。2022年1月1日,RCEP对越南正式生效,这对于推动越南的进出口贸易具有十分重要的意义。RCEP生效后,中国与越南贸易规模进一步增长。2022年,双边贸易额达到2308.7亿美元,同比增长2.1%。其中,中国对越南出口额为1429.3亿美元,同比增长6.8%,中国自越南进口额为879.4亿美元,同比下降4.7%。

学界关于中国与越南之间贸易关系的研究主要围绕三个方面展开讨论:

一是中国与越南双边贸易关系分析。史可(2023)采用产业内贸易指数进行分析,发现中国与越南之间纺织品产业内贸易呈递增态势、以垂直型产业内贸易为主、整体水平不高的特征。陈红等(2022)对2006—2020年中国和越南水果贸易数据进行分析的结果表明，中国水果贸易的比较优势高于越南，且中国出口水果的贸易竞争性也高于越南。金丹和冯飞云（2022）研究发现，越南对中国形成贸易逆差的原因是越南制造业处于全球价值链的低端环节以及越南对华进口依存度较高所导致。

二是中越贸易的影响因素分析。戴庆玲等（2023）指出，贸易结合度、贸易竞争力、人均 GDP 差异以及市场规模差异对中国与越南在内的 RCEP 国家农产品产业内贸易具有显著的影响。佟光霁和刘畅（2020）采用灰色关联模型对农产品进行分析研究，发现投入要素、创新能力、市场规模以及经济因素对中国与越南产业内贸易具有明显的影响。周鑫磊（2022）指出，基础设施、投资结构差异与政策差异是影响中国和越南双边贸易规模的重要因素。

三是自贸区对中国与越南贸易的影响。张晓涛等（2022）指出，越南自贸区对中国的出口贸易产生了贸易转移效应、产业转移效应和产业链拆分效应。刘曙光等（2021）以中国与越南跨境经济合作区为例进行研究，提出中国东兴—越南芒街跨境经济合作区、中国凭祥—越南同登跨境经济合作区、中国龙邦—越南茶岭跨境经济合作区、中国河口—越南老街跨境经济合作区的建设可以有效促进中国与越南跨境贸易。

综上所述，现有文献从贸易竞争性角度对中越之间的贸易关系进行了分析，但对于近年来中国与越南之间的贸易互补性及地缘经济关系尚未进行深入和全面的分析。本章分别从贸易竞争性、贸易互补性、贸易结合度以及地缘经济关系 4 个维度进行系统的分析和评估，提出在 RCEP 背景下加强中国和越南的贸易合作的合理化对策与建议。本章相关统计分析数据来源于 UN Comtrade，并将所有进出口商品按《国际贸易标准分类》（SITC Rev.4）进行分类。

7.2 中国与越南贸易发展概况

根据 UN Comtrade 的数据，由表 7-1 可知，2000—2021 年中越双边贸易总额一直处于稳步增长态势，年均增长 439%，其中 2000 年中越双边贸易总额为 24.66 亿美元，2007 年突破 150 亿美元，2010 年突破 300 亿美元，2017 年突破 1200 亿美元，2021 年更是突破 2300 亿美元。2008 年，受国际金融危机影响，全球经济下滑，但是中越贸易受到的影响并不明显。2008 年以后，中越贸易总规模一直保持上升态势，2009年中越贸易额保持正增长，同比增长8.17%，2010年中越贸易总额规模明显提升，同比增长42.94%。2015年和2016年，受全球经济总体复苏乏力影响，中越贸易规模出现增速放缓，同比增长分别为14.6%和2.52%。2020年，新冠疫情在全球蔓延，中越双边贸易增速有所下降，但总规模仍保持强劲的增长态势。2021年中越双边贸易额达到2302.16亿美元，同比增长19.73%，其中，中国对越南出口额为1379.00亿美元，同比增长21.16%，中国自越南进口额为923.16亿美元，同比增长17.64%。

表7-1　2000—2021年中国与越南贸易规模

年份	中国与越南贸易进出口总额		中国对越南出口额		中国自越南进口额	
	金额/亿美元	增长率/%	金额/亿美元	增长率/%	金额/亿美元	增长率/%
2000	24.66	—	15.37	—	9.29	—
2001	28.09	13.87	17.98	16.95	10.11	8.79
2002	32.64	16.23	21.48	19.50	11.16	10.40
2003	46.39	42.13	31.83	48.15	14.57	30.54
2004	67.42	45.32	42.60	33.85	24.82	70.38
2005	81.97	21.58	56.44	32.49	25.53	2.85
2006	99.49	21.38	74.63	32.24	24.86	-2.62
2007	151.21	51.98	118.95	59.38	32.26	29.77
2008	194.58	28.68	151.22	27.13	43.36	34.41
2009	210.48	8.17	163.01	7.80	47.47	9.46
2010	300.86	42.94	231.02	41.72	69.84	47.14
2011	402.08	33.64	290.92	25.93	111.17	59.17
2012	504.42	25.45	342.13	17.60	162.29	45.99
2013	654.78	29.81	485.86	42.01	168.92	4.08
2014	836.36	27.73	637.30	31.17	199.06	17.85
2015	958.49	14.60	660.17	3.59	298.32	49.86
2016	982.65	2.52	610.94	-7.46	371.72	24.60
2017	1219.92	24.14	716.17	17.22	503.75	35.52
2018	1478.33	21.18	838.77	17.12	639.56	26.96

续表

年份	中国与越南贸易进出口总额		中国对越南出口额		中国自越南进口额	
	金额/亿美元	增长率/%	金额/亿美元	增长率/%	金额/亿美元	增长率/%
2019	1619.85	9.57	978.68	16.68	641.17	0.25
2020	1922.85	18.71	1138.12	16.29	784.73	22.39
2021	2302.16	19.73	1379.00	21.16	923.16	17.64

资料来源：根据 UN Comtrade 数据、世界银行数据库整理而得。

从图 7-1 可以看出，2000—2021 年中国与越南贸易差额呈持续增长态势，中国对越南贸易一直处于贸易顺差状态，年均增长 352%。2000 年中国对越南贸易顺差额为 6.08 亿美元，2021 年中国对越南贸易顺差额高达 455.84 亿美元。2000—2021 年中国与越南贸易顺差发展态势表现为：2000—2013 年呈上升态势，2014—2018 年呈下降态势，2019—2021 年呈上升态势。

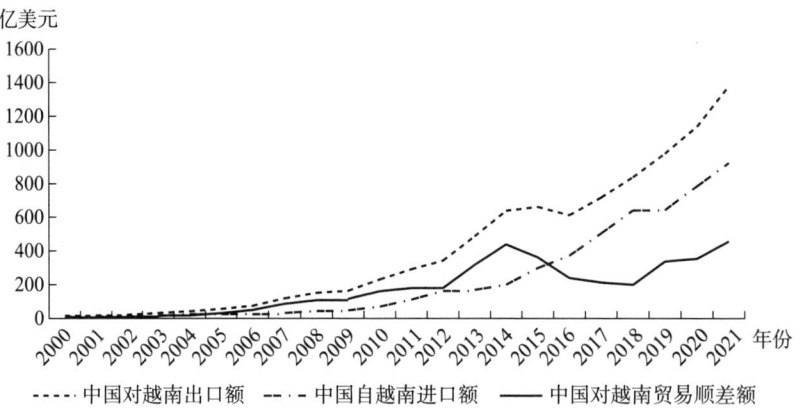

图 7-1　2000—2021 年中国与越南进出口额及贸易差额

资料来源：根据 UN Comtrade 数据、世界银行数据库整理而得。

由表 7-2 可知 2021 年中国与越南双边贸易的具体产品结构。中国对越南出口商品主要集中在工业制成品，其中机械及运输设备（SITC7）约占中国对越南出口额的 47.76%，按原料分类的制成品（SITC6）约占 24.86%，化学品及有关产品（SITC5）约占 11.41%。越南对中国出口的商品主要集中在工业制成品，其中机械及运输设备（SITC7）约占 65.75%，按原料分类的制成品（SITC6）约占 12.44%。

表 7-2　2021 年中越双边贸易主要商品出口额及占比

SITC 类别	名称	中国对越南出口的主要商品		越南对中国出口的主要商品	
		出口额/亿美元	占比/%	出口额/亿美元	占比/%
0	食品及活动物	48.60	3.52	34.96	3.79
1	饮料及烟类	0.99	0.07	0.33	0.04
2	燃料除外的非食用原料	14.27	1.04	11.39	1.23
3	矿物燃料、润滑油及有关原料	10.36	0.75	4.27	0.46
4	动植物油、脂及蜡	0.19	0.01	0.35	0.04
5	化学品及有关产品	157.28	11.41	22.08	2.39
6	按原料分类的制成品	342.82	24.86	114.86	12.44
7	机械及运输设备	658.59	47.76	606.95	65.75
8	杂项制品	130.81	9.49	62.04	6.72
9	未分类的商品及交易品	15.09	1.09	65.93	7.14

资料来源：根据 UN Comtrade 数据、世界银行数据库整理而得。

7.3　中国与越南贸易竞争性分析

为了探究中国与越南之间的贸易竞争性情况，本书采用出口相似度指数（ESI）、贸易竞争力指数（TC）以及显示性比较优势指数（RCA）3 个指标进行比较分析。

7.3.1　出口相似度指数（ESI）分析

根据公式（1-1）计算出口相似度指数，分析 2000—2021 年中越两国出口商品在国际市场的竞争情况，测算结果如图 7-2 所示。

从图 7-2 可以看出，中国和越南在国际市场上的 ESI 指数值比较高，介于 53~89，说明中越两国出口商品在国际市场产品结构相似度较高，意味着中越两国之间的贸易竞争程度较高。从出口相似度指数的动态变化趋势看，2000—2021 年，ESI 指数总体呈明显的上升态势。

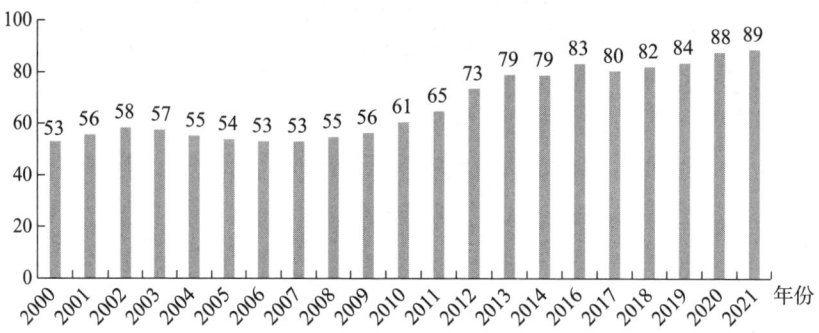

图7-2　2000—2021年中国与越南的出口相似度指数（ESI）

资料来源：根据UN Comtrade数据、世界银行数据库整理而得。

注：2015年数据缺失。

7.3.2　贸易竞争力指数（TC）分析

为了深入分析中越两国出口商品在国际市场的贸易竞争情况，根据公式（1-2）计算中国与越南的贸易竞争力指数（TC）并进行比较分析（见表7-3）。

表7-3　中国和越南的产品贸易竞争力指数（TC）比较

SITC类别	名称	2001年		2011年		2021年	
		中国	越南	中国	越南	中国	越南
0	食品及活动物	0.44	0.65	0.27	0.41	−0.27	0.04
1	饮料及烟类	0.36	−0.41	−0.24	0.06	−0.47	−0.11
2	燃料除外的非食用原料	−0.69	−0.29	−0.90	−0.23	−0.90	−0.68
3	矿物燃料、润滑油及有关原料	−0.35	0.27	−0.79	−0.06	−0.81	−0.67
4	动植物油、脂及蜡	−0.75	−0.45	−0.90	−0.61	−0.72	−0.57
5	化学品及有关产品	−0.41	−0.84	−0.23	−0.69	0.21	−0.47
6	按原料分类的制成品	0.03	−0.60	0.36	−0.38	0.41	−0.11
7	机械及运输设备	−0.10	−0.58	0.17	−0.25	0.25	0.02
8	杂项制品	0.73	0.61	0.58	0.72	0.56	0.74
9	未分类的商品及交易品	−0.47	0.31	−0.91	0.23	−0.24	0.05

资料来源：根据UN Comtrade数据、世界银行数据库整理而得。

注：因篇幅所限，只列出2001年、2011年和2021年的数据。

由表7-3可知，2001—2021年中国的按原料分类的制成品（SITC6）和杂项制品（SITC8）的TC值一直为正，越南的食品及活动物（SITC0）、杂项制品（SITC8）以及未分类的商品及交易品（SITC9）的TC值一直为正，说明中国在SITC6、SITC8两类商品上具有贸易竞争力，而越南在SITC0、SITC8和SITC9三类商品上具有贸易竞争力。

一方面是因为越南是传统农业国，2015年越南出口大米590万吨，成为世界第一大大米出口国，2021年越南出口大米620万吨，出口额达到32亿美元，越南的蔬果出口额达到35.2亿美元。另一方面，越南部分工业制成品的优势明显，如汽车业、电子业和油气业在国际市场具有较强的竞争优势。

中国的化学品及有关产品（SITC5）、机械及运输设备（SITC7）的TC值由负转为正，越南的机械及运输设备（SITC7）的TC值由负转为正，意味着中国和越南都出现了贸易竞争力不断提升的工业品。

中国的燃料除外的非食用原料（SITC2），矿物燃料、润滑油及有关原料（SITC3），动植物油、脂及蜡（SITC4）以及未分类的商品及交易品（SITC9）的TC值一直为负，越南的燃料除外的非食用原料（SITC2），动植物油、脂及蜡（SITC4），化学品及有关产品（SITC5），按原料分类的制成品（SITC6）的TC值一直为负，意味着中国存在四类商品不具有贸易竞争力，越南也存在四类商品不具备贸易竞争力。此外，中国的食品及活动物（SITC0）、饮料及烟类（SITC1）的TC值由正转为负，越南的矿物燃料、润滑油及有关原料（SITC3）的TC值由正转为负，意味着这些商品的贸易竞争力由强变弱。

从贸易竞争力指数分析可以看出，越南SITC0、SITC8、SITC9的TC值一直为正，其优势产品为农产品和部分工业品，而中国SITC6和SITC8的TC值一直为正，其优势产品为工业制成品，总体来说，中国和越南的优势产品不同，中越之间的贸易竞争性不强。

7.3.3 显示性比较优势指数（RCA）分析

本书采用显示性比较优势指数（RCA）分析中国与越南出口商品的国际竞争情况。根据公式（1-3）计算2001—2021年中国和越南出口商品RCA指数，测算结果见表7-4。

表 7-4 中国与越南出口商品的 RCA 指数比较

国别	SITC类别	2001	2003	2005	2007	2009	2011	2013	2015	2017	2019	2021	均值
中国	0	0.85	0.71	0.57	0.49	0.43	0.46	0.41	0.40	0.42	0.40	0.32	0.50
	1	0.35	0.25	0.19	0.15	0.15	0.16	0.15	0.17	0.18	0.16	0.10	0.18
	2	0.53	0.38	0.31	0.22	0.20	0.18	0.16	0.17	0.17	0.18	0.15	0.24
	3	0.34	0.27	0.19	0.13	0.13	0.10	0.09	0.12	0.16	0.18	0.12	0.17
	4	0.14	0.06	0.10	0.06	0.05	0.05	0.05	0.06	0.06	0.10	0.10	0.08
	5	0.52	0.42	0.44	0.45	0.42	0.56	0.51	0.51	0.75	0.76	0.83	0.56
	6	1.21	1.15	1.21	1.25	1.21	1.28	1.32	1.33	1.25	1.31	1.21	1.25
	7	0.81	1.02	1.16	1.24	1.38	1.41	1.39	1.24	1.27	1.29	1.33	1.23
	8	2.68	2.46	2.39	2.30	2.19	2.30	2.36	2.06	1.99	1.88	1.86	2.22
	9	0.05	0.05	0.04	0.05	0.03	0.03	0.02	0.01	0.05	0.15	0.35	0.08
越南	0	4.57	3.84	3.80	3.72	3.24	3.07	2.27	—	1.77	1.39	1.21	2.89
	1	0.32	0.76	0.57	0.41	0.47	0.49	0.51	—	0.29	0.27	0.17	0.43
	2	0.89	1.03	1.12	1.21	0.88	0.96	0.70	—	0.47	0.30	0.24	0.78
	3	2.48	2.21	2.10	1.60	1.16	0.67	0.43	—	0.23	0.13	0.09	1.11
	4	0.68	0.27	0.14	0.24	0.28	0.37	0.36	—	0.13	0.14	0.17	0.28
	5	0.15	0.16	0.15	0.19	0.18	0.27	0.28	—	0.18	0.34	0.33	0.22
	6	0.49	0.51	0.50	0.59	0.75	0.91	0.92	—	0.90	0.97	1.10	0.76
	7	0.21	0.22	0.26	0.30	0.36	0.59	0.98	—	1.07	1.13	1.27	0.64
	8	2.17	2.74	2.64	2.94	2.96	2.85	2.45	—	2.84	2.70	2.33	2.66
	9	0.60	0.19	0.09	0.04	0.19	0.15	0.16	—	0.03	0.37	0.47	0.24

资料来源：根据 UN Comtrade 数据、世界银行数据库整理而得。

注：因篇幅所限，只列出部分年份的数据。2015 年越南数据缺失。

根据 RCA 结果分析，中国和越南的出口商品可分为三类：一是中国与越南相比具有比较优势的产品，如中国的按原料分类的制成品（SITC6）、机械及运输设备（SITC7）的 RCA 指数均值分别为 1.25 和 1.23，而越南同类商品的 RCA 指数均值分别为 0.76 和 0.64，意味着中国 SITC6、SITC7 的 RCA 指数值高于越南，具有明显的竞争力；二是越南与中国相比具有比较优势的产品，如越南的食品及活动物（SITC0），矿物燃料、润滑油及有关原料（SITC3）和杂项制品（SITC8）的 RCA 指数均值分别为 2.89、1.11 和 2.66，而中国同类商品的 RCA 指数均值分别为 0.50、0.17 和 2.22，表明越南与中国相比，此三类商品具有明显的国际竞争力；三是中国与越南比较优势较弱的商品，如两国的饮料及烟类（SITC1），燃料除外的非食用原料（SITC2），动植物油、脂及蜡（SITC4），化学品及有关产品（SITC5），未分类的商品及交易品（SITC9）五类商品的 RCA 指数均值都低于 0.80。

对比中国和越南的 RCA 指数，可以发现两国出口商品在国际市场的产品结构存在较大差异，两国具有比较优势的产品类别并不相同，越南的 SITC0、SITC3、SITC8 与中国的 SITC6、SITC7 商品表现出较强的贸易竞争力，具体表现为中国的工业制成品具有比较优势，而越南的初级产品具有比较优势。

7.4 中国与越南贸易互补性分析

为了进一步探究中国与越南之间产品结构的贸易互补关系，本书采用贸易互补性指数（TCI）、综合贸易互补性指数（TCIT）、产业内贸易指数（GL）、边际产业内贸易指数（MGL）以及综合产业内贸易指数（GLT）5 个指标详细分析中国与越南之间的贸易互补情况。

7.4.1 贸易互补性指数（TCI）分析

本书采用贸易互补性指数（TCI）分析中国与越南之间的贸易关系。根据公式（1-4）计算 2001—2021 年中国与越南之间产品贸易互补性指数，测算结果见表 7-5。

表 7-5 中国和越南的产品贸易互补性指数（TCI）比较

SITC 类别	2001 年		2005 年		2011 年		2015 年		2021 年	
	中—越	越—中	中—越	越—中	中—越	越—中	中—越	越—中	中—越	越—中
0	1.63	0.60	1.05	0.55	0.58	0.87	0.44	0.37	0.89	1.63
1	0.06	0.11	0.08	0.06	0.07	0.12	0.05	0.02	0.06	0.06
2	2.37	0.41	3.30	0.22	0.21	3.28	0.20	1.07	0.76	2.37
3	1.79	0.21	1.49	0.07	0.07	0.64	0.05	0.05	0.12	1.79
4	0.68	0.13	0.07	0.07	0.07	0.33	0.04	0.06	0.16	0.68
5	0.20	0.58	0.17	0.72	0.65	0.22	0.53	0.74	0.24	0.20
6	0.63	2.56	0.45	2.48	2.50	0.68	2.40	1.79	0.77	0.63
7	0.24	0.82	0.31	1.27	1.16	0.50	1.39	1.64	1.33	0.24

续表

SITC 类别	2001年		2005年		2011年		2015年		2021年	
	中—越	越—中	中—越	越—中	中—越	越—中	中—越	越—中	中—越	越—中
8	1.11	0.92	2.10	1.03	0.98	2.29	0.90	0.70	1.30	1.11
9	0.12	0.01	0.01	0.00	0.01	0.08	0.00	0.18	0.09	0.12

资料来源：根据 UN Comtrade 数据、世界银行数据库整理而得。

注：因篇幅所限，只列出部分年份数据。

由表 7-5 可知，从中国出口的角度看，TCI 值大于 1 的商品主要分布在机械及运输设备（SITC7）和杂项制品（SITC8），说明中国在传统劳动密集型产品、资本密集型产品和技术密集型产品与越南具有较强的贸易互补性。从越南出口的角度看，TCI 值大于 1 的商品主要分布在燃料除外的非食用原料（SITC2）、按原料分类的制成品（SITC6）、杂项制品（SITC8），这些商品的 TCI 值明显高于其他类商品，其中 2011 年 SITC2 的 TCI 值高达 3.28，同时也说明在传统劳动密集型产品、资源密集型产品上，越南与中国存在贸易互补关系。越南是传统农业国，盛产大米、橡胶、胡椒、椰子、茶叶、咖啡等农产品，而中国作为人口大国需要大量的农产品。同时，越南进口的商品是以机械设备为主的资本性货物（在进口总量中占比 30%）、中间产品（占比 60%）和消费品（占比 10%），而中国是制造业大国，中国出口商品和越南进口商品上表现出较强的贸易互补性特征。

7.4.2 综合贸易互补性指数（TCIT）分析

如果需要考虑多种产品贸易并存情况下的中国与越南之间贸易互补关系，则采用综合贸易互补性指数（TCIT）进行分析。根据公式（1-5）计算中越两国 TCIT 指数，测算结果如图 7-3 所示。

图 7-3 显示了 2000—2021 年中国与越南的综合贸易互补性指数的动态变化。从中国出口的角度看，中国出口与越南进口的 TCIT 值均大于 0.87，2011 年之后，TCIT 值大于 1，说明中国出口与越南进口之间具有较强的贸易互补性。从越南出口的角度看，越南出口与中国进口的 TCIT 值均小于 0.88。总体来说，中—越 TCIT 值大于越—中 TCIT 值，说明中国出口与越南进口之间的贸易互补性更强。这是由于中国拥有完整的产业链和强大的制造能力，能够为越南提供大量的工业制成品和中间产品，支持越南的基础设施建设和制造业发展。

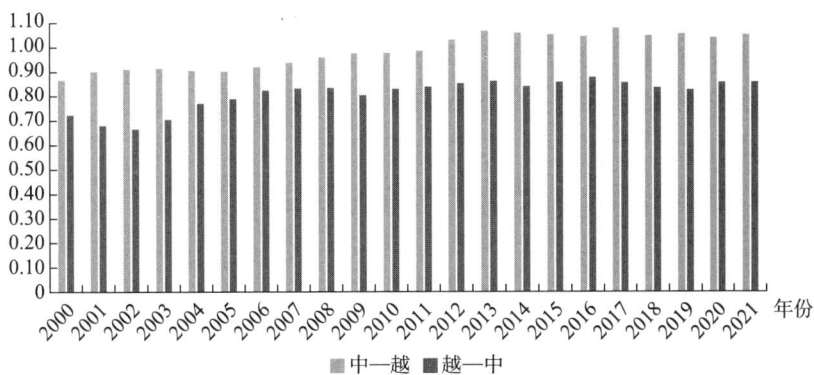

图 7-3 2000—2021 年中国与越南的综合贸易互补性指数（TCIT）比较

资料来源：根据 UN Comtrade 数据、世界银行数据库整理而得。

7.4.3 产业内贸易指数（GL）分析

为了深入分析中国与越南之间的产业内贸易程度，本书根据公式（1-6）计算中越之间的产业内贸易指数（GL）并进行分析比较，测算结果见表 7-6（间隔期为 1 年）。

表 7-6 中国与越南分类商品产业内贸易指数（GL）比较

SITC 类别	年份										
	2001	2003	2005	2007	2009	2011	2013	2015	2017	2019	2021
0	0.82	0.72	0.82	1.00	0.91	0.77	0.97	0.90	0.79	0.75	0.84
1	0.00	0.00	0.00	0.00	0.01	0.01	0.03	0.04	0.67	0.96	0.50
2	0.46	0.49	0.60	0.40	0.73	0.50	0.57	0.76	0.98	0.91	0.89
3	0.49	0.91	0.72	0.80	0.97	0.83	0.80	0.74	0.93	0.46	0.58
4	0.01	0.04	0.31	0.31	0.94	0.75	0.35	0.64	0.95	0.62	0.69
5	0.24	0.18	0.16	0.15	0.15	0.23	0.28	0.31	0.26	0.32	0.25
6	0.12	0.24	0.19	0.14	0.26	0.30	0.27	0.24	0.39	0.43	0.50
7	0.05	0.21	0.22	0.19	0.25	0.49	0.58	0.65	0.91	0.90	0.96
8	0.34	0.28	0.41	0.52	0.33	0.44	0.47	0.64	0.86	0.88	0.64
9	0.04	0.24	0.35	0.93	0.15	0.23	0.19	0.02	0.13	0.13	0.37

资料来源：根据 UN Comtrade 数据、世界银行数据库整理而得。

由表 7-6 可知，2001—2021 年中国与越南 GL 值表现出以下几个特征：一是中国与越南之间，SITC0 类别商品的 GL 值一直大于 0.50，意味着中国与越南在食品及活动物（SITC0）商品类别上一直表现出产业内贸易特征；二是SITC2和SITC3两类商品在绝大部分年份GL值大于0.50，意味着中国与越南在SITC2和SITC3商品上主要表现出产业内贸易特征；三是SITC1、SITC4、SITC7、SITC8以及SITC9的GL值在个别年份大于0.50，而在绝大部分年份GL值小于0.50，说明中国与越南在此五类商品上主要表现为产业间贸易；四是SITC5、SITC6的GL值一直小于0.50，说明中国与越南在这两类商品上一直表现为产业间贸易。

从GL值可以看出，中国和越南之间大部分行业还没有实现产业内贸易互补，主要表现为产业间贸易，具有较强的贸易互补性，这源于中国与越南两国的地理位置不同所产生的自然资源及人口数量产生的劳动力资源等要素禀赋显著不同，两国之间贸易互补性明显。

7.4.4 边际产业内贸易指数（MGL）分析

为了深入分析中越之间产品结构的边际产业内贸易情况，根据公式（1-7）计算2001—2021年中越之间的边际产业内贸易指数（MGL），计算结果见表7-7（间隔期为1年）。

表7-7 中国与越南分类商品边际产业内指数（MGL）比较

SITC类别	年份											均值
	2001	2003	2005	2007	2009	2011	2013	2015	2017	2019	2021	
0	0.34	0.34	0.70	0.92	0.99	0.83	0.00	0.90	0.08	0.00	0.00	0.46
1	0.00	0.00	0.00	0.00	0.05	0.00	0.00	0.00	0.00	0.00	0.00	0.001
2	0.00	0.37	0.60	0.36	0.00	0.31	0.00	0.35	0.00	0.48	0.37	0.26
3	0.17	0.55	0.00	0.02	0.00	0.01	0.00	0.88	0.00	0.00	0.00	0.15
4	0.00	0.06	0.00	0.00	0.30	0.00	0.40	0.00	0.62	0.00	0.77	0.24
5	0.00	0.15	0.00	0.01	0.48	0.50	0.05	0.14	0.28	0.40	0.05	0.19
6	0.00	0.45	0.11	0.08	0.00	0.32	0.17	0.26	0.00	0.72	0.50	0.24
7	0.08	0.89	0.24	0.17	0.49	0.83	0.22	0.00	0.85	0.22	0.96	0.45
8	0.44	0.31	0.54	0.61	0.06	0.61	0.16	0.00	0.27	0.00	0.00	0.27
9	0.00	0.00	0.98	0.00	0.00	0.00	0.21	0.02	0.00	0.00	0.28	0.14

资料来源：根据UN Comtrade数据、世界银行数据库整理而得。

由表7-7可知，在中国与越南分类商品中，边际产业内贸易的均值在0.14~0.27的商品较多，食品及活动物（SITC0）的MGL均值最高为0.46，表明中国与越南之间商品贸易量变化主要是由产业间贸易量变化引起的。

7.4.5 综合产业内贸易指数（GLT）分析

为了衡量中国与越南之间所有产品的总体产业内贸易水平，本书根据公式（1-8）计算两国综合产业内贸易指数（GLT），测算结果如图7-4所示。

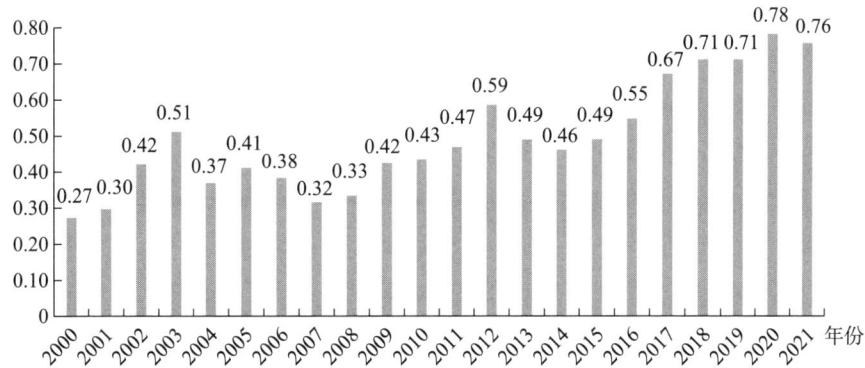

图7-4　2000—2021年中国与越南的综合产业内贸易指数（GLT）比较

资料来源：根据UN Comtrade数据、世界银行数据库整理而得。

图7-4反映了2000—2021年中国与越南之间的综合产业内贸易指数变化情况。所有SITC类别商品的GLT值在0.27~0.78范围波动，说明两国之间整体的产业内贸易程度非常低，主要表现为产业间贸易，表明中国与越南在产业链、供应链上具有较好的互补性。这是因为中国的工业制成品具有明显的贸易竞争力，而越南的初级产品具有较强的比较优势，因而两国在产品结构上形成了产业间的贸易互补，且贸易互补程度较高。

7.5　中国与越南贸易结合度分析

本书采用贸易结合度指数（TII）反映中越两国之间贸易联系紧密程度，根据公式（1-9）计算2000—2021年中越贸易结合度指数，测算结果如图7-5所示。

从中国出口的角度看，中国对越南出口的TII值一直大于1，说明中国与越南之间的贸易联系较为紧密，贸易结合度较高。从越南出口的角度看，越南与中国之间的TII值均小于1，表明越南与中国具有较松散的贸易联系，越南对中国的贸易结合度较低。从整体来看，中越的TII值呈明显的上升态势，说明中越的贸易紧密性不断提升；2000—2021年，越中两国之间的TII值动态发展态势不明显，说明越中两国之间的贸易结合度没有明显的变化。中—越贸易结合度大于越—中贸易结合度。

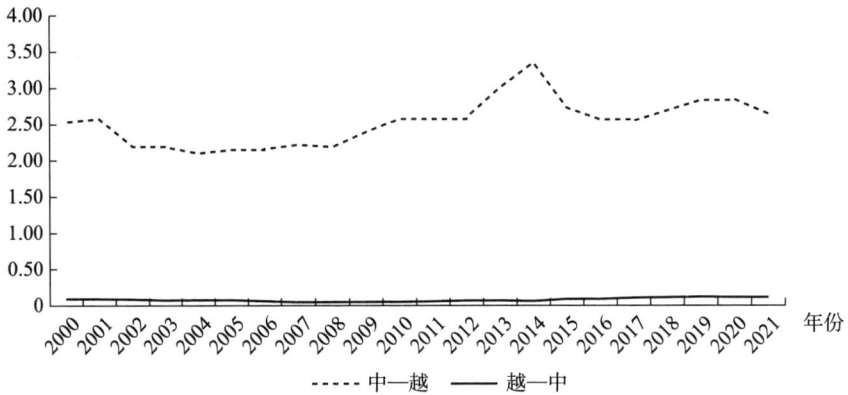

图 7-5　2000—2021 年中国与越南的贸易结合度指数（TII）比较

资料来源：根据 UN Comtrade 数据、世界银行数据库整理而得。

7.6　中国与越南地缘经济关系分析

为了探究中国和越南之间的地缘经济关系，本书采用对外经济联系强度和双边经济关系强度 2 个指标进行分析。

7.6.1　对外经济联系强度（Relation）分析

本书根据公式（1-10）计算中越两国之间对外经济联系强度（Relation），测算结果如图 7-6 所示。

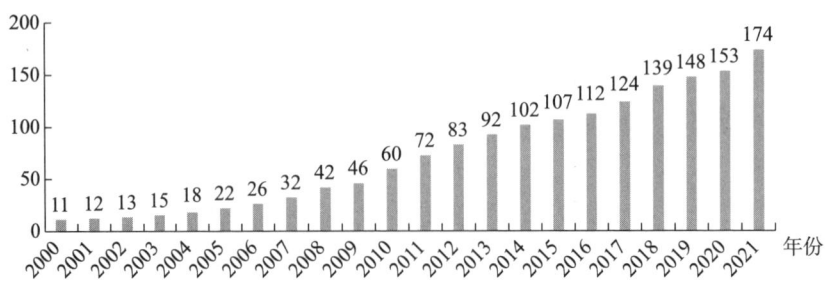

图 7-6　2000—2021 年中越之间的对外经济联系强度（Relation）

资料来源：根据 UN Comtrade 数据、世界银行数据库整理而得。

从图 7-6 可以看出 2000—2021 年中国与越南之间 Relation 指数的变化情况。中国与越南之间的对外经济联系强度一直处于上升态势，Relation 指数介于 [11，174]，且整体增长态势明显，说明两国在经济、贸易、投资等领域的贸易联系日益紧密。

7.6.2 双边经济关系强度（ED）分析

本书采用欧氏距离衡量双边经济关系强度，根据公式（1-12）计算中越双边经济关系强度（ED），测算结果如图 7-7 所示。

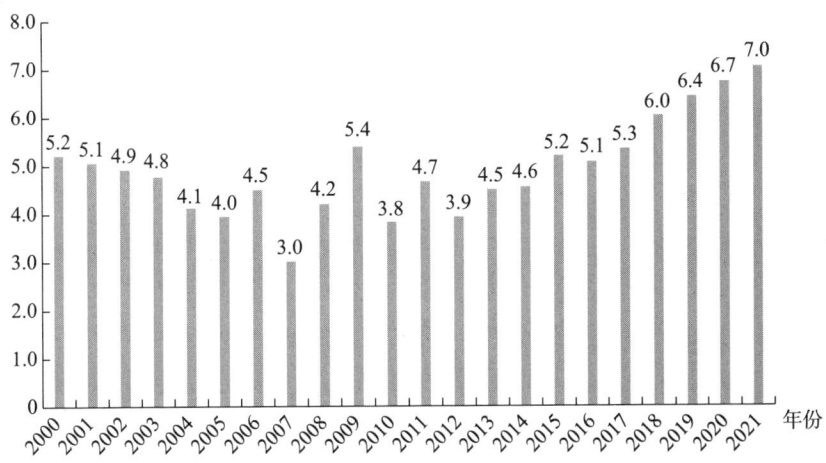

图 7-7 2000—2021 年中越之间的双边经济关系强度（ED）

资料来源：根据 UN Comtrade 数据、世界银行数据库整理而得。

从图 7-7 可以看出 2000—2021 年中国与越南之间 ED 指数的变化情况。两国的双边经济关系强度 ED 值一直为正，介于 [3.0，7.0]，中越两国之间表现为明显的互补型地缘经济关系。从动态发展趋势看，ED 值由高到低再到高，呈"V"形发展态势，其中 2007 年处于最低点。

7.7 本章小结

本章选取 UN Comtrade 和世界银行数据库中 2000—2021 年贸易数据，基于贸易竞争性、贸易互补性、贸易结合度以及地缘经济关系 4 个维度，采用 11 个指标分析中国和越南之间的双边贸易关系。结果表明：

（1）从贸易竞争性看，ESI 指数显示，中国与越南在国际市场上的出口产品结构具有较高的相似性，反映出两国在国际贸易中的竞争关系较为激烈。通过贸易竞争力指数（TC）分析，可以看到中国在按原料分类的制成品（SITC6）和杂项制品（SITC8）类别上具有竞争优势，而越南在食品及活动物（SITC0）、杂项制品（SITC8）和未分类的商品及交易品（SITC9）类别上具有竞争优势。尽管两国在一些商品领域存在竞争，但整体而言，贸易竞争性并不显著，中国与越南在不同的商品类别上拥有各自的优势。这种互补性的贸易结构有助于两国在各自擅长的领域发挥优势，促进双边贸易的平衡和发展。

（2）从贸易互补性看，TCI指数显示，中国与越南之间在特定商品类别上具有贸易互补性。具体来说，中国的机械及运输设备（SITC7）和杂项制品（SITC8）的出口与越南的进口需求之间存在显著的互补性。相应地，越南在燃料除外的非食用原料（SITC2）、按原料分类的制成品（SITC6）和杂项制品（SITC8）的出口与中国进口需求形成了互补关系。

GL指数进一步证实，中国与越南的贸易往来主要表现为产业间贸易。这表明两国在贸易结构上具有较强的互补性，各自在不同的产业领域拥有竞争优势，为双方提供了广阔的合作空间和贸易机会。

（3）从贸易结合度看，TII指数显示，中国与越南之间的贸易联系紧密程度存在差异。具体来看，中国对越南的贸易结合度较高，反映出中国出口与越南进口之间有着较强的贸易纽带。相反，越南对中国的贸易结合度相对较低，意味着越南在与中国的贸易中，拥有更多的选择和灵活性，对中国市场的依赖性不如中国对越南市场的依赖性那么显著。

（4）从地缘经济关系看，Relation指数显示，中国与越南之间的经济互动日益加强，并且这种联系正在迅速扩展，双边经济联系日益紧密。ED指数显示，中国与越南之间具有显著的地缘经济互补性，ED指数呈"V"形波动，意味着两国在经济合作方面的互动具有显著的动态变化和适应性，显示出双方在经济关系上的灵活性和应变能力。

总体来看，中国与越南的贸易关系具有高度的互动性和发展潜力。通过加强沟通、促进产业合作和深化经济联系，两国可以共同推动双边贸易关系的进一步发展。同时，两国也应关注贸易平衡和市场变化问题，以实现更加稳定和可持续的经济发展。

第8章

中国与印度尼西亚贸易关系分析

8.1 引言

　　印度尼西亚是世界上最大的群岛国家，国土面积为191.36万平方千米，2022年人口约2.76亿人，名义GDP已接近1.32万亿美元，是世界第四大人口大国。印度尼西亚是东盟成员国，位居东盟人口第一和经济总量第一。印度尼西亚的支柱产业是工业，钢铁、纺织、食品和饮料、造船是印度尼西亚优先发展的重点产业。印度尼西亚还是一个农业大国，全国耕地面积约8000万公顷，棕榈油、橡胶、咖啡、可可是其主要经济作物。印度尼西亚也是21世纪海上丝绸之路的首选之地。在贸易方面，2022年印度尼西亚的贸易总额为5294.26亿美元，其中进口额为2374.47亿美元，出口额为2919.79亿美元，贸易顺差545.32亿美元。

　　1950年4月，中国和印度尼西亚正式建交，建立外交关系后两国之间开展了超过半个世纪的经贸合作。2000年5月，两国发表《中华人民共和国和印度尼西亚共和国关于未来双边合作方向的联合声明》。2005年4月，两国宣布建立战略伙伴关系。2013年10月，两国发表《中华人民共和国和印度尼西亚共和国全面战略伙伴关系未来规划》。

　　中国和印度尼西亚互为重要贸易伙伴。中国是印度尼西亚最大贸易伙伴，也是印度尼西亚最大出口目的地和第一大进口来源国，而印度尼西亚是中国在东盟的第三大贸易伙伴。2022年，中国和印度尼西亚双边贸易额达到1490.9亿美元，其中，中国自印度尼西亚进口额为777.7亿美元，中国向印度尼西亚出口额为713.2亿美元。2023年1月2日，RCEP对印度尼西亚正式生效，按照RCEP协定内容，印度尼西亚对原产自中国65.1%的进口产品立即实施零关税，中国也将对原产自印度尼西亚67.9%的进口产品立即实施零关税。RCEP对于推动中国与印度尼西亚之间经贸合作带来更多发展机遇和经贸合作机会。

学界关于中国与印度尼西亚之间贸易关系的研究主要围绕两个方面展开讨论：

一是中国和印度尼西亚双边贸易关系分析。在贸易规模方面，李皖南和杨傲（2022）指出，中国与印度尼西亚双边贸易出现贸易规模增长、贸易互补性强以及贸易地位提升等特征，但也存在印度尼西亚对中国长期贸易逆差大和贸易结构不对称等问题；在贸易结构方面，袁群华和李楠（2020）在分析两国贸易互补性指数后发现，两国在国民经济发展水平、技术条件以及要素禀赋等方面存在一定程度的差异，基本属于垂直型产业间贸易；田泽等（2021）通过贸易结合度指数和产业内贸易指数的分析指出，中国与印度尼西亚双边贸易存在明显的互补性，但贸易竞争性不强。

二是中国与印度尼西亚贸易的影响因素分析。曾俊理（2018）指出，CAFTA的实施对中国与印度尼西亚之间的贸易不平衡现状具有短期效应和长期效应。钟明容和王俊（2020）指出，"一带一路"倡议和印度尼西亚"全球海洋支点"战略、中国与东盟东部增长区合作、印度尼西亚投资便利化程度是影响中国和印度尼西亚之间产业内贸易和产业间贸易的重要影响因素。江亭吉（2020）发现，人均GDP增长、港口基础设施以及自由贸易区协定对中国与印度尼西亚双边贸易具有明显的影响，而货币与金融对双边贸易的影响不明显。

综上所述，现有文献分析了中国与印度尼西亚之间的贸易关系，分别从贸易互补性和贸易竞争性角度进行了分析，但对于近年来中国与印度尼西亚之间的地缘经济关系尚未进行深入分析。本章将对中国与印度尼西亚之间的贸易关系分别从贸易竞争性、贸易互补性、贸易结合度以及地缘经济关系4个维度进行系统的分析与评估。

8.2 中国与印度尼西亚贸易发展概况

中国和印度尼西亚建立外交关系以来，两国之间贸易关系呈增强态势，中国已持续11年成为印度尼西亚最大贸易伙伴。

由表8-1可知，两国贸易总额在2000—2021年一直处于稳步增长态势，年均增长74.69%,其中2000年双边贸易总额为74.64亿美元,2003年突破100亿美元,2011年突破600亿美元,2021年更是突破1200亿美元。2008年,受国际金融危机影响,全球经济下滑,中国与印度尼西亚双边贸易也受到明显影响,2009年中国与印度尼西亚贸易额为283.84亿美元,贸易规模同比下降9.94%。受全球经济总体复苏乏力影响,2014—2016年,贸易规模出现负增长,分别同比下降7.04%、14.66%和1.28%。2020年,新冠疫情在全球蔓延,两国之间贸易进出口总额增速有所下降,同比下降1.63%。2021年,两国经济有所恢复,双边贸易额出现增长,达到1245.36亿美元,同比增长58.72%,其中,中国对印度尼西亚出口额为606.49亿美元,同比增长47.99%,中国自印度尼西亚进口额为638.87亿美元,同比增长70.46%。

表8-1 2000—2021年中国和印度尼西亚贸易规模

年份	中国与印度尼西亚贸易进出口总额		中国对印度尼西亚出口额		中国自印度尼西亚进口额	
	金额/亿美元	增长率/%	金额/亿美元	增长率/%	金额/亿美元	增长率/%
2000	74.64	—	30.62	—	44.02	—
2001	67.24	-9.92	28.36	-7.39	38.88	-11.68
2002	79.35	18.01	34.26	20.83	45.08	15.96
2003	102.29	28.91	44.82	30.80	57.47	27.47
2004	134.72	31.71	62.56	39.59	72.16	25.56
2005	167.87	24.61	83.50	33.47	84.37	16.93
2006	190.55	13.51	94.50	13.17	96.06	13.85
2007	251.60	32.03	126.96	34.35	124.64	29.76
2008	315.16	25.26	171.93	35.43	143.23	14.91
2009	283.84	-9.94	147.21	-14.38	136.64	-4.60
2010	427.49	50.61	219.54	49.13	207.95	52.19
2011	605.58	41.66	292.21	33.10	313.37	50.69
2012	662.21	9.35	342.85	17.33	319.36	1.91
2013	683.55	3.22	369.30	7.72	314.24	-1.60
2014	635.45	-7.04	390.60	5.77	244.85	-22.08
2015	542.28	-14.66	343.42	-12.08	198.86	-18.78
2016	535.31	-1.28	321.17	-6.48	214.14	7.68
2017	633.32	18.31	347.57	8.22	285.74	33.44
2018	773.41	22.12	431.91	24.27	341.50	19.51

续表

年份	中国与印度尼西亚贸易进出口总额		中国对印度尼西亚出口额		中国自印度尼西亚进口额	
	金额/亿美元	增长率/%	金额/亿美元	增长率/%	金额/亿美元	增长率/%
2019	797.60	3.13	456.49	5.69	341.11	-0.11
2020	784.60	-1.63	409.81	-10.23	374.79	9.87
2021	1245.36	58.72	606.49	47.99	638.87	70.46

资料来源：根据 UN Comtrade 数据、世界银行数据库整理而得。

从图 8-1 可以看出，中国与印度尼西亚的贸易差额在 2000—2006 年以及 2021 年具体表现为"中国贸易逆差，印度尼西亚贸易顺差"，在 2007—2020 年贸易差额基本表现为"中国贸易顺差，印度尼西亚贸易逆差"（2011 年除外）。

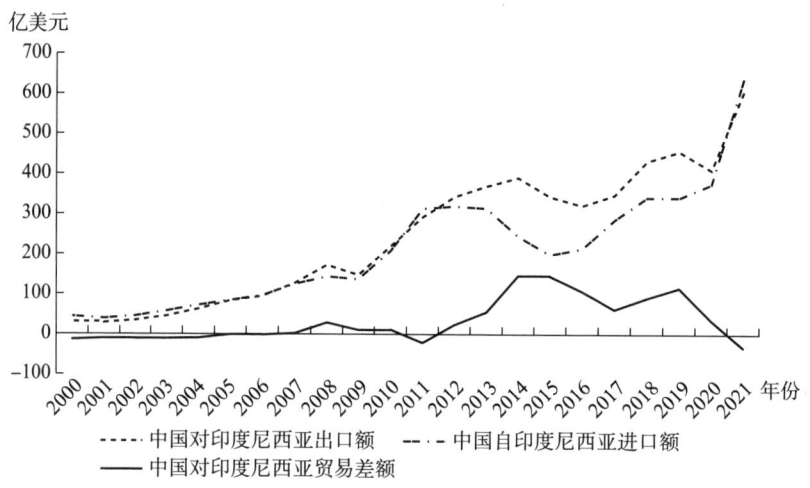

图 8-1　2000—2021 年中国与印度尼西亚进出口额及贸易差额

资料来源：根据 UN Comtrade 数据、世界银行数据库整理而得。

从表 8-2 可知 2021 年中国与印度尼西亚双边贸易的具体产品结构。中国对印度尼西亚主要出口商品集中在工业制成品，其中机械及运输设备（SITC7）约占对印度尼西亚出口额的 39.67%，按原料分类的制成品（SITC6）约占 23.99%，杂项制品（SITC8）约占 10.81%，化学品及有关产品（SITC5）约占 18.27%。印度尼西亚对中国主要出口商品集中在初级产品和部分工业品，其中矿物燃料、润滑油及有关原料（SITC3）约占 33.62%，按原料分类的制成品（SITC6）约占 26.01%，燃料除外的非食用原料

（SITC2）约占11.04%，动植物油、脂及蜡（SITC4）约占11.01%。

表8-2 2021年中国与印度尼西亚双边贸易主要商品出口额及占比

SITC类别	名称	中国对印度尼西亚出口的主要商品		印度尼西亚对中国出口的主要商品	
		出口额/亿美元	占比/%	出口额/亿美元	占比/%
0	食品及活动物	20.45	3.37	31.50	4.93
1	饮料及烟类	2.06	0.34	0.55	0.09
2	燃料除外的非食用原料	6.23	1.03	70.51	11.04
3	矿物燃料、润滑油及有关原料	12.47	2.06	214.78	33.62
4	动植物油、脂及蜡	0.16	0.03	70.31	11.01
5	化学品及有关产品	110.79	18.27	39.44	6.17
6	按原料分类的制成品	145.51	23.99	166.18	26.01
7	机械及运输设备	240.57	39.67	24.76	3.88
8	杂项制品	65.59	10.81	20.73	3.24
9	未分类的商品及交易品	2.66	0.44	0.10	0.02

资料来源：根据UN Comtrade数据、世界银行数据库整理而得。

8.3 中国与印度尼西亚贸易竞争性分析

为了探究中国与印度尼西亚之间的贸易竞争性情况，本书采用出口相似度指数（ESI）、贸易竞争力指数（TC）以及显示性比较优势指数（RCA）3个指标进行分析。

8.3.1 出口相似度指数（ESI）分析

根据公式（1-1）计算出口相似度指数，对2000—2021年中国与印度尼西亚出口商品在国际市场的竞争情况进行分析，测算结果如图8-2所示。

从图8-2可以看出，2000—2021年中国和印度尼西亚在国际市场上的ESI指数值不高，介于43~66，说明中国与印度尼西亚出口商品在国际市场的产品结构相似度较高，贸易竞争程度较高。从出口相似度指数的动态变化趋势看，2000—2021年，两国出口商品的ESI指数基本上表现为先下降后上升态势。从出口相似度指数可以看出，中国和印度尼西亚出口商品结构差异较小，因而中国和印度尼西亚的贸易竞争性较强。

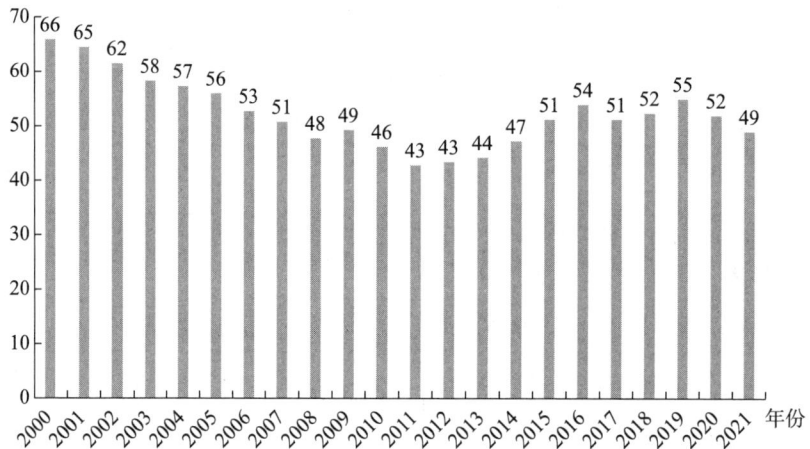

图8-2 2000—2021年中国与印度尼西亚的出口相似度指数（ESI）

资料来源：根据UN Comtrade数据、世界银行数据库整理而得。

8.3.2 贸易竞争力指数（TC）分析

为了进一步探究中国和印度尼西亚出口商品在国际市场的贸易竞争情况，根据公式（1-2）计算两国2001—2021年贸易竞争力指数（TC）并进行比较分析，测算结果见表8-3。

表8-3 中国和印度尼西亚的产品贸易竞争力指数（TC）比较

SITC类别	名称	2001年		2011年		2021年	
		中国	印度尼西亚	中国	印度尼西亚	中国	印度尼西亚
0	食品及活动物	0.44	0.13	0.27	−0.17	−0.27	−0.07
1	饮料及烟类	0.36	0.11	−0.24	0.10	−0.47	0.19
2	燃料除外的非食用原料	−0.69	0.15	−0.90	0.42	−0.90	0.27
3	矿物燃料、润滑油及有关原料	−0.35	0.44	−0.79	0.25	−0.81	0.21
4	动植物油、脂及蜡	−0.75	0.95	−0.90	0.98	−0.72	0.98
5	化学品及有关产品	−0.41	−0.31	−0.23	−0.31	0.21	−0.37
6	按原料分类的制成品	0.03	0.45	0.36	0.00	0.41	0.16

续表

SITC类别	名称	2001年		2011年		2021年	
		中国	印度尼西亚	中国	印度尼西亚	中国	印度尼西亚
7	机械及运输设备	-0.10	-0.09	0.17	-0.48	0.25	-0.35
8	杂项制品	0.73	0.87	0.58	0.54	0.56	0.54
9	未分类的商品及交易品	-0.47	-0.62	-0.91	-0.99	-0.24	-0.95

资料来源：根据 UN Comtrade 数据、世界银行数据库整理而得。

注：因篇幅所限，只列出2001年、2011年和2021年数据。

由表 8-3 可知，中国的按原料分类的制成品（SITC6）和杂项制品（SITC8）的 TC 值一直为正，印度尼西亚的饮料及烟类（SITC1），燃料除外的非食用原料（SITC2），矿物燃料、润滑油及有关原料（SITC3），动植物油、脂及蜡（SITC4），按原料分类的制成品（SITC6）和杂项制品（SITC8）的 TC 值一直为正，说明中国 SITC6、SITC8 两类商品具有贸易竞争力，而印度尼西亚 SITC1、SITC2、SITC3、SITC4、SITC6、SITC8 六类商品具有贸易竞争力。

中国的燃料除外的非食用原料（SITC2），矿物燃料、润滑油及有关原料（SITC3），动植物油、脂及蜡（SITC4）以及未分类的商品及交易品（SITC9）的 TC 值一直为负，印度尼西亚的化学品及有关产品（SITC5）、机械及运输设备（SITC7）、未分类的商品及交易品（SITC9）的 TC 值一直为负，这意味着中国存在四类商品不具有贸易竞争力，而印度尼西亚存在三类商品不具备国际贸易竞争力。

中国的食品及活动物（SITC0）、饮料及烟类（SITC1）的 TC 值由正转为负，印度尼西亚的食品及活动物（SITC0）的 TC 值由正转为负，意味着中国和印度尼西亚都出现了贸易竞争力减弱的商品，具体包括中国两种 SITC 初级产品，印度尼西亚一种 SITC 初级产品。

从贸易竞争力指数分析可以看出，中国在 SITC6、SITC8 两类商品上具有生产优势，而印度尼西亚在 SITC1、SITC2、SITC3、SITC4、SITC6、SITC8 六类商品上具有生产优势，中国与印度尼西亚尼优势商品在 SITC6、SITC8 相同，具有贸易竞争性，而其他类商品的贸易竞争性不强。

8.3.3 显示性比较优势指数（RCA）分析

本书采用显示性比较优势指数（RCA）分析中国和印度尼西亚出口产品

的贸易竞争性，根据公式（1-3）计算 2001—2021 年中国和印度尼西亚的出口商品 RCA 指数，测算结果见表 8-4（间隔期为 1 年）。

表 8-4 中国与印度尼西亚出口商品的 RCA 指数比较

国别	SITC 类别	2001	2003	2005	2007	2009	2011	2013	2015	2017	2019	2021	均值
中国	0	0.85	0.71	0.57	0.49	0.43	0.46	0.41	0.40	0.42	0.40	0.32	0.50
	1	0.35	0.25	0.19	0.15	0.15	0.16	0.15	0.17	0.18	0.16	0.10	0.18
	2	0.53	0.38	0.31	0.22	0.20	0.18	0.16	0.17	0.17	0.18	0.15	0.24
	3	0.34	0.27	0.19	0.13	0.13	0.10	0.09	0.14	0.16	0.18	0.12	0.17
	4	0.14	0.06	0.06	0.06	0.05	0.04	0.05	0.06	0.06	0.10	0.09	0.08
	5	0.52	0.42	0.44	0.45	0.42	0.56	0.51	0.51	0.75	0.76	0.83	0.56
	6	1.21	1.15	1.21	1.25	1.21	1.28	1.32	1.33	1.25	1.31	1.21	1.25
	7	0.81	1.02	1.16	1.24	1.38	1.41	1.39	1.24	1.27	1.29	1.33	1.23
	8	2.68	2.46	2.39	2.30	2.19	2.30	2.36	2.06	1.99	1.88	1.86	2.22
	9	0.05	0.04	0.04	0.05	0.03	0.03	0.02	0.01	0.05	0.15	0.35	0.08
印度尼西亚	0	1.03	1.06	1.04	1.02	0.97	0.86	1.00	1.20	1.16	1.23	1.14	1.06
	1	0.56	0.39	0.50	0.50	0.61	0.53	0.71	0.84	0.89	0.93	0.68	0.65
	2	2.60	2.98	3.41	3.87	3.06	2.79	2.69	2.44	2.44	2.33	1.92	2.77
	3	2.76	2.76	2.25	1.96	2.17	2.01	1.83	2.18	2.25	1.95	1.80	2.17
	4	8.44	12.02	15.94	20.86	20.45	17.60	20.60	24.31	24.98	23.97	22.54	19.25
	5	0.52	0.53	0.50	0.55	0.42	0.54	0.59	0.52	0.54	0.57	0.50	0.52
	6	1.46	1.34	1.21	1.16	1.16	0.96	0.98	1.07	1.13	1.38	1.54	1.22
	7	0.34	0.35	0.39	0.34	0.36	0.30	0.35	0.35	0.34	0.38	0.32	0.35
	8	1.46	1.25	1.11	1.02	0.99	0.83	0.88	1.10	1.17	1.19	1.10	1.10
	9	0.003	0.01	0.001	0.001	0.001	0.001	0.001	0.005	0.006	0.01	0.003	0.0011

资料来源：根据 UN Comtrade 数据、世界银行数据库整理而得。

根据 RCA 结果分析，中国和印度尼西亚的出口商品可分为三类：一是中国与印度尼西亚相比具有比较优势的产品，如中国的按原料分类的制成品（SITC6）、机械及运输设备（SITC7）和杂项制品（SITC8）的 RCA 指数均值分别为 1.25、1.23 和 2.22，而印度尼西亚同类商品的 RCA 指数均值为 1.22、0.35 和 1.10，意味着中国这三类商品的 RCA 指数值高于印度尼西亚，具有明显的竞争力；二是印度尼西亚与中国相比具有比较优势的产品，如印度尼西亚的食品及活动物（SITC0），燃料除外的非食用原料（SITC2），矿物燃料、润滑油及有关原料（SITC3）和动植物油、脂及蜡（SITC4）的 RCA 指数均值分别为 1.06、2.77、2.17 和 19.25，而中国同类商品的 RCA 指数均值分别为 0.50、0.24、0.17 和 0.08，印度尼西亚与中国相比，这四类商品具有更明显的国际竞争力；三是两国比较优势较弱的产品，如两国的饮料及烟类（SITC1）、化学品及有关产品（SITC5）、未分类的商品及交易品（SITC9），这三类商品的 RCA 指数均值都低于 0.80，属于国际竞争力较弱的产品。

对比中国和印度尼西亚的 RCA 指数可以发现，两国出口商品在国际市场的产品结构存在较大差异，两国具有比较优势的商品类别并不相同，印度尼西亚的 SITC0、SITC2、SITC3、SITC4 以及中国的 SITC6、SITC7、SITC8 表现出较强的贸易互补性特征，意味着中国的工业制成品具有比较优势，而印度尼西亚的初级产品具有比较优势。

8.4 中国与印度尼西亚贸易互补性分析

为了进一步探究中国与印度尼西亚之间产品结构的贸易互补关系，本书采用贸易互补性指数（TCI）、综合贸易互补性指数（TCIT）、产业内贸易指数（GL）、边际产业内贸易指数（MGL）以及综合产业内贸易指数（GLT）5 个指标详细分析中国与印度尼西亚之间的贸易互补情况。

8.4.1 贸易互补性指数（TCI）分析

本书采用贸易互补性指数（TCI）对中国与印度尼西亚之间产品结构的贸易互补关系进行分析。根据公式（1-4）计算 TCI 指数，测算结果见表 8-5。

表 8-5 中国与印度尼西亚的产品贸易互补性指数（TCI）比较

SITC 类别	2001 年		2005 年		2011 年		2015 年		2021 年	
	中—印尼	印尼—中	中—印尼	印尼—中	中—印尼	印尼—中	中—印尼	印尼—中	中—印尼	印尼—中
0	1.19	0.37	0.78	0.29	0.64	0.25	0.53	0.59	0.51	0.84
1	0.29	0.10	0.08	0.07	0.08	0.15	0.08	0.36	0.06	0.25
2	1.61	6.96	0.51	10.07	0.20	9.37	0.22	8.08	0.17	6.16
3	0.62	1.99	0.42	1.60	0.13	1.75	0.18	2.30	0.15	2.31
4	0.06	8.43	0.03	22.12	0.01	19.12	0.01	22.34	0.03	21.04
5	0.89	0.68	0.55	0.55	0.62	0.50	0.65	0.48	1.03	0.36

续表

SITC类别	2001年 中—印尼	2001年 印尼—中	2005年 中—印尼	2005年 印尼—中	2011年 中—印尼	2011年 印尼—中	2015年 中—印尼	2015年 印尼—中	2021年 中—印尼	2021年 印尼—中
6	1.22	1.85	1.18	1.09	1.46	0.66	1.80	0.73	1.71	1.07
7	0.61	0.38	0.86	0.47	1.36	0.33	1.04	0.39	1.06	0.34
8	0.47	0.75	0.46	0.88	0.68	0.59	0.72	0.78	0.77	0.61
9	0.00	0.00	0.00	0.00	0.01	0.00	0.00	0.00	0.05	0.00

资料来源：根据 UN Comtrade 数据、世界银行数据库整理而得。

注：因篇幅所限，只列出部分年份数据。

由表 8-5 可知，从中国出口的角度看，TCI 值大于 1 的商品主要分布于 SITC6 和 SITC7，说明中国在按原料分类的制成品（SITC6）和机械及运输设备（SITC7）与印度尼西亚商品具有较强的互补性。从印度尼西亚出口的角度看，TCI 值大于 1 的商品主要分布于 SITC2、SITC3、SITC4，尤其是动植物油、脂及蜡（SITC4）的 TCI 值明显高于其他商品，2015 年的 TCI 值高达 22.34，说明在资源密集型产品上，印度尼西亚与中国存在极强的互补关系。印度尼西亚的能源资源产品（如棕榈油、煤炭）是对中国出口的大宗商品，其他农林产品、矿产品以及纺织服装、箱包、鞋帽等劳动密集型产品也对中国出口，而中国对印度尼西亚的比较优势主要体现在机电产品、工业制成品的出口。

8.4.2 综合贸易互补性指数（TCIT）分析

如果需要考虑多种产品贸易并存情况下的中国与印度尼西亚之间贸易互补关系，则采用综合贸易互补性指数（TCIT）进行分析。根据公式（1-5）计算两国 TCIT 指数，测算结果如图 8-3 所示。

图 8-3 显示了 2000—2021 年中国与印度尼西亚的综合贸易互补性指数的动态变化。从中国出口的角度看，中国出口与印度尼西亚进口的 TCIT 值均小于 1，说明中国出口与印度尼西亚进口之间一直保持着较弱的贸易互补性。从印度尼西亚出口的角度看，印度尼西亚出口与中国进口的 TCIT 值总体呈增长态势，TCIT 值均大于 1，意味着印度尼西亚出口与中国进口具有较强的互补性。总体来说，中—印尼的 TCIT 值小于印尼—中的 TCIT 值，即中国出口与印度尼西亚进口之间具有一定的贸易互补性，而印度尼西亚出口与中国进口的贸易互补性更强。

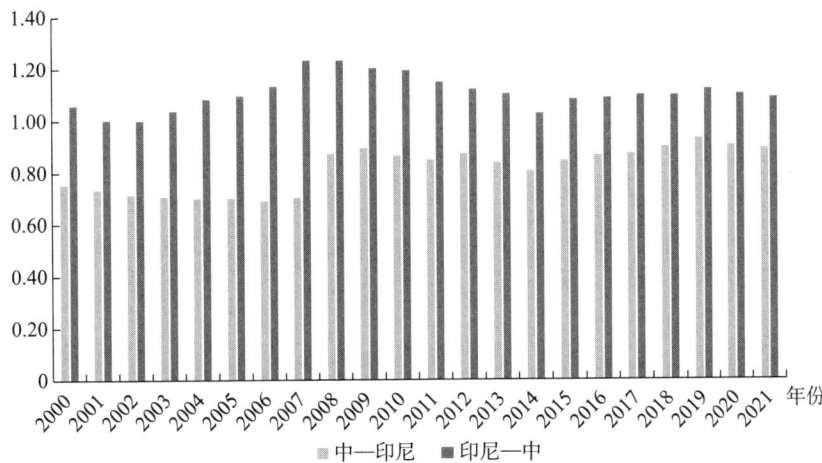

图 8-3　2000—2021 年中国与印度尼西亚的综合贸易互补性指数（TCIT）比较

资料来源：根据 UN Comtrade 数据、世界银行数据库整理而得。

8.4.3　产业内贸易指数（GL）分析

本书采用产业内贸易指数（GL）分析中国与印度尼西亚之间产业内贸易情况。根据公式（1-6）计算两国之间产业内贸易指数，测算结果见表 8-6（间隔期为 1 年）。

表 8-6　中国与印度尼西亚分类商品产业内贸易指数（GL）比较

SITC 类别	年份										
	2001	2003	2005	2007	2009	2011	2013	2015	2017	2019	2021
0	0.62	0.24	0.53	0.49	0.37	0.52	0.71	0.85	0.83	0.94	0.79
1	0.01	0.02	0.00	0.02	0.05	0.05	0.08	0.04	0.21	0.53	0.42
2	0.10	0.16	0.08	0.04	0.09	0.07	0.06	0.21	0.21	0.13	0.16
3	0.68	0.71	0.89	0.65	0.46	0.41	0.38	0.24	0.17	0.17	0.11
4	0.00	0.00	0.01	0.00	0.01	0.01	0.01	0.01	0.01	0.01	0.00
5	0.76	0.70	0.90	0.85	0.75	0.87	0.62	0.53	0.67	0.63	0.53
6	0.85	0.90	0.71	0.50	0.60	0.40	0.41	0.38	0.67	0.62	0.93
7	0.68	0.77	0.74	0.64	0.40	0.32	0.22	0.24	0.25	0.19	0.19
8	0.38	0.38	0.42	0.35	0.35	0.29	0.21	0.33	0.53	0.52	0.48
9	0.43	0.06	0.84	0.08	0.50	0.03	0.31	0.69	0.59	0.09	0.07

资料来源：根据 UN Comtrade 数据、世界银行数据库整理而得。

注：因篇幅所限，只列出部分年份数据。

由表 8-6 得知，2001—2021 年中国与印度尼西亚之间只有化学品及有关产品（SITC5）的 GL 值一直大于 0.50，而食品及活动物（SITC0）、矿物燃料、润滑油及有关原料（SITC3），按原料分类的制成品（SITC6），机械及运输设备（SITC7）以及未分类的商品及交易品（SITC9）五类商品在部分年度的 GL 值大于 0.50，其余商品的 GL 值总体上小于 0.50。这说明中国与印度尼西亚之间在部分工业制成品、初级产品上表现为产业内贸易，而其他大部分商品主要表现为产业间贸易。从 GL 值可以看出，中国和印度尼西亚之间大部分行业还没有实现产业内贸易互补，两国产业内贸易的发展潜力巨大，同时也说明，中国和印度尼西亚的双边贸易在整体上具有较强的贸易互补性。中国和印度尼西亚之间贸易主要表现出产业间贸易特征，是因为中国与印度尼西亚两国的地理位置不同所产生的自然资源以及人口数量产生的劳动力资源等要素禀赋显著不同，两国之间贸易互补性明显。

中国从印度尼西亚主要进口商品是非食用原料，包括金属矿石、石油、煤炭、天然气等，中国对印度尼西亚出口商品主要集中在劳动密集型工业产品。但是这种互补性具有不稳定性，具体表现在中国对印度尼西亚铁矿石等战略性资源型产品具有较强的依赖性，而印度尼西亚对中国劳动密集型产品的依赖性较弱。

8.4.4 边际产业内贸易指数（MGL）分析

为了深入分析中国和印度尼西亚之间产品结构的边际产业内贸易情况，根据公式（1-7）计算 2001—2021 年中国与印度尼西亚之间边际产业内贸易指数（MGL），测算结果见表 8-7（间隔期为 1 年）。

表 8-7 中国与印度尼西亚分类商品边际产业内贸易指数（MGL）比较

SITC类别	年份											均值
	2001	2003	2005	2007	2009	2011	2013	2015	2017	2019	2021	
0	0.32	0.28	0.49	0.64	0.00	0.99	0.46	0.00	0.84	0.97	0.32	0.48
1	0.00	0.00	0.00	0.01	0.36	0.00	0.00	0.16	0.69	0.52	0.09	0.17
2	0.00	0.12	0.01	0.02	0.07	0.08	0.00	0.05	0.18	0.00	0.25	0.07
3	0.00	0.97	0.97	0.19	0.35	0.39	0.00	0.83	0.24	0.00	0.10	0.37
4	0.01	0.00	0.05	0.00	0.00	0.01	0.00	0.00	0.01	0.00	0.00	0.01

续表

SITC 类别	2001	2003	2005	2007	2009	2011	2013	2015	2017	2019	2021	均值
5	0.63	0.27	0.00	0.00	0.00	0.96	0.98	0.32	0.00	0.19	0.43	0.34
6	0.17	0.80	0.00	0.00	0.00	0.16	0.33	0.03	0.00	0.00	0.95	0.22
7	0.00	0.76	0.51	0.05	0.61	0.21	0.00	0.00	0.32	0.00	0.14	0.24
8	0.00	0.47	0.64	0.30	0.32	0.43	0.27	0.00	0.00	0.37	0.33	0.28
9	0.00	0.06	0.00	0.03	0.42	0.00	0.29	0.00	0.63	0.01	0.06	0.14

资料来源：根据 UN Comtrade 数据、世界银行数据库整理而得。

由表 8-7 可知，中国与印度尼西亚分类商品边际产业内贸易指数的年均值介于 0.01~0.48，说明中国与印度尼西亚之间的所有商品贸易量变化皆是由产业间贸易变化引起的。

8.4.5 综合产业内贸易指数（GLT）分析

为考察中国与印度尼西亚之间所有商品的总体产业内贸易水平，根据公式（1-8）计算 2000—2021 年两国综合产业内贸易指数（GLT），测算结果如图 8-4 所示。

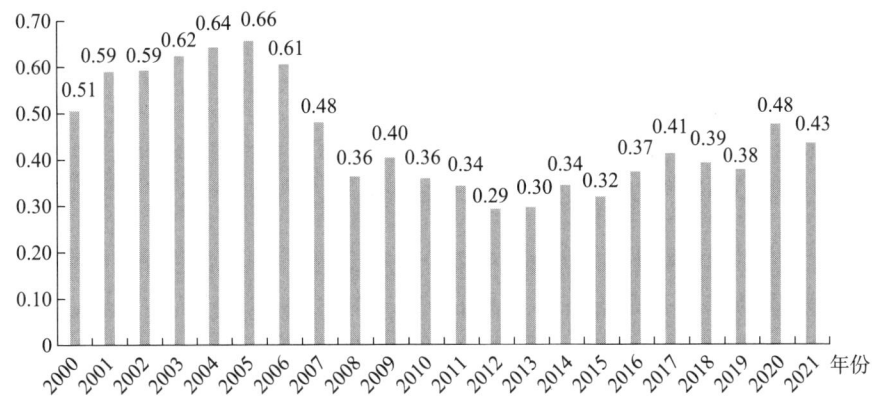

图 8-4 2000—2021 年中国与印度尼西亚的综合产业内贸易指数（GLT）比较

资料来源：根据 UN Comtrade 数据、世界银行数据库整理而得。

图 8-4 反映了 2000—2021 年中国与印度尼西亚之间的综合产业内贸易指数的变化情况。可以看出，所有 SITC 商品的 GLT 值在 0.29~0.66 范围波动，

说明两国之间整体的产业内贸易程度非常低，主要表现为产业间贸易，表明中国与印度尼西亚在产业链上具有较好的互补性。这是由于中国拥有相对完整的工业体系，中国的工业品具有比较明显的产品优势，而印度尼西亚的初级产品具有较强的比较优势，因而两国在产品结构上形成了产业间的贸易互补，表现出较高的产业间贸易水平及贸易互补程度。

8.5　中国与印度尼西亚贸易结合度分析

为了深入分析中国与印度尼西亚之间产品结构的贸易结合度，本书采用贸易结合度指数（TII）进行分析。根据公式（1-9）计算2000—2021年中国与印度尼西亚贸易结合度指数，测算结果如图8-5所示。

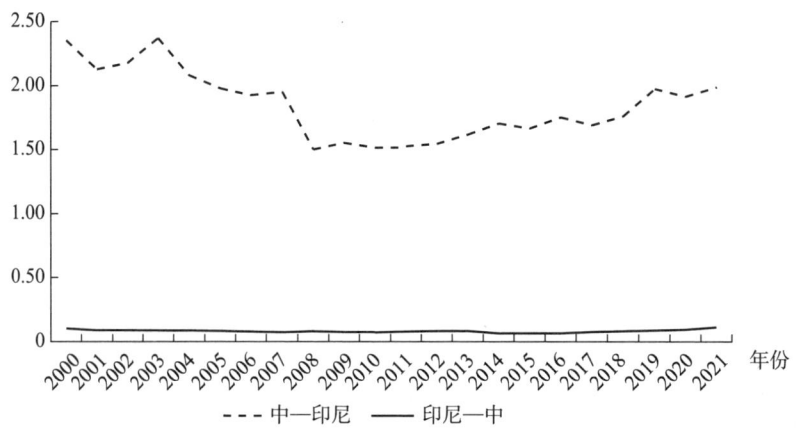

图8-5　2000—2021年中国与印度尼西亚的贸易结合度指数（TII）比较

资料来源：根据UN Comtrade数据、世界银行数据库整理而得。

从中国出口的角度看，2000—2021年中国对印度尼西亚出口的TII值一直大于1，说明中国与印度尼西亚之间的贸易联系较为紧密，贸易结合度较高。从印度尼西亚出口的角度看，印度尼西亚与中国之间的TII值一直小于1，表明印度尼西亚与中国具有较松散的贸易联系，贸易结合度较低。从整体来看，两国之间的TII值呈明显的上升发展态势，说明两国之间的贸易紧密性不断提升；2001—2021年，印度尼西亚与中国的TII值呈缓慢上升态势，说明两国之间的贸易结合度在加强。

8.6 中国与印度尼西亚地缘经济关系分析

为了探究中国与印度尼西亚之间地缘经济关系，本书采用对外经济联系强度和双边经济关系强度2个指标进行分析。

8.6.1 对外经济联系强度（Relation）分析

本书根据公式（1-10）计算2000—2021年中国与印度尼西亚之间的对外经济联系强度（Relation），测算结果如图8-6所示。

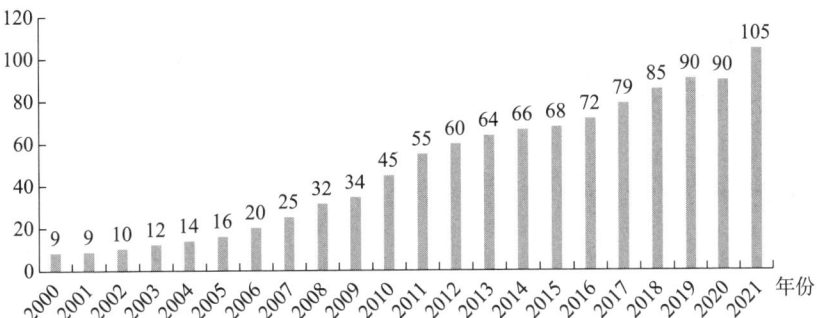

图8-6　2000—2021年中国与印度尼西亚之间的对外经济联系强度（Relation）

资料来源：根据UN Comtrade数据、世界银行数据库整理而得。

从图8-6可以看出2000—2021年中国与印度尼西亚之间Relation指数的变化情况。两国之间的对外经济联系强度一直处于上升态势，Relation指数分布区间为[9，105]，且增速快，增长态势明显，说明两国之间不断调整对外关系，经济联系日益紧密，两国之间的互助共赢的程度也越来越强。

8.6.2 双边经济关系强度（ED）分析

本书采用双边经济关系强度（ED）对中国与印度尼西亚之间的地缘经济关系进行分析。根据公式（1-12）计算中国和印度尼西亚双边经济关系强度，测算结果如图8-7所示。

从图8-7可以看出2000—2021年中国与印度尼西亚之间的ED指数变化情况。双边经济关系强度（ED）值一直为正，ED指数值介于[4.0，7.3]，意味着中国和印度尼西亚之间是互补型地缘经济关系。从动态发展趋势看，中国和印度尼西亚之间的双边经济关系强度呈跳跃式动态发展态势。

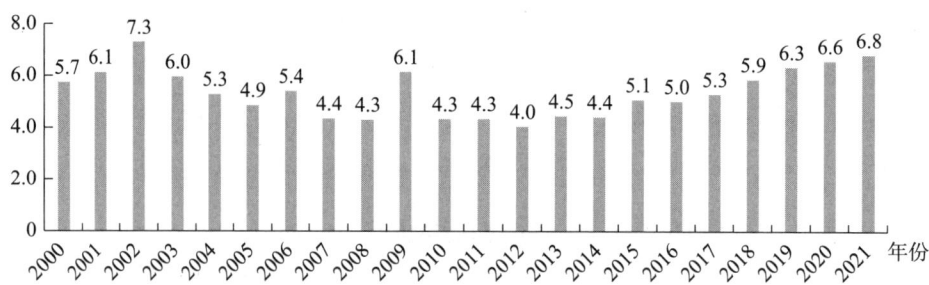

图 8-7　2000—2021 年中国与印度尼西亚之间的双边经济关系强度（ED）

资料来源：根据 UN Comtrade 数据、世界银行数据库整理而得。

8.7　本章小结

本章选取 UN Comtrade 和世界银行数据库中 2000—2021 年贸易数据，基于贸易竞争性、贸易互补性、贸易结合度以及地缘经济关系 4 个维度，采用 11 个指标分析中国和印度尼西亚之间的双边贸易关系。结果表明：

（1）从贸易竞争性看，ESI 指数显示，中国与印度尼西亚出口商品在国际市场的产品结构相似度较高，存在较强的贸易竞争性，呈先下降后上升态势。TC 指数显示，中国与印度尼西亚在 SITC6、SITC8 类别商品上均具有贸易竞争力，表明在这些领域两国可能面临直接竞争。RCA 指数进一步明确了两国在不同商品类别上的比较优势。印度尼西亚在 SITC0、SITC2、SITC3、SITC4 商品类别上具有比较优势，而中国在 SITC6、SITC7、SITC8 商品类别上具有比较优势。尽管两国在某些商品领域存在竞争，但各自在不同商品类别上拥有各自的竞争优势。

（2）从贸易互补性看，TCI 指数显示，中国出口在 SITC6、SITC7 类别商品上与印度尼西亚进口具有较强的贸易互补性，而印度尼西亚出口在 SITC2、SITC3、SITC4 类别上与中国进口表现出贸易互补性。GL 指数显示，两国在 SITC5 类别商品上实现了产业内贸易，但整体上以产业间贸易为主，显示出较强的贸易互补性。

（3）从贸易结合度看，TII 指数显示，中国对印度尼西亚的贸易结合度较高，反映了中国对印度尼西亚市场的高度依赖或对其出口的重视。与此同时，印度尼西亚对中国的贸易结合度较低，意味着印度尼西亚在与中国的贸易中拥有更多的选择和灵活性。

（4）从地缘经济关系看，Relation 指数显示，中国与印度尼西亚之间的对外经济联系强度呈快速增长态势，这一趋势表明两国在经贸领域的合作关系正日益紧密。数据表明，中国与印度尼西亚之间已经形成了互补型地缘经济关系，这种关系有助于双方在经济上的互利共赢。

总体来看，中国与印度尼西亚的贸易关系具有高度的互动性和发展潜力。通过加强沟通、促进产业合作和深化经济联系，两国可以共同推动双边贸易关系的进一步发展。同时，两国也应关注贸易平衡和市场变化问题，以实现更加稳定和可持续的经济发展。

第9章

中国与泰国贸易关系分析

9.1 引言

泰国是东盟第二大经济体，国土总面积为51.3万平方千米，总人口6790万人。工业和服务业是泰国主要行业，2022年人均GDP为7651美元。在经济方面，农业是泰国的传统经济产业，稻谷和天然橡胶的出口量位居世界第一，泰国也是木薯、甘蔗、水产品的生产和出口大国。泰国渔业发达，是亚洲第三大海洋渔业国，仅次于日本和中国。泰国旅游业发展迅速，是全球第二大最受欢迎的旅游目的地。泰国是新兴工业国家，发展出口导向型工业，主要门类有采矿、纺织、电子、塑料、食品加工、玩具、汽车装配、建材、石油化工、软件、轮胎、家具等，其中汽车出口量位居亚洲第三。2022年，泰国的贸易总额为5895.5亿美元，同比增长10.2%，其中出口总额为2838.2亿美元，同比增长6.4%；进口总额为3057.3亿美元，同比增长14%；贸易逆差额为219.1亿美元。泰国主要贸易伙伴是中国、日本、东盟、美国、欧盟等。

1975年7月1日，中国与泰国建立外交关系。两国开展了长期友好亲近的经贸合作。1999年2月，中泰两国签署了《中华人民共和国和泰王国关于二十一世纪合作计划的联合声明》。2012年4月19日，中泰两国建立全面战略合作伙伴关系。中国是泰国最大的贸易伙伴，泰国是中国在东盟国家中第三大贸易伙伴。2022年1月1日，RCEP对泰国正式生效。中泰两国以RCEP为契机，充分开发双方经贸合作潜力。2022年，中泰双边贸易额为1350亿美元，同比增长3%。其中，中国对泰国出口额为784.8亿美元，同比增长13.4%，中国自泰国进口额为565.2亿美元，同比下降8.6%。

学界关于中国与泰国之间贸易关系的研究主要围绕两个方面展开讨论：

一是中泰双边贸易关系的分析。在贸易问题方面，王真真（2021）采用2003—2019年中泰双边贸易数据进行分析，研究发现中泰贸易存在贸易不平衡、产品结构相似度高以及贸易产品互补性强等问题。在贸易互补性方面，邓洲（2017）采用产品竞争力指数和贸易互补指数分析2000—2015年中泰双边贸易，研究发现泰国出口与中国进口的贸易结合度呈下降态势，而泰国进口与中国出口的贸易结合度处于上升趋势。柴晓卓（2016）指出，泰国出口与中国进口的农产品贸易互补性处于增长态势，且中国从泰国进口农产品的贸易依存度不断加强。

二是中泰贸易的影响因素分析。张雅和李捷（2018）采用1996—2015年数据进行分析，研究发现国内生产总值、地理距离、对外贸易依存度对中国与泰国农产品贸易具有重要影响。林华（2019）采用引力模型进行分析，发现经济规模、地理距离、人口规模、"一带一路"倡议、通信发达程度是影响中国与泰国双边农产品贸易的重要因素。李晓灿（2020）认为，影响中泰两国之间农产品贸易的因素包括自然地理气候优势、互联网技术、区域合作新平台、贸易壁垒以及贸易保护政策。文璐（2022）采用2000—2020年数据进行实证研究，结果显示：自然资源、GDP和制造业水平对中泰双边贸易互补性具有明显的正向影响。

综上所述，现有文献分析了中国与泰国之间的贸易关系，主要从贸易互补性方面进行了分析，但对于近年来中国与泰国之间的贸易竞争性关系以及地缘经济关系尚未进行深入和全面的分析。本书分别从贸易竞争性、贸易互补性、贸易结合度以及地缘经济关系4个维度对中泰之间的贸易关系进行分析，为促进中泰双边贸易合作提供可靠的现实证据，并为未来的中泰双边贸易提供合理化的对策和建议。本章相关统计分析数据来源于UN Comtrade，并将所有进出口商品按《国际贸易标准分类》（SITC Rev.4）进行分类。

9.2 中国与泰国贸易发展概况

根据UN Comtrade的数据，中泰两国之间贸易规模如表9-1所示，两国货物贸易总额在2000—2021年呈良好的增长态势，年均增长89.53%，其中2000年中泰双边货物贸易总额为66.24亿美元，2003年中泰双边货物贸易总额突破100亿美元，2010年突破500亿美元，2021年更是突破1000亿美元。

在 2008 年国际金融危机影响下，中泰贸易受到一定程度的影响，2009 年中泰贸易额的年增长率为-7.48%。2010 年全球经济开始恢复，中泰货物贸易规模也出现显著的增长，年增长率为 38.56%，贸易总额达到 529.35 亿美元。2013—2016 年，全球经济复苏动力不足，中泰贸易规模增长缓慢，2016 年中泰贸易额同比增长率仅为 0.36%。2020 年，由于新冠疫情在全球蔓延，两国之间受到一定程度影响，但中泰双边贸易增速仍保持正增长，2021 年中泰贸易进出口额飞速增长，达到 1311.70 亿美元，同比增长 32.99%，其中，中国自泰国进口额为 618.15 亿美元，同比增长 28.41%，中国对泰国出口额为 693.55 亿美元，同比增长 37.37%。

表 9-1　2000—2021 年中泰贸易规模

年份	中泰贸易进出口总额		中国对泰国出口额		中国自泰国进口额	
	金额/亿美元	增长率/%	金额/亿美元	增长率/%	金额/亿美元	增长率/%
2000	66.24	—	22.43	—	43.81	—
2001	70.51	6.44	23.37	4.18	47.14	7.60
2002	85.57	21.36	29.57	26.54	56.00	18.79
2003	126.55	47.89	38.28	29.44	88.27	57.63
2004	173.42	37.04	58.02	51.56	115.41	30.74
2005	218.11	25.77	78.19	34.78	139.92	21.24
2006	277.26	27.12	97.64	24.87	179.62	28.38
2007	346.99	25.15	120.33	23.24	226.66	26.18
2008	412.93	19.00	156.36	29.95	256.57	13.20
2009	382.04	-7.48	133.07	-14.90	248.97	-2.96
2010	529.35	38.56	197.41	48.35	331.93	33.32
2011	647.34	22.29	256.95	30.16	390.40	17.61
2012	697.48	7.74	311.97	21.41	385.51	-1.25
2013	712.41	2.14	327.18	4.88	385.23	-0.07
2014	726.21	1.94	342.89	4.80	383.32	-0.50
2015	754.46	3.89	382.78	11.63	371.68	-3.04
2016	757.15	0.36	371.83	-2.86	385.32	3.67
2017	801.38	5.84	385.42	3.65	415.96	7.95

续表

年份	中泰贸易进出口总额		中国对泰国出口额		中国自泰国进口额	
	金额/亿美元	增长率/%	金额/亿美元	增长率/%	金额/亿美元	增长率/%
2018	874.88	9.17	428.59	11.20	446.29	7.29
2019	917.46	4.87	455.85	6.36	461.62	3.43
2020	986.28	7.50	504.88	10.76	481.39	4.28
2021	1311.70	32.99	693.55	37.37	618.15	28.41

资料来源：根据 UN Comtrade 数据、世界银行数据库整理而得。

从图 9-1 可以看出，2000—2021 年中泰货物贸易差额呈波浪式的增长态势，总体表现为"前期泰国贸易顺差，后期中国贸易顺差"。具体表现为：2000—2019 年，中国对泰国贸易总体处于贸易逆差状态（2015 年贸易顺差），其中 2010 年中国对泰国贸易逆差额达到最高值 134.52 亿美元。2020—2021 年，中国对泰国贸易转为贸易顺差，贸易差额从 23.49 亿美元增长到 75.40 亿美元，这是由于受到全球新冠疫情影响，泰国对中国货物出口规模大幅下降。

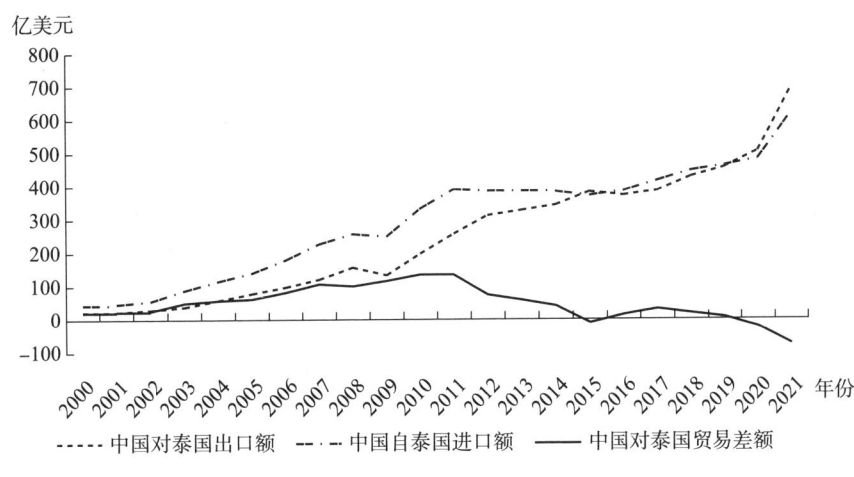

图 9-1　2000—2021 年中国与泰国进出口额及贸易差额

资料来源：根据 UN Comtrade 数据、世界银行数据库整理而得。

表 9-2 反映了 2021 年中泰双边贸易产品结构。中国对泰国出口的商品主要集中在工业制成品，其中机械及运输设备（SITC7）约占对泰国出口额的 40.92%，按原料分类的制成品（SITC6）约占 21.64%，化学品及有关产品

（SITC5）约占 16.81%。泰国对中国出口商品前三类是 SITC7、SITC0 和 SITC5，其中机械及运输设备（SITC7）类产品约占泰国出口额的 46.37%，食品及活动物（SITC0）约占 16.31%，化学品及有关产品（SITC5）约占 14.09%。

表 9-2　2021 年中泰双边贸易主要商品出口额及占比

SITC 类别	名称	中国对泰国出口的主要商品		泰国对中国出口的主要商品	
		出口额/亿美元	占比/%	出口额/亿美元	占比/%
0	食品及活动物	43.25	6.24	100.85	16.31
1	饮料及烟类	0.24	0.03	1.99	0.32
2	燃料除外的非食用原料	6.74	0.97	49.81	8.06
3	矿物燃料、润滑油及有关原料	2.81	0.41	5.24	0.85
4	动植物油、脂及蜡	0.25	0.04	0.78	0.13
5	化学品及有关产品	116.55	16.81	87.07	14.09
6	按原料分类的制成品	150.11	21.64	55.64	9.00
7	机械及运输设备	283.82	40.92	286.61	46.37
8	杂项制品	79.97	11.53	29.61	4.79
9	未分类的商品及交易品	9.81	1.41	0.55	0.09

资料来源：根据 UN Comtrade 数据、世界银行数据库整理而得。

9.3　中国与泰国贸易竞争性分析

为了探究中国与泰国之间的贸易竞争性情况，本书采用出口相似度指数（ESI）、贸易竞争力指数（TC）以及显示性比较优势指数（RCA）3 个指标进行分析。

9.3.1　出口相似度指数（ESI）分析

根据公式（1-1）计算出口相似度指数（ESI），对 2000—2021 年中国与泰国出口商品在国际市场的竞争情况进行分析，测算结果如图 9-2 所示。

从图 9-2 可以看出，中国和泰国在国际市场上的 ESI 指数值较高，介于 73.5～82.2，表明中泰两国出口商品在国际市场的产品结构相似度较高，两国出口商品在国际市场上面临市场份额竞争,贸易竞争程度较高。从出口相似度指数的动态变化发展趋势看,2000—2021 年,中国和泰国出口商品的 ESI 指数在国际市场总体呈波浪式发展态势,从出口相似度指数可以看出,中泰两国之间的贸易竞争性较高。

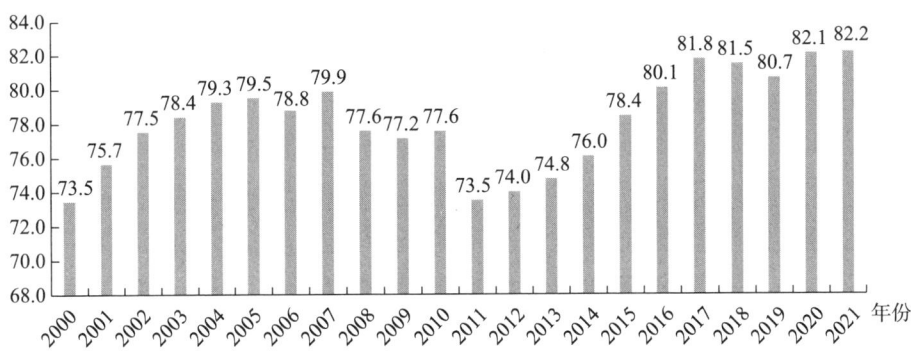

图 9-2 2000—2021 年中国与泰国的出口相似度指数(ESI)

资料来源:根据 UN Comtrade 数据、世界银行数据库整理而得。

9.3.2 贸易竞争力指数(TC)分析

为了进一步探究中泰两国的贸易竞争情况,根据公式(1-2)计算两国 2001—2021 年贸易竞争力指数(TC)并进行比较分析。

由表 9-3 可知,2001—2021 年中国的按原料分类的制成品(SITC6)和杂项制品(SITC8)的 TC 值一直为正,泰国的食品及活动物(SITC0)、饮料及烟类(SITC1)、燃料除外的非食用原料(SITC2)、机械及运输设备(SITC7)、杂项制品(SITC8)的 TC 值一直为正,说明中国在 SITC6、SITC8 两类商品上具有贸易竞争力,而泰国出口商品在 SITC0、SITC1、SITC2、SITC7、SITC8 类别上具有贸易竞争力。

表 9-3 中国和泰国的产品贸易竞争力指数(TC)比较

SITC 类别	名称	2001 年		2011 年		2021 年	
		中国	泰国	中国	泰国	中国	泰国
0	食品及活动物	0.44	0.55	0.27	0.42	-0.27	0.38
1	饮料及烟类	0.36	0.33	-0.24	0.50	-0.47	0.57
2	燃料除外的非食用原料	-0.69	0.40	-0.90	0.26	-0.90	0.10

续表

SITC类别	名称	2001年 中国	2001年 泰国	2011年 中国	2011年 泰国	2021年 中国	2021年 泰国
3	矿物燃料、润滑油及有关原料	-0.35	-0.56	-0.79	-0.62	-0.81	-0.64
4	动植物油、脂及蜡	-0.75	0.28	-0.90	-0.02	-0.72	0.54
5	化学品及有关产品	-0.41	-0.01	-0.23	-0.02	0.21	-0.06
6	按原料分类的制成品	0.03	-0.14	0.36	-0.12	0.41	-0.15
7	机械及运输设备	-0.10	0.06	0.17	0.12	0.25	0.11
8	杂项制品	0.73	0.28	0.58	0.15	0.56	0.16
9	未分类的商品及交易品	-0.47	-0.76	-0.91	-0.77	-0.24	-0.85

资料来源：根据 UN Comtrade 数据、世界银行数据库整理而得。

注：因篇幅所限，只列出 2001 年、2011 年和 2021 年数据。

中国的燃料除外的非食用原料（SITC2），矿物燃料、润滑油及有关原料（SITC3），动植物油、脂及蜡（SITC4）以及未分类的商品及交易品（SITC9）的 TC 值一直为负，泰国的矿物燃料、润滑油及有关原料（SITC3），化学品及有关产品（SITC5），按原料分类的制成品（SITC6）以及未分类的商品及交易品（SITC9）的 TC 值一直为负，意味着中国存在四类商品不具有贸易竞争力，而泰国也存在四类商品国际贸易竞争力较弱。

这说明，一方面泰国的部分初级产品（食品及活动物，饮料及烟类，燃料除外的非食用原料）在国际市场的产品竞争优势较强，其中食品饮料是泰国主要出口商品；另一方面泰国部分工业制成品（机械及运输设备，杂项制品）具有明显的比较优势，具体而言，机电产品、运输设备、塑料、橡胶、贵金属及制品是泰国主要的出口商品。

从贸易竞争力指数分析可以看出，中国在 SITC6、SITC8 商品上具有贸易竞争力，而泰国在 SITC0、SITC1、SITC2、SITC7、SITC8 商品上具有贸易竞争力，两国在 SITC8 商品上具有较强的贸易竞争性，而其他商品的贸易竞争性不强。

9.3.3 显示性比较优势指数（RCA）分析

本书采用显示性比较优势指数（RCA）分析中国和泰国出口商品的贸易竞争性，根据公式（1-3）计算 2001—2021 年中国和泰国的出口商品的 RCA 指数，测算结果见表 9-4（间隔期为 1 年）。

表 9-4 中国与泰国出口商品的 RCA 指数比较

国别	SITC 类别	2001	2003	2005	2007	2009	2011	2013	2015	2017	2019	2021	均值
中国	0	0.85	0.71	0.57	0.49	0.43	0.46	0.41	0.40	0.42	0.40	0.32	0.50
	1	0.35	0.25	0.19	0.15	0.15	0.16	0.15	0.17	0.18	0.16	0.10	0.18
	2	0.53	0.38	0.31	0.22	0.20	0.18	0.16	0.17	0.17	0.18	0.15	0.24
	3	0.34	0.27	0.19	0.13	0.13	0.10	0.09	0.12	0.16	0.18	0.12	0.17
	4	0.14	0.06	0.10	0.06	0.05	0.05	0.05	0.06	0.06	0.10	0.10	0.08
	5	0.52	0.42	0.44	0.45	0.42	0.56	0.51	0.51	0.75	0.76	0.83	0.56
	6	1.21	1.15	1.21	1.25	1.21	1.28	1.32	1.33	1.25	1.31	1.21	1.25
	7	0.81	1.02	1.16	1.24	1.38	1.41	1.39	1.24	1.27	1.29	1.33	1.23
	8	2.68	2.46	2.39	2.30	2.19	2.30	2.36	2.06	1.99	1.88	1.86	2.22
	9	0.05	0.05	0.04	0.05	0.03	0.03	0.02	0.01	0.05	0.15	0.35	0.08
泰国	0	2.64	2.42	2.19	2.19	2.31	2.29	1.99	1.99	1.93	2.10	1.91	2.18
	1	0.29	0.27	0.29	0.31	0.40	0.52	0.71	0.84	0.90	1.16	0.99	0.61
	2	1.27	1.78	1.64	1.61	1.30	1.79	1.35	1.22	1.26	1.03	0.99	1.39
	3	0.27	0.27	0.34	0.33	0.40	0.32	0.34	0.34	0.33	0.33	0.32	0.33
	4	0.54	0.50	0.42	0.61	0.37	0.56	0.68	0.30	0.50	0.49	0.83	0.53
	5	0.62	0.63	0.78	0.75	0.70	0.98	1.07	0.92	0.88	0.94	0.86	0.83
	6	0.87	0.86	0.89	0.95	1.06	1.00	1.07	1.00	1.06	1.17	1.07	1.00
	7	1.01	1.10	1.19	1.21	1.20	1.14	1.25	1.20	1.19	1.12	1.20	1.16
	8	1.26	1.12	1.08	1.03	0.99	1.05	0.87	0.82	0.79	0.79	0.81	0.96
	9	0.83	0.51	0.35	0.18	0.004	0.004	0.002	0.003	0.004	0.19	0.002	0.19

资料来源：根据 UN Comtrade 数据、世界银行数据库整理而得。

根据 RCA 结果分析，2001—2021 年，中国和泰国的出口商品可分为三类：一是中国与泰国相比具有比较优势的产品，如中国的按原料分类的制成品（SITC6）、机械及运输设备（SITC7）、杂项制品（SITC8）的 RCA 指数均值分别为 1.25、1.23 和 2.22，而泰国同类商品的 RCA 指数均值分别为 1.00、1.16 和 0.96，意味着中国 SITC6、SITC7、SITC8 三类商品的 RCA 指数值高于泰国，具有明显的竞争力；二是泰国与中国相比具有比较优势的产品，如泰国食品及活动物（SITC0）、燃料除外的非食用原料（SITC2）和化学品及有关产品（SITC5）三类商品的 RCA 指数均值分别为 2.18、1.39 和 0.83，而中国同类商品的 RCA 指数均值分别为 0.50、0.24 和 0.56，表明泰国与中国相比这三类商品具有明显的产品优势；三是中泰两国比较优势较弱的产品，如两国的饮料及烟类（SITC1），矿物燃料、润滑油及有关原料（SITC3），动植物油、脂及蜡（SITC4），未分类的商品及交易品（SITC9）的RCA指数均值都低于0.80，表明这些商品在国际出口市场上贸易竞争力不强。

对比中国和泰国的RCA指数，可以发现两国出口到国际市场的产品结构存在较大差异，两国具有比较优势的产品类别并不相同，泰国的SITC0、SITC2、SITC5与中国的SITC6、SITC7、SITC8商品表现出较强的贸易互补性。

9.4 中国与泰国贸易互补性分析

为了进一步探究中国与泰国之间产品结构的贸易互补关系，本书采用贸易互补性指数（TCI）、综合贸易互补性指数（TCIT）、产业内贸易指数（GL）、边际产业内贸易指数（MGL）以及综合产业内贸易指数（GLT）5个指标详细分析中国与泰国之间的贸易互补情况。

9.4.1 贸易互补性指数（TCI）分析

本书采用贸易互补性指数（TCI）对中国与泰国之间产品结构的贸易互补关系进行分析。根据公式（1-4）计算TCI指数，测算结果见表9-5。

表9-5 中国与泰国的产品贸易互补性指数（TCI）比较

SITC类别	2001年		2005年		2011年		2015年		2021年	
	中—泰	泰—中	中—泰	泰—中	中—泰	泰—中	中—泰	泰—中	中—泰	泰—中
0	0.60	0.94	0.36	0.61	0.33	0.65	0.33	0.97	0.28	1.41
1	0.13	0.05	0.06	0.04	0.04	0.14	0.05	0.35	0.03	0.37
2	0.67	3.39	0.31	4.85	0.13	6.01	0.12	4.03	0.11	3.18
3	0.42	0.20	0.24	0.24	0.11	0.28	0.15	0.35	0.16	0.41
4	0.05	0.54	0.03	0.59	0.02	0.61	0.02	0.28	0.03	0.77
5	0.54	0.81	0.40	0.85	0.56	0.91	0.48	0.85	0.79	0.62
6	1.45	1.10	1.64	0.80	1.86	0.68	1.90	0.68	1.87	0.75
7	0.94	1.12	1.21	1.43	1.51	1.25	1.28	1.36	1.30	1.26
8	1.25	0.64	1.25	0.86	1.47	0.75	1.37	0.59	1.18	0.45
9	0.01	0.17	0.04	0.03	0.002	0.005	0.001	0.001	0.02	0.001

资料来源：根据UN Comtrade数据、世界银行数据库整理而得。

注：因篇幅所限，只列出部分年份数据。

从表9-5可知,从中国出口的角度看,TCI值大于1的商品集中于按原料分类的制成品(SITC6)、机械及运输设备(SITC7)、杂项制品(SITC8),说明中国的传统劳动密集型产品、资本密集型产品和技术密集型产品与泰国具有较强的互补性。从泰国出口的角度看,TCI值大于1的商品集中于燃料除外的非食用原料(SITC2)、机械及运输设备(SITC7),尤其是SITC2的TCI值明显高于其他商品,2001—2021年TCI值介于[3.18,6.01],说明在SITC2、SITC7类别上,泰国与中国存在极强的贸易互补关系。这是由于作为"世界工厂"的中国出口了大量具有生产优势的工业品,而泰国是在农业、旅游业和渔业具有优势的国家,绝大部分工业品需要进口,这也为中国工业制成品出口提供了贸易合作的平台。

9.4.2 综合贸易互补性指数(TCIT)分析

如果需要考虑多种产品贸易并存情况下的中国与泰国之间的贸易互补关系,则采用综合贸易互补性指数(TCIT)进行分析。根据公式(1-5)计算两国TCIT指数,测算结果如图9-3所示。

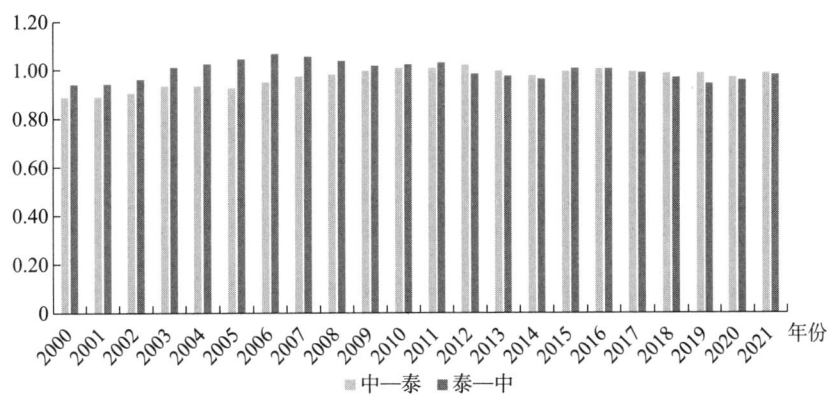

图 9-3　2000—2021年中国与泰国的综合贸易互补性指数(TCIT)比较

资料来源:根据UN Comtrade数据、世界银行数据库整理而得。

图9-3显示了2000—2021年中国与泰国综合贸易互补性指数的动态变化。从中国出口的角度看,中国出口与泰国进口的TCIT值总体上小于1,说明中国出口与泰国进口之间一直保持着贸易互补性不强的态势。从泰国出口的角度看,泰国出口与中国进口的TCIT值在2003—2011年及2015—2016年大于1,其余年份的TCIT值小于1。总体来说,中—泰的TCIT值略小于泰—

中的 TCIT 值，表明泰国出口与中国进口之间的贸易互补性强于中国出口与泰国进口之间的贸易互补性。

9.4.3 产业内贸易指数（GL）分析

本书采用产业内贸易指数（GL）分析中国与泰国之间产业内贸易情况。根据公式（1-6）计算两国间产业内贸易指数，测算结果见表9-6（间隔期为1年）。

表9-6 中国与泰国分类商品产业内贸易指数（GL）比较

SITC 类别	年份										
	2001	2003	2005	2007	2009	2011	2013	2015	2017	2019	2021
0	0.29	0.53	0.45	0.55	0.65	0.78	0.80	0.90	0.84	0.73	0.60
1	0.38	0.17	0.04	0.25	0.22	0.49	0.78	0.71	0.37	0.43	0.21
2	0.17	0.17	0.13	0.10	0.16	0.12	0.15	0.18	0.16	0.24	0.24
3	0.17	0.20	0.14	0.21	0.28	0.36	0.09	0.43	0.67	0.91	0.70
4	0.39	0.42	0.74	0.69	0.64	0.93	0.82	0.88	0.40	0.49	0.48
5	0.55	0.48	0.55	0.62	0.63	0.63	0.61	0.76	0.95	0.94	0.86
6	0.91	0.88	0.65	0.62	0.83	0.75	0.70	0.60	0.70	0.58	0.54
7	0.79	0.63	0.64	0.58	0.59	0.74	1.00	0.96	0.99	0.96	1.00
8	0.82	0.77	0.80	0.69	0.57	0.56	0.60	0.71	0.88	0.83	0.54
9	0.03	0.84	0.05	0.37	0.75	0.83	0.86	0.67	0.78	0.17	0.11

资料来源：根据 UN Comtrade 数据、世界银行数据库整理而得。

由表9-6可知，2001—2021年中国与泰国之间按原料分类的制成品（SITC6）、机械及运输设备（SITC7）、杂项制品（SITC8）的GL值一直大于0.50，而食品及活动物（SITC0），动植物油、脂及蜡（SITC4），化学品及有关产品（SITC5），未分类的商品及交易品（SITC9）四类商品在大部分年度的GL值大于0.50，而SITC1、SITC2、SITC3的GL值总体上小于0.50。从GL值可以看出，中国和泰国之间两类SITC初级产品实现了产业内贸易，三类SITC初级产品表现出产业间贸易特征，而所有工业产品表现为产业内贸易。具体而言，泰国对中国出口主要是非食用原料，包括金属矿石、石油、煤炭、天然气等，而中国对泰国出口主要集中在劳动密集型工业产品。这源于中国与泰国的地理位置、自然资源数量以及生产要素禀赋不同，两国各自具有绝对优势的产品不同，初级产品存在明显的贸易互补性和贸易竞争性，而工业品则存在贸易互补性。

9.4.4 边际产业内贸易指数（MGL）分析

为了深入分析中国与泰国之间产品结构的边际产业内贸易情况，根据公式（1-7）计算 2001—2021 年中国和泰国的边际产业内贸易指数（MGL）。测算结果见表 9-7（间隔期为 1 年）。

表 9-7 中国与泰国分类商品边际产业内贸易指数（MGL）比较

SITC 类别	年份											均值
	2001	2003	2005	2007	2009	2011	2013	2015	2017	2019	2021	
0	0.00	0.60	0.57	0.45	0.34	0.89	0.32	0.24	0.00	0.51	0.19	0.37
1	0.00	0.69	0.00	0.90	0.00	0.00	0.00	0.00	0.11	0.73	0.44	0.26
2	0.84	0.16	0.51	0.12	0.00	0.08	0.00	0.06	0.03	0.17	0.20	0.20
3	0.57	0.22	0.00	0.55	0.08	0.30	0.00	0.00	0.99	0.15	0.00	0.26
4	0.00	0.00	0.01	0.00	0.17	0.47	0.00	0.16	0.10	0.14	0.25	0.12
5	0.78	0.35	0.54	0.86	0.00	0.65	0.55	0.00	0.77	0.21	0.67	0.49
6	0.57	0.86	0.27	0.60	0.00	0.53	0.89	0.00	0.17	0.00	0.28	0.38
7	0.92	0.31	0.69	0.33	0.94	0.50	0.12	0.51	0.95	0.39	0.89	0.59
8	0.82	0.65	0.39	0.58	0.53	0.79	0.89	0.68	0.82	0.75	0.00	0.63
9	0.13	0.87	0.02	0.08	0.65	0.00	0.00	0.36	0.80	0.05	0.11	0.28

资料来源：根据 UN Comtrade 数据、世界银行数据库整理而得。

由表 9-7 可知，中国与泰国之间分类商品边际产业内贸易指数的均值介于 0.12~0.63，其中机械及运输设备（SITC7）和杂项制品（SITC8）的 MGL 年均值分别为 0.59 和 0.63，大于 0.50，意味着在中国与泰国之间这两类商品贸易变化量主要是由产业内贸易变化量引起的，而其他商品的 MGL 年均值都小于 0.50，则意味着中国与泰国之间其他类别商品的双边贸易规模的变化量主要是由产业间贸易量变化引起的。

9.4.5 综合产业内贸易指数（GLT）

为考察中国与泰国之间所有商品的总体产业内贸易水平，根据公式（1-8）计算两国综合产业内贸易指数（GLT），测算结果如图9-4所示。

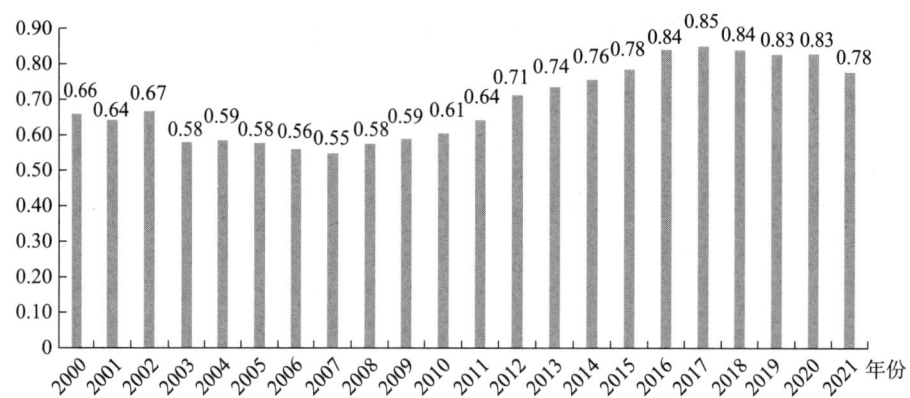

图9-4 2000—2021年中国与泰国的综合产业内贸易指数（GLT）比较

资料来源：根据UN Comtrade 数据、世界银行数据库整理而得。

图9-4反映了2000—2021年中泰之间的综合产业内贸易指数的变化情况。可以看出，中泰之间所有SITC类别商品的GLT值在0.55~0.85范围波动，说明两国之间整体的产业内贸易程度较高，表明中国与泰国在产业链上具有贸易竞争性。这是由于中国的工业品具有比较明显的产品优势，而泰国的部分工业品具有较强的比较优势，因而两国之间贸易表现出极高的产业内贸易水平，贸易互补性不高，而贸易竞争程度高。

9.5 中国与泰国贸易结合度分析

为了深入分析中国与泰国之间产品结构的贸易结合度，本书采用贸易结合度指数（TII）进行分析。根据公式（1-9）计算2000—2021年中国与泰国贸易结合度指数，测算结果如图9-5所示。

从中国出口的角度看，中国与泰国之间的TII值在2008—2021年大于1，说明在国际金融危机后，中国与泰国之间的贸易联系较为紧密，贸易结合度较高。从泰国出口的角度分析，2000—2021年泰国与中国之间的TII值一直小于1，表明泰国与中国具有较松散的贸易联系，贸易结合度较低。从整体来看，中泰之间的TII值介于[0.87, 1.64]，呈明显的上升态势，说明中泰之间的贸易紧密性不断提升；2001—2021年，泰中之间的TII值介于[0.09, 0.11]，说明泰中之间的贸易结合度一直没有发生明显变化。

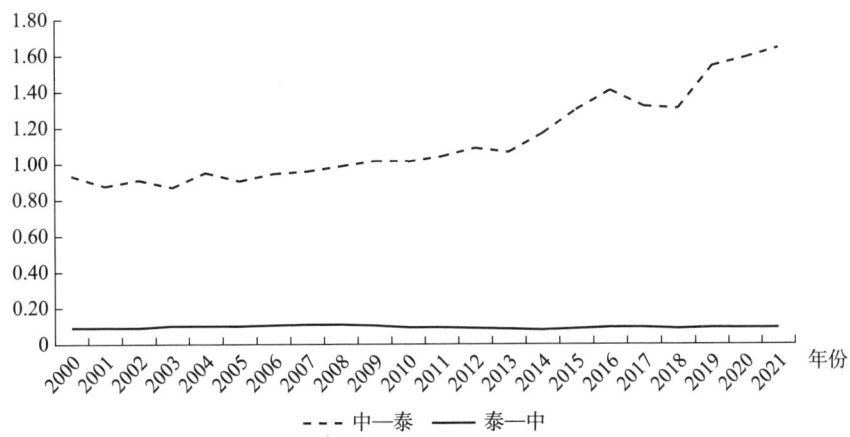

图9-5 2000—2021年中国与泰国的贸易结合度指数（TII）比较

资料来源：根据UN Comtrade数据、世界银行数据库整理而得。

9.6 中国与泰国地缘经济关系分析

为了探究中国与泰国之间地缘经济关系，本书采用对外经济联系强度和双边经济关系强度2个指标进行分析。

9.6.1 对外经济联系强度（Relation）分析

本书根据公式（1-10）计算2000—2021年中国与泰国之间的对外经济联系强度（Relation），测算结果如图9-6所示。

从图9-6可以看出2000—2021年中国与泰国之间Relation指数的变化情况。中泰之间的对外经济联系强度处于快速上升态势，Relation指数分布区间为[10, 87]，说明中泰两国之间经贸合作不断深入开展，中泰两国在自然资源、劳动力以及技术资本、信息等方面的合作和交流日益紧密。

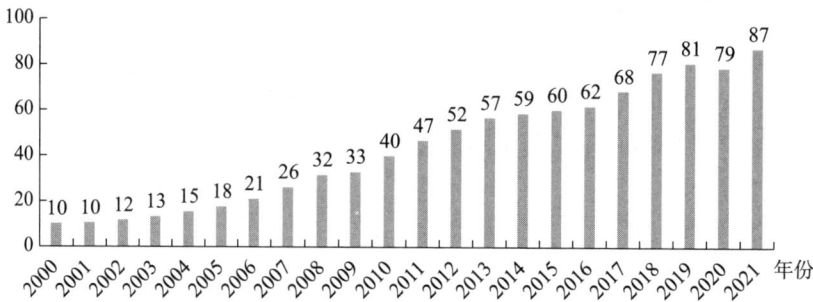

图 9-6　2000—2021 年中泰之间的对外经济联系强度（Relation）

资料来源：根据 UN Comtrade 数据、世界银行数据库整理而得。

9.6.2　双边经济关系强度（ED）分析

为了深入分析中国与泰国之间的双边经济关系，本书采用欧氏距离进行测度。根据公式（1-12）计算得出 2000—2021 年中泰双边经济关系强度（ED），测算结果如图 9-7 所示。

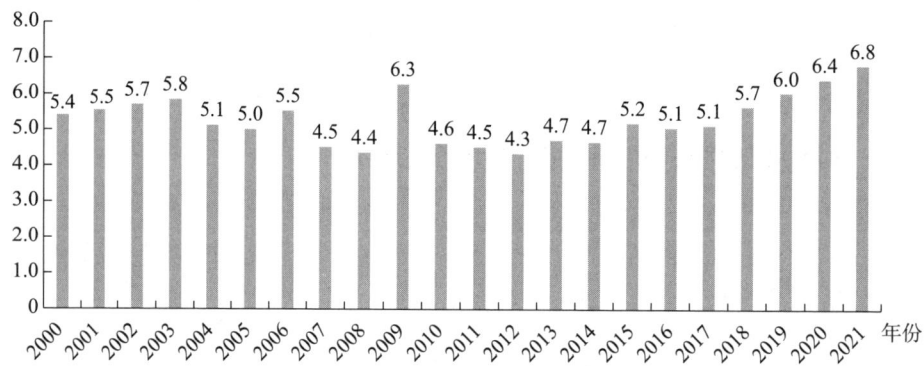

图 9-7　2000—2021 年中泰之间的双边经济关系强度（ED）

资料来源：根据 UN Comtrade 数据、世界银行数据库整理而得。

从图 9-7 可以看出中泰两国双边经济关系强度的变化情况。ED 指数值一直为正，介于 [4.4，6.8]，意味着中泰两国之间存在典型的互补型地缘经济关系。从动态发展趋势看，ED 指数值呈周期性波动的发展态势，说明在不同的时间段，两国可能因为特定的经济项目、合作协议或政策支持而经历快速发展期，随后可能因为市场饱和、政策调整或其他外部因素而进入调整期。

9.7 本章小结

本章选取 UN Comtrade 和世界银行数据库中 2000—2021 年贸易数据,基于贸易竞争性、贸易互补性、贸易结合度以及地缘经济关系 4 个维度,采用 11 个指标分析中国与泰国之间的双边贸易关系。结果表明:

(1) 从贸易竞争性看,出口相似度指数(ESI)的分析结果显示,中国与泰国出口商品在国际市场上的产品结构相似度较高,两国之间的贸易竞争程度较高,ESI 指数在国际市场总体呈波浪式发展态势,表明两国在多个产品领域内可能存在激烈的竞争。

贸易竞争力指数(TC)和显示性比较优势指数(RCA)的进一步分析指出,中国在按原料分类的制成品(SITC6)和杂项制品(SITC8)类别上展现出贸易竞争力。与此同时,泰国在 SITC0、SITC1、SITC2、SITC7、SITC8 类别上同样具有贸易竞争力。此外,泰国的食品及活动物(SITC0)、饮料及烟类(SITC2)、化学品及有关产品(SITC5)三类商品以及中国的按原料分类的制成品(SITC6)、机械及运输设备(SITC7)、杂项制品(SITC8)三类商品均表现出了明显的比较优势和贸易竞争力,表明两国在各自的优势领域内都拥有较强的市场竞争力,同时也反映了双方在某些产品领域可能面临直接的竞争压力。

(2) 从贸易互补性看,TCI 指数显示,中国在 SITC6、SITC7、SITC8 制造业产品的出口方面与泰国的进口需求之间具有显著的互补性,表明中国这些领域产品对泰国市场具有吸引力。相应地,泰国在饮料及烟类(SITC2)、机械及运输设备(SITC7)以及部分制造业产品的出口上也与中国的进口需求形成了互补关系,显示出泰国在这些商品类别上的出口优势。GL 指数显示,在所有工业产品以及某些初级产品上,中国与泰国之间已经形成产业内贸易,反映出两国在这些商品类别上的竞争性较强。这种竞争性的体现源于两国在相似产业领域内都寻求扩大市场份额,从而导致了一定程度的贸易竞争。

(3) 从贸易结合度看,TII 指数显示,中国与泰国之间的贸易关系紧密,表明中国在贸易上对泰国市场的依赖性较强,两国之间有着频繁且深入的贸易互动。与此同时,泰国对中国的贸易结合度相对较低,表明泰国在与中国的贸易合作中拥有较大的灵活性和选择权。泰国能够根据自身需求和市场变化,灵活调整其贸易策略和合作伙伴,从而在国际贸易中保持竞争优势。

(4)从地缘经济关系看,Relation指数显示,中国与泰国之间经贸合作不断增强,显示出两国经济联系的紧密性。ED指数值的波动范围则指出两国之间的经济互动呈周期性变化的态势,这可能意味着双方在经济合作上展现出的灵活性和对市场变化的响应能力,以及在不同经济周期中对对方市场需求的相应调整。

总体来看,中国与泰国的贸易关系具有高度的互动性和发展潜力。通过加强沟通、促进产业合作和深化经济联系,两国可以共同推动双边贸易关系的进一步发展。同时,两国也应关注贸易平衡和周期性波动问题,以实现更加稳定和可持续的经济发展。

第 10 章

中国与文莱贸易关系分析

10.1 引言

文莱位于东南亚加里曼丹岛西北部，国土面积为 5765 平方千米，人口 45 万（2023 年）。2022 年人均 GDP 为 3.7 万美元，位列全球第 34。文莱工业基础薄弱，产业结构单一，石油和天然气是文莱重要的经济支柱产业，石油和天然气的生产和出口约占国内生产总值的 67%。在其他非油气产业中，建筑业占 GDP 的比重较高，也是文莱第二大产业。在贸易方面，2022 年文莱对外贸易总额为 322 亿文莱元，同比增长 35%；出口额为 193.2 亿文莱元，同比增长 36.7%；进口额为 128.8 亿文莱元，同比增长 32.5%；贸易顺差达到 64.4 亿文莱元，前三大贸易伙伴国是马来西亚、澳大利亚和中国。

中国与文莱的双边贸易始于 1958 年，两国贸易形式主要为转口贸易，经贸合作进程较为缓慢。1991 年 9 月 30 日，中国与文莱建立外交关系，此后两国之间开展了 30 多年友好的经贸合作，成为不同制度之间、大小国家之间平等相待、互利共赢和共同发展的世界典范。2004 年，中国与东盟签署了《中国—东盟全面经济合作框架协议货物贸易协定》，此协定为文莱与中国的双边贸易增添了新的动力，双边贸易规模增长迅猛。2022 年 1 月 1 日，RCEP 对文莱生效，为中国和文莱双边贸易提供了新的助力，文莱出口的农产品、水产品进入中国市场。

学界关于中国与文莱之间贸易关系研究较少，现有研究主要围绕两个方面展开讨论：

一是中国与文莱双边贸易关系分析。廖小健（2005）指出，中国与文莱双边贸易规模虽然呈增长态势，但是中国从文莱进口石油数量处于下降态势。郑国富（2016）指出，中国与文莱双边贸易存在贸易总量有限、贸易格局不平衡以及商品种类单一等问题。李冬冬（2018）研究发现，文莱对中国的进出口贸易存在贸易结构单一、技术性贸易壁垒、通关条件差、石油价格波动导致石油贸易规模不稳定等多方面的问题。

二是中国与文莱双边贸易的特点。唐文琳等（2008）指出，中国与文莱双边贸易主要表现为产业间贸易，而产业内贸易比重较低，两国贸易互补性较高。陈佳俊和姚微（2018）通过分析1992—2017年中国与文莱贸易数据发现，中国与文莱双边贸易额总体处于上升态势，其中中国对文莱的贸易依存度相对而言更高。张天桂（2022）指出，文莱对中国进出口贸易规模增长态势明显，2010—2020年，文莱对中国进出口规模年均增长率高于东盟整体1.5个百分点。

综上所述，现有文献分析了中国与文莱之间的贸易互补性关系，但对于近年来中国与文莱之间的贸易竞争性关系以及地缘经济关系尚未进行深入和全面的分析。本章对中国与文莱之间的贸易关系分别从贸易竞争性、贸易互补性、贸易结合度以及地缘经济关系4个维度进行分析。本章相关统计分析数据来源于 UN Comtrade，并将所有进出口商品按《国际贸易标准分类》（SITC Rev.4）进行分类。

10.2 中国与文莱贸易发展概况

中国和文莱建交30多年来，两国双边贸易规模呈增长态势。从表10-1可以看出，中国与文莱进出口总额在2000—2021年一直处于稳步增长态势，年均增长179.34%，其中2000年中国和文莱双边贸易总额为0.74亿美元，2010年突破10亿美元，2021年更是突破20亿美元。受国际金融危机影响，2008年中国和文莱贸易规模明显下滑，双边贸易进出口总额仅为2.19亿美元，同比下降38.92%。2008年以后，两国双边贸易规模总体保持上升态势，2015—2016年受全球经济总体复苏乏力影响，中国和文莱贸易规模出现负增长，2016年中国和文莱双边贸易进出口总额同比下降51.45%。2020年，新冠疫情在全球蔓延，中国和文莱贸易规模仍保持了强劲的增长态势，2021年中国和文莱双边贸易规模达到28.61亿美元，同比增长47.30%，其中，中国对文莱出口额为6.39亿美元，同比增长37.07%；中国自文莱进口额为22.22亿美元，同比增长50.53%。

表 10-1 2000—2021 年中国与文莱贸易规模

年份	中国与文莱贸易进出口总额		中国对文莱出口额		中国自文莱进口额	
	金额/亿美元	增长率/%	金额/亿美元	增长率/%	金额/亿美元	增长率/%
2000	0.74	—	0.13	—	0.61	—
2001	1.65	122.41	0.17	31.79	1.48	141.64
2002	2.63	58.92	0.21	22.54	2.42	63.12
2003	3.46	31.74	0.34	61.21	3.12	29.18
2004	2.99	-13.67	0.48	41.30	2.51	-19.63
2005	2.61	-12.74	0.53	10.96	2.08	-17.26
2006	3.15	20.73	1.00	87.48	2.15	3.65
2007	3.59	14.06	1.13	13.57	2.46	14.29
2008	2.19	-38.92	1.31	15.37	0.89	-63.88
2009	4.23	92.59	1.40	7.59	2.82	217.43
2010	10.32	144.19	3.68	161.73	6.64	135.46
2011	13.11	27.06	7.44	102.50	5.67	-14.68
2012	16.26	23.97	12.52	68.25	3.73	-34.18
2013	17.94	10.34	17.04	36.04	0.90	-75.93
2014	19.37	7.97	17.47	2.53	1.90	111.26
2015	15.09	-22.10	14.07	-19.43	1.01	-46.68
2016	7.32	-51.45	5.11	-63.70	2.22	119.01
2017	9.89	35.09	6.38	24.81	3.52	58.80
2018	18.39	85.92	15.92	149.69	2.48	-29.65
2019	11.03	-40.05	6.50	-59.18	4.53	82.97
2020	19.42	76.13	4.66	-28.26	14.76	225.91
2021	28.61	47.30	6.39	37.07	22.22	50.53

资料来源：根据 UN Comtrade 数据、世界银行数据库整理而得。

从图 10-1 可以看出，2000—2021 年中国与文莱贸易差额呈跳动式发展态势，其中，2013 年出现峰顶值（中国对文莱贸易顺差 16.14 亿美元），2021 年出现峰底值（中国对文莱贸易逆差 15.83 亿美元）。具体表现为：2000—2007 年、2009—2010 年，中国贸易逆差，文莱贸易顺差；2008 年、2011—2019 年，中国贸易顺差，文莱贸易逆差；2020—2021 年，中国贸易逆差，文莱贸易顺差。

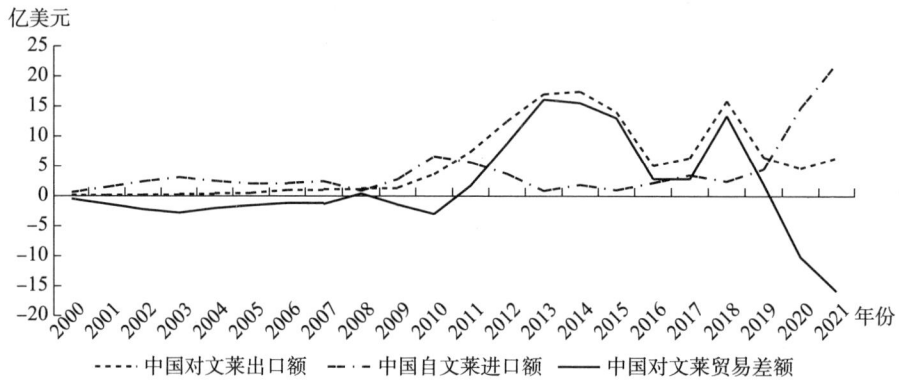

图 10-1 2000—2021 年中国与文莱进出口额及贸易差额

资料来源：根据 UN Comtrade 数据、世界银行数据库整理而得。

表 10-2 反映了 2021 年中国和文莱双边贸易的具体产品结构。中国对文莱出口商品主要集中在 SITC3、SITC5、SITC6、SITC7、SITC8，其中机械及运输设备（SITC7）约占中国对文莱出口额的 31.89%，按原料分类的制成品（SITC6）占 24.87%，杂项制品（SITC8）占 14.41%，矿物燃料、润滑油及有关原料（SITC3）占 11.79%，化学品及有关产品（SITC5）占 11.57%，合计 94.53%。文莱对中国出口的商品主要集中在 SITC5 和 SITC3 两类，其中化学品及有关产品（SITC5）占 79.94%，矿物燃料、润滑油及有关原料（SITC3）占 19.98%，这两类商品占文莱对中国出口额的 99.92%。

表 10-2 2021 年中国与文莱双边贸易主要商品出口额及占比

SITC 类别	名称	中国对文莱出口的主要商品		文莱对中国出口的主要商品	
		出口额/亿美元	占比/%	出口额/亿美元	占比/%
0	食品及活动物	0.22	3.37	0.01	0.04
1	饮料及烟类	0.0001	0.002	0	0
2	燃料除外的非食用原料	0.04	0.68	0.01	0.04
3	矿物燃料、润滑油及有关原料	0.75	11.79	4.44	19.98
4	动植物油、脂及蜡	0.002	0.03	0	0
5	化学品及有关产品	0.74	11.57	17.76	79.94
6	按原料分类的制成品	1.59	24.87	0.0001	0.0001

续表

SITC 类别	名称	中国对文莱出口的主要商品		文莱对中国出口的主要商品	
		出口额/亿美元	占比/%	出口额/亿美元	占比/%
7	机械及运输设备	2.04	31.89	0.0003	0.001
8	杂项制品	0.92	14.41	0.0002	0.001
9	未分类的商品及交易品	0.09	1.39	0.0003	0.002

资料来源：根据 UN Comtrade 数据、世界银行数据库整理而得。

10.3 中国与文莱贸易竞争性分析

为了探究中国与文莱之间的贸易竞争性情况，本书采用出口相似度指数（ESI）、贸易竞争力指数（TC）以及显示性比较优势指数（RCA）3 个指标进行分析。

10.3.1 出口相似度指数（ESI）分析

根据公式（1-1）计算出口相似度指数（ESI）分析 2000—2021 年中国与文莱出口商品的国际市场贸易竞争情况，测算结果如图 10-2 所示。

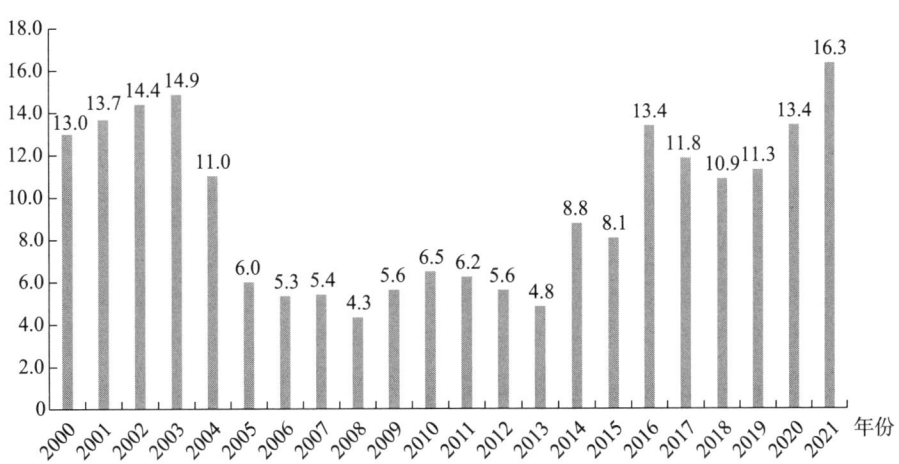

图 10-2　2000—2021 年中国与文莱的出口相似度指数（ESI）

资料来源：根据 UN Comtrade 数据、世界银行数据库整理而得。

从图 10-2 可以看出，中国和文莱在国际市场上的 ESI 指数值不高，介于 4.3~16.3，说明中国和文莱的出口商品产品结构相似度较低。从出口相似度指数的动态变化发展趋势看,总体呈先降后升的"V"形态势。从 ESI 指数可以看出,两国在国际市场的贸易竞争性不强,两国出口商品在国际市场的互补性特征明显。

10.3.2 贸易竞争力指数(TC)分析

为了进一步探究中国与文莱在国际市场的贸易竞争情况,根据公式(1-2)计算两国 2006—2021 年①贸易竞争力指数(TC)并进行比较分析,测算结果见表 10-3。

表 10-3 中国和文莱的产品贸易竞争力指数(TC)比较

SITC 类别	名称	2006 年		2011 年		2016 年		2021 年	
		中国	文莱	中国	文莱	中国	文莱	中国	文莱
0	食品及活动物	0.44	-0.95	0.27	-0.99	0.11	-0.97	-0.27	-0.87
1	饮料及烟类	0.07	-0.99	-0.24	—	-0.35	—	-0.47	-0.99
2	燃料除外的非食用原料	-0.82	-0.22	-0.90	-0.61	-0.88	-0.33	-0.90	-0.33
3	矿物燃料、润滑油及有关原料	-0.67	0.99	-0.79	0.95	-0.73	0.90	-0.81	0.21
4	动植物油、脂及蜡	-0.23	—	-0.90	—	-0.85	-0.98	-0.72	-0.93
5	化学品及有关产品	-0.33	-0.97	-0.23	-0.08	-0.16	0.00	0.21	0.62
6	按原料分类的制成品	0.34	-0.92	0.36	-0.87	0.48	-0.85	0.41	-0.85
7	机械及运输设备	0.09	-0.72	0.17	-0.73	0.19	-0.58	0.25	-0.66
8	杂项制品	0.56	-0.13	0.58	-0.72	0.62	-0.74	0.56	-0.85
9	未分类的商品及交易品	-0.40	—	-0.91	-0.13	-0.47	0.03	-0.24	0.42

资料来源:根据 UN Comtrade 数据、世界银行数据库整理而得。

注:因篇幅所限,只列出 2006 年、2011 年、2016 年和 2021 年数据。

由表 10-3 可知,2006—2021 年中国的按原料分类的制成品(SITC6)、机械及运输设备(SITC7)和杂项制品(SITC8)的 TC 值一直为正,文莱的矿物燃料、润滑油及有关原料(SITC3)的 TC 值一直为正,说明中国的

---

① 2000—2005 年文莱 SITC 商品的数据大量缺失,因此本书只分析研究 2006—2021 年中国与文莱的产品贸易竞争力指数。

SITC6、SITC7、SITC8 三类商品具有贸易竞争力，而文莱的 SITC3 商品具有贸易竞争力，两国之间具有贸易竞争力的商品不同。

中国的燃料除外的非食用原料（SITC2），矿物燃料、润滑油及有关原料（SITC3），动植物油、脂及蜡（SITC4）以及未分类的商品及交易品（SITC9）的 TC 值一直为负，文莱的食品及活动物（SITC0），饮料及烟类（SITC1），燃料除外的非食用原料（SITC2），动植物油、脂及蜡（SITC4），按原料分类的制成品（SITC6），机械及运输设备（SITC7），杂项制品（SITC8）的 TC 值一直为负，意味着中国存在四类 SITC 商品不具有贸易竞争力，而文莱有七类 SITC 商品的贸易竞争力较弱。

中国的化学品及有关产品（SITC5）的 TC 值由负转为正，文莱的化学品及有关产品（SITC5）、未分类的商品及交易品（SITC9）的 TC 值由负转为正，意味着中国和文莱都出现了贸易竞争力不断提升的商品，具体包括中国一种 SITC 商品、文莱两种 SITC 商品。

10.3.3 显示性比较优势指数（RCA）分析

根据公式（1-3）计算 2001—2021 年[①]中国与文莱出口商品的 RCA 指数，测算结果见表 10-4。

表 10-4 中国与文莱出口商品的 RCA 指数比较

国别	SITC 类别	年份										均值
		2001	2003	2007	2009	2011	2013	2015	2017	2019	2021	
中国	0	0.85	0.71	0.49	0.43	0.46	0.41	0.40	0.42	0.40	0.32	0.50
	1	0.35	0.25	0.15	0.15	0.16	0.15	0.17	0.18	0.16	0.10	0.18
	2	0.53	0.38	0.22	0.20	0.18	0.16	0.17	0.17	0.18	0.15	0.24
	3	0.34	0.27	0.13	0.13	0.10	0.09	0.12	0.16	0.18	0.12	0.17
	4	0.14	0.06	0.06	0.05	0.05	0.05	0.06	0.06	0.06	0.06	0.08
	5	0.52	0.42	0.45	0.42	0.56	0.51	0.51	0.75	0.76	0.83	0.56
	6	1.21	1.15	1.25	1.21	1.28	1.32	1.33	1.25	1.31	1.21	1.25
	7	0.81	1.02	1.24	1.38	1.41	1.39	1.24	1.27	1.29	1.33	1.23
	8	2.68	2.46	2.30	2.19	2.30	2.36	2.06	1.99	1.88	1.86	2.22
	9	0.05	0.05	0.05	0.03	0.03	0.02	0.01	0.05	0.15	0.35	0.08

① 2005 年文莱数据缺失。

续表

国别	SITC 类别	年份										均值
		2001	2003	2007	2009	2011	2013	2015	2017	2019	2021	
文莱	0	0.01	0.01	0.01	0.00	0.00	0.02	0.01	0.02	0.02	0.05	0.02
	1	—	0.00	0.00	—	—	0.02	—	0.05	0.00	0.00	0.01
	2	0.01	0.02	0.03	0.02	0.02	0.03	0.04	0.08	0.09	0.06	0.04
	3	9.65	9.40	7.41	7.34	5.62	5.58	8.73	9.32	8.64	7.38	7.91
	4	—	0.01	—	—	—	0.00	0.00	0.00	0.01	0.01	0.01
	5	0.01	0.01	0.00	0.00	0.14	0.08	0.19	0.29	0.30	1.30	0.23
	6	0.13	0.09	0.02	0.03	0.03	0.04	0.06	0.03	0.07	0.06	0.05
	7	0.10	0.14	0.04	0.06	0.06	0.04	0.08	0.07	0.09	0.06	0.07
	8	0.34	0.42	0.16	0.09	0.04	0.04	0.06	0.27	0.05	0.04	0.15
	9		0.04		0.03	0.03	—		0.04	0.02	0.01	0.03

资料来源：根据 UN Comtrade 数据、世界银行数据库整理而得。

注：因篇幅所限，只列出部分年份数据。

根据 RCA 结果分析，2001—2021 年（间隔期为 1 年）中国和文莱的出口商品可分为三类：一是中国与文莱相比具有比较优势的产品，如中国的按原料分类的制成品（SITC6）、机械及运输设备（SITC7）、杂项制品（SITC8）的 RCA 指数均值分别为 1.25、1.23 和 2.22，而文莱同类商品的 RCA 指数值均值分别为 0.05、0.07 和 0.15，意味着中国 SITC6、SITC7、SITC8 三类商品的 RCA 指数值高于文莱，具有明显的贸易竞争力；二是文莱与中国相比具有比较优势的产品，如矿物燃料、润滑油及有关原料（SITC3）的 RCA 指数均值为 7.91，而中国同类商品的 RCA 指数均值为 0.17，表明文莱此类商品具有明显的国际竞争力；三是中国和文莱比较优势较弱的产品，如两国的食品及活动物（SITC0），饮料及烟类（SITC1），燃料除外的非食用原料（SITC2），动植物油、脂及蜡（SITC4），化学品及有关产品（SITC5）以及未分类的商品及交易品（SITC9）的 RCA 指数均值都低于 0.80。

对比中国和文莱的 RCA 指数可以发现，两国出口到国际市场的产品结构存在较大差异，两国具有比较优势的商品类别并不重合，中国的 SITC6、SITC7、SITC8 三类商品具有比较优势和贸易竞争力，而文莱的 SITC3 具有比较优势且具有明显的国际竞争力。

10.4 中国与文莱贸易互补性分析

为了进一步探究中国与文莱之间产品结构的贸易互补关系，本书采用贸易互补性指数（TCI）、综合贸易互补性指数（TCIT）、产业内贸易指数（GL）、边际产业内贸易指数（MGL）以及综合产业内贸易指数（GLT）5个指标详细分析中国与文莱之间的贸易互补情况。

10.4.1 贸易互补性指数（TCI）分析

本书对中国和文莱之间产品结构的贸易互补关系进行分析，根据公式（1-4）计算贸易互补性指数（TCI），测算结果见表10-5。

由表10-5可知，从中国出口的角度看，TCI值大于1的出口商品集中于SITC6、SITC7和SITC8，说明中国在传统劳动密集型产品、资本密集型产品和技术密集型产品方面与文莱具有较强的互补性。从文莱出口的角度看，TCI值大于1的商品主要分布在矿物燃料、润滑油及有关原料（SITC3），TCI值明显高于其他商品。2021年文莱对中国出口SITC3商品的TCI值高达9.47，说明在资源密集型产品上，文莱与中国存在极强的互补关系。

表10-5 中国与文莱的产品贸易互补性指数（TCI）比较

SITC类别	2001年		2011年		2015年		2021年	
	中—文	文—中	中—文	文—中	中—文	文—中	中—文	文—中
0	2.31	0.01	0.99	0.00	0.85	0.01	0.32	0.04
1	—	—	—	—	—	—	0.08	0.01
2	0.16	0.04	0.05	0.08	0.05	0.14	0.02	0.20
3	0.02	6.97	0.04	4.89	0.06	9.22	0.67	9.47
4	—	—	—	—	0.04	0.00	0.03	0.01
5	0.38	0.01	0.32	0.13	0.31	0.18	0.32	0.94
6	2.82	0.17	1.77	0.02	1.94	0.04	0.41	0.01
7	0.66	0.11	1.95	0.07	1.44	0.09	0.46	0.06
8	2.42	0.18	1.76	0.02	1.53	0.04	0.60	0.01
9	—	—	0.01	0.03	—	—	0.01	0.00

资料来源：根据UN Comtrade数据、世界银行数据库整理而得。

注：因篇幅所限，只列出部分年份数据。

10.4.2 综合贸易互补性指数（TCIT）分析

考虑多种产品贸易并存情况下的中国与文莱之间贸易互补关系，本书采用综合贸易互补性指数（TCIT）进行分析。根据公式（1-5）计算两国 TCIT 指数，测算结果如图 10-3 所示。

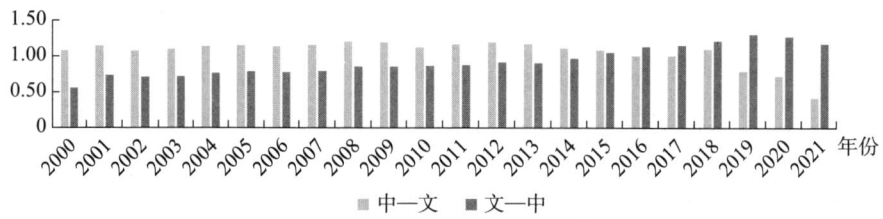

图 10-3　2000—2021 年中国与文莱的综合贸易互补性指数（TCIT）比较

资料来源：根据 UN Comtrade 数据、世界银行数据库整理而得。

图 10-3 显示了 2000—2021 年中国与文莱之间的综合贸易互补性指数动态变化。从中国出口的角度看，中国出口与文莱进口的 TCIT 值总体呈下降态势，其中 2000—2018 年，中国出口与文莱进口的 TCIT 值均大于 1，说明在此期间，中国出口与文莱进口之间一直保持着较强的贸易互补性。从文莱出口的角度看，文莱出口与中国进口的 TCIT 值总体呈上升态势，其中 2000—2014 年，文莱出口与中国进口的 TCIT 值均小于 1，2015—2021 年的 TCIT 值均大于 1，表明文莱出口与中国进口之间在前期表现出较弱的贸易互补性，在后期表现出较强的贸易互补性。总体来说，2000—2015 年，中—文的 TCIT 值大于文—中的 TCIT 值，即中国出口与文莱进口之间具有一定的贸易互补性，而 2016—2021 年中—文的 TCIT 值小于文—中的 TCIT 值，表明在此期间，文莱出口与中国进口之间的贸易互补性更强。

10.4.3 产业内贸易指数（GL）分析

本书采用产业内贸易指数（GL）分析中国与文莱之间产业内贸易情况。根据公式（1-6）计算两国之间产业内贸易指数，测算结果见表 10-6（间隔期为 1 年）。

表 10-6　中国与文莱分类商品产业内贸易指数（GL）比较

SITC 类别	年份										
	2001	2003	2005	2007	2009	2011	2013	2015	2017	2019	2021
0	0	0	0.0460	0.0120	0.0180	0.0120	0.0340	0.0400	0.3020	0.1860	0.0850
1	—	0	0	0.0700	—	0	0	0	0	0	0
2	0.7890	0	0	0.5430	0.6460	0.5680	0.8420	0.7940	0.9940	0.4390	0.3180
3	0.0002	0.0004	0.0070	0.0090	0.0002	0.0002	0.0040	0.0003	0.0060	0.2630	0.2900
4	—	0	0	—	—	0	0	0	0	0	0
5	0	0.0006	0	0.0300	0.1870	0.3660	0.7200	0.6460	0.9890	0	0.0800
6	0.2970	0.0002	0.0000	0.0010	0.0010	0.0002	0.0003	0.0020	0.0010	0.0010	0.0010
7	0.0020	0.0016	0	0.0160	0.0010	0.0004	0	0.0002	0.0002	0.0010	0.0003
8	0.0004	0.0020	0.0020	0.0020	0.0008	0.0001	0.0001	0.0037	0.0003	0.0001	0.0004
9	—	0	0	0	0	0	—	0	0.1010	0.0500	0.0080

资料来源：根据 UN Comtrade 数据、世界银行数据库整理而得。

注：因篇幅有限，只列出部分年份数据。

由表 10-6 可知，2001—2021 年中国与文莱之间只有燃料除外的非食用材料（SITC2）的 GL 值在绝大部分年度大于 0.50，而化学品及有关产品（SITC5）在少部分年度的值大于 0.50，其余商品的 GL 值均小于 0.50。说明中国与文莱在 SITC2 类别商品上表现为产业内贸易，而其他大部分商品主要表现为产业间贸易。中国从文莱进口的商品主要是非食用原料，包括金属矿石、石油、煤炭、天然气等，中国对文莱出口主要集中于劳动密集型工业产品。从 GL 值可以看出，中国和文莱之间大部分行业还没有实现产业内贸易互补，两国产业内贸易的发展潜力巨大，同时也说明中国和文莱的双边贸易在整体上具有较强的贸易互补性。两国之间的贸易表现出产业间贸易特征，主要是因为中国与文莱的自然资源及人口数量产生的劳动力资源等要素禀赋存在明显差异。

10.4.4　边际产业内贸易指数（MGL）分析

为了深入分析中国与文莱之间产品结构的边际产业内贸易情况，根据公式（1-7）计算边际产业内贸易指数（MGL），测算结果见表 10-7。

由表 10-7 可知，2001—2021 年中国和文莱分类商品边际产业内贸易指数的平均值介于 0.00~0.23，说明中国与文莱双边贸易产业内贸易程度还不高。其中，食品及活动物（SITC0）、化学品及有关产品（SITC5）的 MGL 均值较高，分别为0.20和0.23，说明中国与文莱双边贸易变化量中产业间贸易变化量占比最高。

表10-7 中国与文莱分类商品边际产业内贸易指数（MGL）比较

SITC类别	2001	2003	2005	2007	2009	2011	2013	2015	2017	2019	2021	均值
0	0.00	0.00	0.51	0.00	0.71	0.01	0.00	0.03	0.77	0.00	0.17	0.20
1	—	0.00	0.00	0.00	—	—	0.00	—	0.00	0.00	0.00	0.00
2	0.12	0.42	0.00	0.24	0.00	0.41	0.00	0.00	0.00	0.64	0.15	0.18
3	0.00	0.00	0.00	0.00	0.00	0.00	0.00	0.02	0.01	0.39	0.15	0.05
4	—	—	0.00	—	—	—	—	0.00	0.00	0.00	0.00	0.00
5	0.00	0.00	0.00	0.99	0.68	0.06	0.00	0.73	0.00	0.05	0.06	0.23
6	0.51	0.00	0.00	0.00	0.01	0.00	0.00	0.00	0.00	0.00	0.00	0.05
7	0.00	0.02	0.00	0.04	0.00	0.00	0.00	0.00	0.00	0.00	0.00	0.01
8	0.00	0.00	0.01	0.00	0.00	0.00	0.00	0.00	0.00	0.00	0.00	0.00
9	—	0.00	—	0.00	0.00	—	—	—	—	0.08	0.05	0.02

资料来源：根据UN Comtrade数据、世界银行数据库整理而得。

10.4.5 综合产业内贸易指数（GLT）分析

为考察中国与文莱之间所有商品的总体产业内贸易水平，根据公式（1-8）计算2000—2021年两国综合产业内贸易指数（GLT），测算结果如图10-4所示。

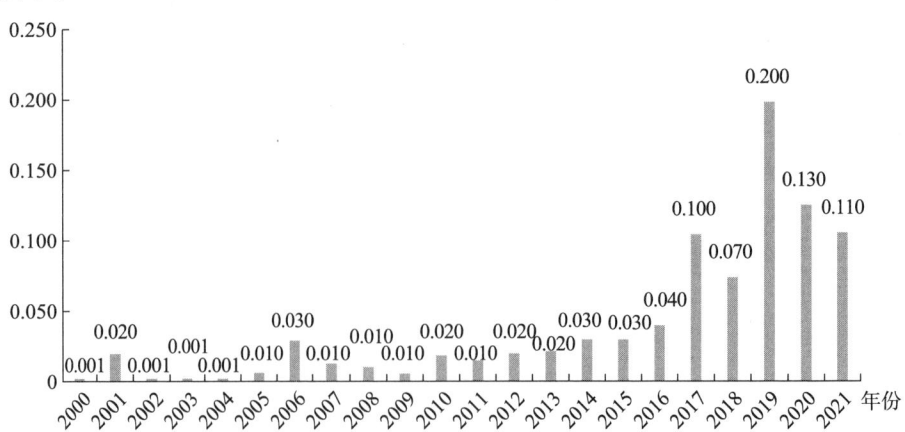

图10-4 2000—2021年中国与文莱之间综合产业内贸易指数（GLT）比较

资料来源：根据UN Comtrade数据、世界银行数据库整理而得。

图 10-4 反映了中国与文莱之间的综合产业内贸易指数的变化情况。可以看出，GLT 值介于 0.001～0.200，表明中国与文莱的产业内贸易程度极低，产业间贸易特征明显，两国之间整体的产业内贸易程度不稳定。

10.5 中国与文莱贸易结合度分析

为了深入分析中国与文莱之间产品结构的贸易结合度，本书采用贸易结合度指数（TII）进行分析。根据公式（1-9）计算 2006—2021 年中国与文莱贸易结合度指数，测算结果如图 10-5 所示。

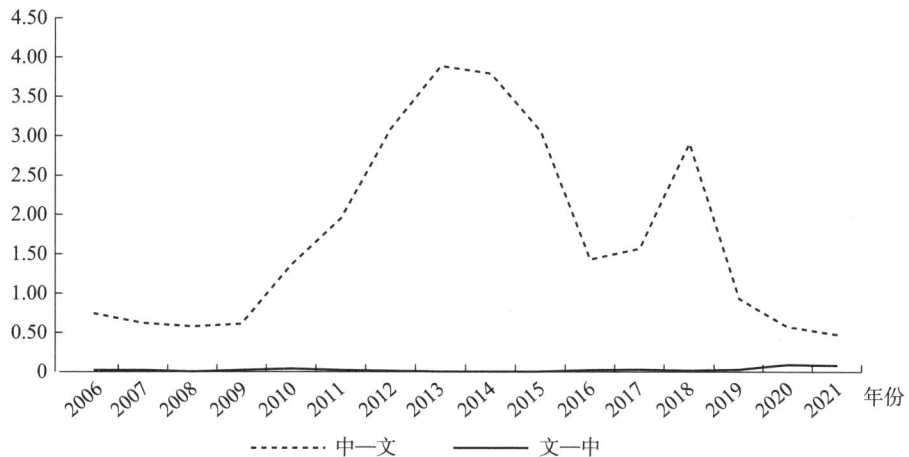

图 10-5　2006—2021 年中国与文莱的贸易结合度指数（TII）比较

资料来源：根据 UN Comtrade 数据、世界银行数据库整理而得。

从中国出口的角度看，2010—2018 年中国对文莱出口的 TII 值大于 1，而在 2006—2009 年和 2019—2021 年，中国对文莱出口的 TII 值介于 0.75～0.93，说明中国与文莱之间在部分年份贸易联系较为紧密，贸易结合度较高。从文莱出口的角度看，文莱与中国之间的 TII 值一直小于 1，表明文莱与中国具有较松散的贸易联系，贸易结合度较低。从整体来看，中国与文莱之间的 TII 值呈明显的先上升后下降的发展态势，说明全球经济或区域经济的变化对两国的贸易关系产生影响，导致中国与文莱之间贸易关系发生变化。

10.6 中国与文莱地缘经济关系分析

为了探究中国与文莱之间地缘经济关系,本书采用对外经济联系强度和双边经济关系强度2个指标进行分析。

10.6.1 对外经济联系强度(Relation)分析

本书根据公式(1-10)计算对外经济联系强度(Relation),测算结果如图10-6所示。

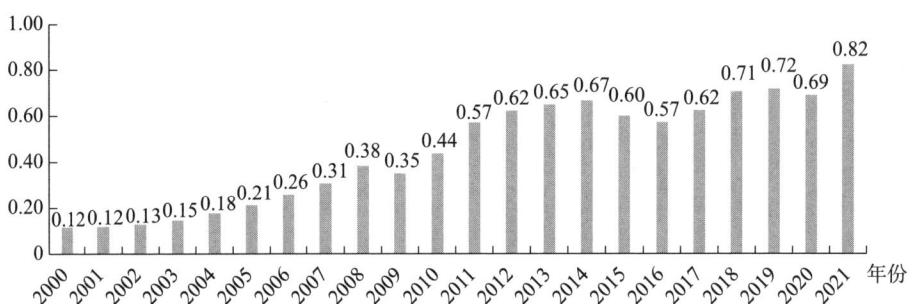

图10-6　2000—2021年中国与文莱之间的对外经济联系强度(Relation)

资料来源:根据UN Comtrade数据、世界银行数据库整理而得。

从图10-6可以看出2000—2021年中国与文莱之间Relation指数的变化情况。两国之间的对外经济联系强度总体呈上升态势,小幅增长。Relation指数分布区间为[0.12,0.82],Relation指数值较低,说明中国与文莱之间的经贸合作不够紧密,对外经济联系较弱。在"一带一路"倡议提出后,两国在能源、港口、金融服务、电子商务等诸多领域开展了进一步的合作,双边经贸联系不断加强。

10.6.2 双边经济关系强度(ED)分析

为了深入分析中国与文莱之间的双边经济关系,本书采用欧氏距离进行测度。根据公式(1-12)计算2000—2021年中国与文莱双边经济关系强度(ED),测算结果如图10-7所示。

从图10-7可以看出中国与文莱之间ED指数的变化情况。ED值一直为正,介于[6.0,8.0],意味着两国之间存在互补型地缘经济关系,但是这种互补关系不够紧密。从动态发展趋势看，两国之间的 ED 值呈波动式发展态势，其中 2006 年、2009 年、2015 年的 ED 值较高。

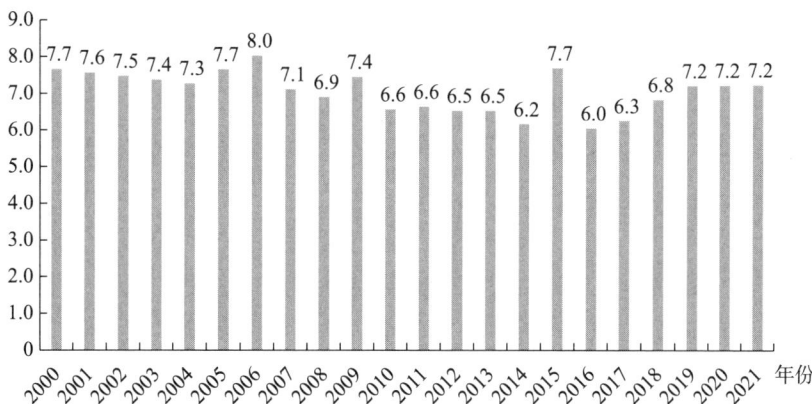

图 10-7　2000—2021 年中国与文莱之间的双边经济关系强度（ED）

资料来源：根据 UN Comtrade 数据、世界银行数据库整理而得。

10.7　本章小结

本章选取 UN Comtrade 和世界银行数据库中 2000—2021 年贸易数据，基于贸易竞争性、贸易互补性、贸易结合度以及地缘经济关系 4 个维度，采用 11 个指标分析中国与文莱之间的双边贸易关系。结果表明：

（1）从贸易竞争性看，ESI 指数显示，中国与文莱的出口商品在国际市场上的产品结构相似度不高，意味着两国在出口产品类型上各具特色，从而降低了它们之间发生直接竞争的可能性。TC 指数分析显示，中国在按原料分类的制成品（SITC6）、机械及运输设备（SITC7）和杂项制品（SITC8）类别上展现出了较强的贸易竞争力。相对地，文莱在矿物燃料、润滑油及有关原料（SITC3）类别上显示出竞争优势。数据表明，中国与文莱在双边贸易上各拥有不同的优势商品，这不仅减少了两国在市场上的直接竞争，而且还为双方提供了互补合作的机会，有助于促进各自经济的发展和双边贸易关系的加强。

（2）从贸易互补性看，TCI 指数显示，中国在 SITC6、SITC7、SITC8 三类商品的出口与文莱的进口需求之间具有显著的贸易互补性，表明中国在这些制造业和杂项制品领域的产品对文莱市场具有吸引力。同时，文莱在矿物燃料、润滑油及有关原料（SITC3）的出口也与中国的进口需求形成了互补关系。GL数据显示，两国在SITC2类别商品表现为产业内贸易，中国与文莱在特定初级产品上的贸易互动较为集中。同时，两国整体贸易互补性的不稳定性表明，虽然在某些特定商品领域两国的竞争性较为显著，但在更广泛的商品类别上，两国整体上表现为产业间贸易，双方的贸易互补性仍有待进一步地深化和拓展。双方在未来的贸易合作中，需要在更多领域内寻求互补和协同的可能性。

（3）从贸易结合度看，TII指数显示，中国与文莱之间贸易结合度呈明显的先上升后下降的发展态势，表明中国与文莱之间的贸易关系不稳定，存在相对波动，可能受到多种因素的影响。而文莱对中国的贸易联系程度相对较低，且其变化趋势并不显著，这可能是由于文莱经济长期以来高度依赖原油和天然气出口，而中国在能源进口上有着多元化的来源，从而导致文莱对中国贸易联系程度相对较低的主要原因。

（4）从地缘经济关系看，Relation指数显示，中国与文莱之间的经济联系相对较弱，这可能与两国经济规模、市场开放度或其他宏观经济因素有关。尽管如此，ED指数的变化范围表明两国之间存在明显的互补型地缘经济关系，这为双方提供了合作的潜力和机会。

总体来看，中国与文莱在不同商品领域具有互补性，为双方提供了贸易合作的潜力，但需要双方共同努力以加强经济联系和贸易稳定性，实现更深层次的经济整合和共同繁荣。虽然目前双边经济联系较弱，但两国应继续深化经济合作，特别是在能源、基础设施建设等具有优势的领域。

第11章

中国与缅甸贸易关系分析

11.1 引言

缅甸位于东南亚,是东盟成员国之一,国土面积约为67.66万平方千米,人口5417万(2022年)。缅甸是世界经济最不发达国家之一,2022年人均GDP仅有1053美元。缅甸的重点产业为农业和加工制造业。农业是缅甸国民经济基础,2021年缅甸农业增加值为152.65亿美元,占缅甸GDP的23.46%。缅甸的主要农作物有水稻、小麦、玉米、橡胶、棉花、甘蔗、棕榈等。工业是缅甸的重要支柱产业,主要包括加工制造业、石油和天然气开采、矿业以及交通和通信基础设施行业。2021年缅甸工业增加值为229.14亿美元,占GDP的35.22%。在贸易方面,根据UN comtrade数据,2022年缅甸贸易总额为299.6亿美元,其中出口额为146.7亿美元,同比增长12%;进口额为152.9亿美元,同比增长20%,贸易顺差为6.2亿美元。缅甸主要贸易伙伴国包括中国、泰国、新加坡、日本和韩国。缅甸主要出口商品包括天然气、大米、玉米、豆类、水产品、橡胶、皮革、矿产品、木材、珍珠、宝石等,主要进口商品包括燃油、工业原料、化工产品、机械设备、零配件、五金产品和消费品。

1950年6月8日,中国和缅甸正式建交,建交以来,双边关系平稳向前发展,建立了睦邻友好合作的外交关系,中缅经贸合作取得长足发展。1954年中缅两国签订了第一个贸易协定,1971年双方签署给予最惠国待遇的贸易协定。自1988年12月中缅两国开展双边贸易后,贸易额大幅增加。2011年5月26日,中国和缅甸发表了《关于中国和缅甸建立全面战略合作伙伴关系的联合声明》。2014年11月14日,中国和缅甸发表了《中华人民共和国与缅甸联邦共和国关于深化全面战略合作的联合声明》,旨在继续推进中缅两国经贸领域务实合作。2022年5月1日，缅甸政府宣布已完成RCEP核准程序，正式加入RCEP，这对于推动缅甸的经济发展具有十分重要的意义。2022年5月，RCEP生效后，中缅之间贸易规模明显上升。2022年，中缅双边贸易进出口总额达251.10亿美元，同比增长34.9%，其中，中国对缅甸出口商品总值为136.16亿美元，同比增长29.7%；中国自缅甸进口商品总值为114.94亿美元，同比增长41.5%。缅甸主要向中国出口大米、豆类、玉米等农产品，而缅甸从中国主要进口建筑用品、电器以及机械设备等。中国是缅甸第一大贸易伙伴国、最大的出口市场和最大的进口来源国。

学界关于中国与缅甸之间贸易关系的研究主要围绕两个方面展开讨论：

一是中国与缅甸双边贸易关系分析。王思雨和赵彬伶（2021）采用实证检验研究结果显示，中缅贸易整体处于上升态势。李杰（2018）研究了2006—2015年中国与缅甸之间的农产品贸易，研究表明中国对缅甸农产品贸易一直保持贸易顺差。张天桂（2023）指出，2010—2021年缅甸与中国之间货物贸易总额一直处于上升态势，年均增长达到18.2%。

二是中国与缅甸双边贸易的影响因素分析。闫晓丹（2017）对2005—2014年中缅双边贸易数据进行分析后发现，中国对缅甸的海外投资有利于扩大中缅双边贸易规模。张韬（2019）选取2008—2017年中缅贸易数据分析，发现中国和缅甸之间服务贸易的影响因素包括国内消费能力、国内服务业发展水平以及贸易开放程度。秦雅男（2019）利用引力模型，采用2004—2017年的数据进行实证，结果表明，中国对外直接投资对中缅双边贸易的长期影响比短期影响更显著。王思雨和赵彬伶（2021）使用2006—2019年数据的实证检验结果显示，对外直接投资对中国与缅甸之间进出口规模具有明显的正向影响。

综上所述，现有文献分析了中国与缅甸之间的贸易关系，分别从贸易规模、影响因素等视角进行分析，但对于近年来中国与缅甸之间的贸易竞争性、贸易互补性以及地缘经济关系尚未进行深入和全面的分析。本章对中国与缅甸之间的贸易关系分别从贸易竞争性、贸易互补性、贸易结合度以及地缘经济关系4个维度进行系统分析和评估，并为中国和缅甸的贸易合作提供可靠的现实证据，为未来中国和缅甸的贸易合作提供合理化的建议。本章相关统计分析数据来源于UN Comtrade，并将所有进出口商品按《国际贸易标准分类》（SITC Rev.4）进行分类。

11.2 中国与缅甸贸易发展概况

中国和缅甸建立外交关系以来，两国之间贸易关系不断加强，中国是缅甸最大的贸易伙伴国。

由表 11-1 可知，中缅贸易进出口总额在 2000—2021 年基本处于稳步增长态势，从 6.21 亿美元增长到 188.84 亿美元，年均增长 140%。其中 2010 年中缅双边贸易总额为 44.42 亿美元，2013 年突破 100 亿美元，2014 年突破 200 亿美元。受全球经济总体复苏乏力影响，2015—2016 年中缅贸易规模出现负增长。2020 年，新冠疫情在全球蔓延，中缅双边贸易进出口总额增速有所下降，2021 年贸易进出口总额 188.84 亿美元，同比下降 1.81%，其中中国对缅甸出口额为 105.03 亿美元，同比下降 16.3%，中国自缅甸进口额为 83.81 亿美元，同比增长 25.37%。

表 11-1　2000—2021 年中缅贸易规模

年份	中缅贸易进出口总额		中国对缅甸出口额		中国自缅甸进口额	
	金额/亿美元	增长率/%	金额/亿美元	增长率/%	金额/亿美元	增长率/%
2000	6.21	—	4.96	—	1.25	—
2001	6.32	1.65	4.97	0.18	1.34	7.51
2002	8.62	36.43	7.25	45.72	1.37	2.01
2003	10.80	25.31	9.10	25.59	1.70	23.84
2004	11.45	6.08	9.38	3.10	2.07	22.07
2005	12.09	5.58	9.35	-0.38	2.74	32.60
2006	14.60	20.74	12.07	29.16	2.53	-7.92
2007	20.78	42.34	17.00	40.81	3.78	49.67
2008	26.25	26.32	19.78	16.33	6.48	71.25
2009	29.07	10.74	22.61	14.33	6.46	-0.22
2010	44.42	52.77	34.76	53.70	9.66	49.52
2011	65.01	46.37	48.21	38.73	16.80	73.88
2012	69.72	7.24	56.74	17.68	12.98	-22.72
2013	101.96	46.24	73.39	29.34	28.57	120.06
2014	249.69	144.90	93.68	27.65	156.01	446.10
2015	151.00	-39.52	96.51	3.02	54.49	-65.07

续表

年份	中缅贸易进出口总额		中国对缅甸出口额		中国自缅甸进口额	
	金额/亿美元	增长率/%	金额/亿美元	增长率/%	金额/亿美元	增长率/%
2016	122.85	-18.64	81.88	-15.16	40.98	-24.80
2017	134.75	9.68	89.48	9.29	45.26	10.46
2018	160.06	18.78	105.48	17.87	54.58	20.58
2019	188.63	17.85	123.11	16.72	65.52	20.04
2020	192.32	1.96	125.48	1.92	66.85	2.03
2021	188.84	-1.81	105.03	-16.30	83.81	25.37

资料来源：根据 UN Comtrade 数据、世界银行数据库整理而得。

从图 11-1 可以看出，2000—2021 年中缅贸易差额总体呈平稳增长态势，具体表现为中国对缅甸贸易总体处于"中方贸易顺差，缅方贸易逆差"，其中 2014 年表现为"中方贸易逆差，缅方贸易顺差"，中国对缅甸贸易逆差额为 62 亿美元，主要是受国际经济增长缓慢的影响，缅甸减少了对中国的进口规模。

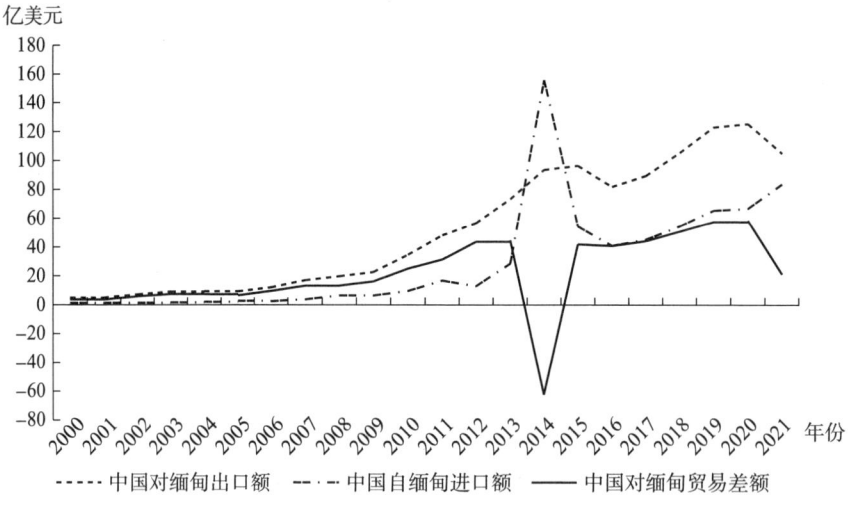

图 11-1　2000—2021 年中国与缅甸进出口额及贸易差额

资料来源：根据 UN Comtrade 数据、世界银行数据库整理而得。

表 11-2 反映了 2021 年中缅双边贸易的具体产品结构。中国对缅甸出口的商品主要集中在工业制成品，其中按原料分类的制成品（SITC6）约占中国对缅甸出口商品的 37.42%，机械及运输设备（SITC7）约占 20.94%，化学品

及有关产品（SITC5）约占 14.59%。缅甸对中国出口的商品主要集中在三类商品：按原料分类的制成品（SITC6）约占缅甸对中国出口商品的 25.70%，矿物燃料、润滑油及有关原料（SITC3）约占 20.61%，燃料除外的非食用原料（SITC2）约占 16.93%。

表 11-2　2021 年中缅双边贸易主要商品出口额及占比

SITC 类别	名称	中国对缅甸出口的主要商品		缅甸对中国出口的主要商品	
		出口额/亿美元	占比/%	出口额/亿美元	占比/%
0	食品及活动物	3.82	3.63	5.96	7.11
1	饮料及烟类	0.72	0.69	0.01	0.02
2	燃料除外的非食用原料	0.66	0.63	14.19	16.93
3	矿物燃料、润滑油及有关原料	3.49	3.32	17.27	20.61
4	动植物油、脂及蜡	0.00	0.00	0.00	0.00
5	化学品及有关产品	15.32	14.59	8.34	9.96
6	按原料分类的制成品	39.31	37.42	21.54	25.70
7	机械及运输设备	21.99	20.94	0.75	0.89
8	杂项制品	8.39	7.98	5.04	6.02
9	未分类的商品及交易品	11.33	10.79	10.70	12.77

资料来源：根据 UN Comtrade 数据、世界银行数据库整理而得。

11.3　中国与缅甸贸易竞争性分析

为了探究中国与缅甸之间的贸易竞争性，本书采用出口相似度指数（ESI）、贸易竞争力指数（TC）以及显示性比较优势指数（RCA）3 个指标进行分析。

11.3.1　出口相似度指数（ESI）分析

根据公式（1-1）计算出口相似度指数（ESI），分析中国与缅甸出口商品在国际市场的竞争情况，测算结果如图 11-2 所示。

从图 11-2 可以看出，2011—2021 年[1]中国和缅甸出口商品在国际市场上

---

[1]　由于 2000—2010 年缅甸 SITC 各类商品的进口额和出口额数据缺失，因此相关指数只分析 2011—2021 年数据。

的 ESI 指数值不高，介于 22.7~43.2，说明中缅两国出口商品在国际市场的产品结构相似度较低，在国际出口市场中的贸易竞争程度较低。从出口相似度指数的动态变化趋势看，2011—2021 年中国和缅甸出口商品的 ESI 指数呈总体明显的上升态势。从出口相似度指数可以看出，中国和缅甸之间的出口相似度较低，贸易竞争性不强；贸易互补性特征更明显，有利于两国未来长期持续的贸易合作。

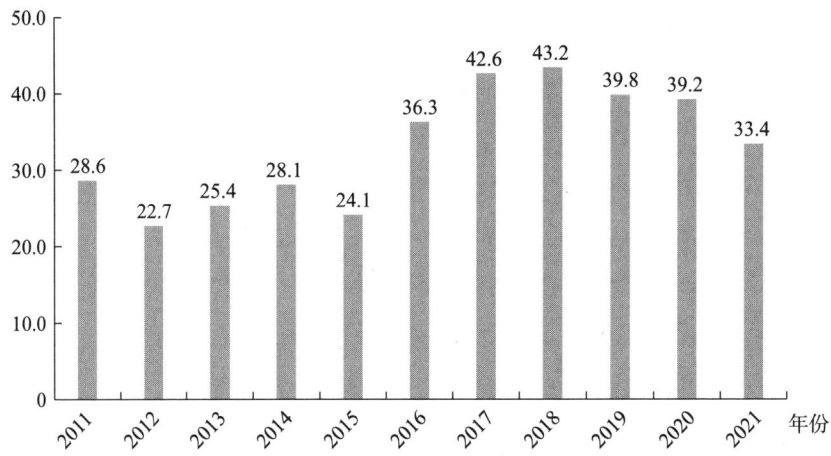

图 11-2　2011—2021 年中国与缅甸的出口相似度指数（ESI）

资料来源：根据 UN Comtrade 数据、世界银行数据库整理而得。

11.3.2　贸易竞争力指数（TC）分析

为了进一步探究中国与缅甸在国际市场的贸易竞争情况，本书根据公式（1-2）计算两国贸易竞争力指数（TC）并进行比较分析，测算结果见表 11-3。

表 11-3　中国和缅甸的产品贸易竞争力指数（TC）比较

SITC 类别	名称	2011 年		2016 年		2021 年	
		中国	缅甸	中国	缅甸	中国	缅甸
0	食品及活动物	0.27	0.76	0.11	0.28	-0.27	0.49
1	饮料及烟类	-0.24	-0.83	-0.27	-0.67	-0.47	-0.54
2	燃料除外的非食用原料	-0.90	0.83	-0.88	0.68	-0.90	0.80
3	矿物燃料、润滑油及有关原料	-0.79	0.16	-0.73	0.30	-0.81	0.05

续表

SITC类别	名称	2011年		2016年		2021年	
		中国	缅甸	中国	缅甸	中国	缅甸
4	动植物油、脂及蜡	-0.91	-1.00	-0.85	-1.00	-0.72	-1.00
5	化学品及有关产品	-0.23	-0.96	-0.16	-0.98	0.21	-0.90
6	按原料分类的制成品	0.36	-0.12	0.48	-0.53	0.41	-0.44
7	机械及运输设备	0.17	-1.00	-0.19	-0.77	0.25	-0.75
8	杂项制品	0.57	0.34	0.62	0.49	0.56	0.81
9	未分类的商品及交易品	-0.91	-0.75	-0.47	0.15	-0.24	0.50

资料来源：根据 UN Comtrade 数据、世界银行数据库整理而得。

注：因篇幅所限，只列出部分年份数据。

由表 11-3 可知，2011—2021 年中国的按原料分类的制成品（SITC6）和杂项制品（SITC8）的 TC 值一直为正，缅甸的食品及活动物（SITC0），燃料除外的非食用原料（SITC2），矿物燃料、润滑油及有关原料（SITC3），杂项制品（SITC8）的 TC 值一直为正，说明中国的 SITC6、SITC8 两类商品和缅甸的 SITC0、SITC2、SITC3、SITC8 四类商品都具有贸易竞争力，中国和缅甸的 SITC8 商品具有国际贸易竞争性。

中国的饮料及烟类（SITC1），燃料除外的非食用原料（SITC2），矿物燃料、润滑油及有关原料（SITC3），动植物油、脂及蜡（SITC4）以及未分类的商品及交易品（SITC9）的 TC 值一直为负。缅甸的饮料及烟类（SITC1），动植物油、脂及蜡（SITC4），化学品及有关产品（SITC5），按原料分类的制成品（SITC6），机械及运输设备（SITC7）的 TC 值一直为负。说明中国和缅甸都存在五类 SITC 商品完全不具备贸易竞争力。

中国的化学品及有关产品（SITC5）的 TC 值由负转为正，缅甸的未分类的商品及交易品（SITC9）的 TC 值由负转为正，意味着中国和缅甸都出现了一类贸易竞争力不断提升的商品。

从贸易竞争力指数分析可以看出，中国的 SITC6、SITC8 两类商品具有产品优势，而缅甸的 SITC0、SITC2、SITC3、SITC8 四类商品具有产品优势，两国在 SITC8 类别上具有一定的贸易竞争性。

11.3.3　显示性比较优势指数（RCA）分析

本书采用显示性比较优势指数（RCA）分析中国和缅甸出口产品的贸易

竞争性，根据公式（1-3）计算 2011—2021 年中国和缅甸的出口商品的 RCA 指数，测算结果见表 11-4（间接期为 1 年）。

表 11-4 中国与缅甸出口商品的 RCA 指数比较

国别	SITC 类别	2011	2013	2015	2017	2019	2021	均值
中国	0	0.46	0.41	0.40	0.42	0.40	0.32	0.40
	1	0.16	0.15	0.17	0.18	0.16	0.10	0.15
	2	0.18	0.16	0.17	0.17	0.18	0.15	0.17
	3	0.10	0.09	0.12	0.16	0.18	0.12	0.13
	4	0.05	0.05	0.06	0.06	0.10	0.10	0.07
	5	0.56	0.51	0.51	0.75	0.76	0.83	0.65
	6	1.28	1.32	1.33	1.25	1.31	1.21	1.28
	7	1.41	1.39	1.24	1.27	1.29	1.33	1.32
	8	2.30	2.36	2.06	1.99	1.88	1.86	2.08
	9	0.03	0.02	0.01	0.05	0.15	0.35	0.10
缅甸	0	4.52	4.01	4.32	4.39	3.30	4.36	4.15
	1	0.04	0.08	0.20	0.56	0.45	0.36	0.28
	2	3.26	3.47	1.40	1.39	1.22	1.56	2.05
	3	2.11	1.94	3.98	2.78	2.36	2.00	2.53
	4	0.02	0.11	0.02	0.02	0.03	0.02	0.04
	5	0.02	0.02	0.01	0.05	0.07	0.05	0.04
	6	1.21	0.69	0.78	0.87	0.99	0.62	0.86
	7	0.002	0.01	0.01	0.14	0.07	0.08	0.05
	8	0.65	0.98	0.70	2.05	3.30	3.31	1.83
	9	0.07	2.05	1.30	0.15	0.003	0.005	0.60

资料来源：根据 UN Comtrade 数据、世界银行数据库整理而得。

根据 RCA 结果分析，2011—2021 年中国和缅甸的出口商品可分为三类：一是中国与缅甸相比具有比较优势的产品，如中国的按原料分类的制成品（SITC6）、机械及运输设备（SITC7）和杂项制品（SITC8）的 RCA 指数均值分别为 1.28、1.32 和 2.08，而缅甸同类商品的 RCA 指数均值分别为 0.86、0.05 和 1.83，意味着中国 SITC6、SITC7 和 SITC8 三类商品的 RCA 指数值高于缅甸，具有明显的竞争力；二是缅甸与中国相比具有比较优势的产品，如缅甸食品及活动物（SITC0），燃料除外的非食用材料（SITC2），矿物燃料、润滑油及有关原料（SITC3）的 RCA 指数均值分别为 4.15、2.05 和 2.53，而中国同类商品的 RCA 指数均值分别为 0.40、0.17 和 0.13，表明缅甸与中国相比，这三类商品具有明显的竞争力；三是中缅两国比较优势较弱的产品，如两国的饮料及烟类（SITC1），动植物油、脂及蜡（SITC4），化学品及有关产品（SITC5），未分类的商品及交易品（SITC9）的 RCA 指数均值都低于 0.80。

对比中国和缅甸的 RCA 指数，可以发现两国出口到国际市场的产品结构存在较大差异，两国具有比较优势的产品类别并不相同，缅甸的 SITC0、SITC2、SITC3 与中国的 SITC6、SITC7、SITC8 商品表现出较强的贸易互补性，具体表现为中国的工业制成品具有比较优势，而缅甸的初级产品具有比较优势。

11.4　中国与缅甸贸易互补性分析

为了进一步探究中国与缅甸之间产品结构的贸易互补关系，本书采用贸易互补性指数（TCI）、综合贸易互补性指数（TCIT）、产业内贸易指数（GL）、边际产业内贸易指数（MGL）以及综合产业内贸易指数（GLT）5 个指标详细分析中国与缅甸之间的贸易互补情况。

11.4.1　贸易互补性指数（TCI）分析

本书采用贸易互补性指数（TCI）对中国与缅甸之间产品结构的贸易互补关系进行分析。根据公式（1-4）计算 TCI 指数，测算结果见表 11-5。

表 11-5　中国与缅甸的各类产品的贸易互补性指数（TCI）比较

SITC 类别	2011 年		2016 年		2021 年	
	中—缅	缅—中	中—缅	缅—中	中—缅	缅—中
0	0.27	1.29	0.92	2.43	0.52	3.22
1	0.06	0.01	0.18	0.11	0.13	0.13
2	0.05	10.95	0.03	5.20	0.02	5.02
3	0.14	1.84	0.16	3.45	0.20	2.57
4	0.42	0.02	0.32	0.02	0.95	0.01
5	0.48	0.02	0.46	0.01	0.88	0.04
6	1.94	0.83	2.28	0.46	2.17	0.43
7	1.33	0.00	1.03	0.17	0.75	0.08

续表

SITC 类别	2011年		2016年		2021年	
	中—缅	缅—中	中—缅	缅—中	中—缅	缅—中
8	0.73	0.46	0.68	0.85	0.72	1.85
9	0.02	0.08	0.01	0.06	0.00	0.00

资料来源：根据 UN Comtrade 数据、世界银行数据库整理而得。

注：因篇幅所限，只列出部分年份数据。

由表 11-5 可知，从中国出口的角度看，TCI 值大于 1 的商品集中于 SITC6 和 SITC7，说明中国在传统劳动密集型产品、资本密集型产品和技术密集型产品与缅甸具有较强的互补性。从缅甸出口的角度看，TCI 值大于 1 的商品主要分布在 SITC0、SITC2 和 SITC3，尤其是燃料除外的非食用原料（SITC2）的 TCI 值明显高于其他商品，2011 年 TCI 值高达 10.95，说明在资源密集型产品上，缅甸与中国存在极强的互补关系。作为人口大国的中国需要大量的农产品、能源产品，而缅甸是农业大国，恰好可向中国出口农产品等初级产品，作为"世界工厂"的中国可为缅甸提供工业制成品。

11.4.2 综合贸易互补性指数（TCIT）分析

考虑多种产品贸易并存情况下的中国与缅甸之间贸易互补关系，本书采用综合贸易互补性指数（TCIT）进行分析。根据公式（1-5）计算两国 TCIT 指数，测算结果如图 11-3 所示。

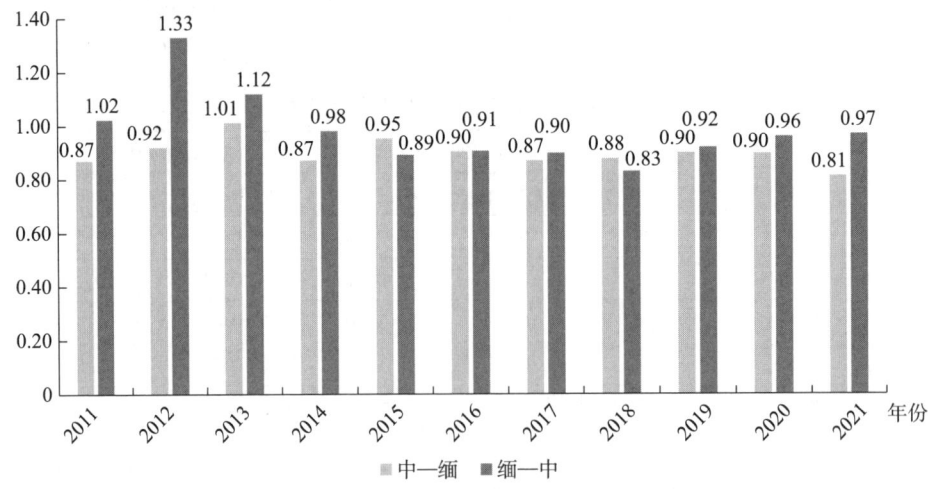

图 11-3　2011—2021 年中国与缅甸的综合贸易互补性指数（TCIT）比较

资料来源：根据 UN Comtrade 数据、世界银行数据库整理而得。

图 11-3 显示了 2011—2021 年中国与缅甸的综合贸易互补性指数的动态变化。从中国出口的角度看，除 2013 年外，TCIT 值均小于 1，说明中国出口与缅甸进口之间一直保持着较弱的贸易互补性。从缅甸出口的角度看，缅甸出口与中国进口在 2011—2013 年的 TCIT 值大于 1，其余年份 TCIT 值小于 1，说明缅甸出口与中国进口之间总体保持着较弱的贸易互补性。总体来说，中—缅的 TCIT 值小于缅—中的 TCIT 值，即缅甸出口与中国进口之间的贸易互补性较弱，而中国出口与缅甸进口之间的贸易互补性更弱。

11.4.3 产业内贸易指数（GL）分析

本书采用产业内贸易指数（GL）分析中国与缅甸之间产业内贸易情况。根据公式（1-6）计算两国产业内贸易指数，测算结果见表 11-6（间隔期为 1 年）。

表 11-6 中国与缅甸分类商品产业内贸易指数（GL）比较

SITC类别	年份					
	2011	2013	2015	2017	2019	2021
0	0.58	0.87	0.80	0.54	0.92	0.78
1	0.00	0.01	0.00	0.09	0.16	0.04
2	0.10	0.09	0.10	0.13	0.17	0.09
3	0.63	0.96	0.21	0.23	0.33	0.34
4	0.00	0.34	0.00	0.00	0.15	0.92
5	0.03	0.03	0.05	0.05	0.26	0.71
6	0.63	0.56	0.77	0.38	0.36	0.71
7	0.00	0.00	0.01	0.02	0.03	0.07
8	0.16	0.46	0.64	0.28	0.33	0.75
9	0.00	0.00	0.67	0.56	0.70	0.97

资料来源：根据 UN Comtrade 数据、世界银行数据库整理而得。

由表 11-6 可知，2011—2021 年中国与缅甸之间只有食品及活动物（SITC0）一类商品的 GL 值一直大于 0.50，而按原料分类的制成品（SITC6）、未分类的商品及交易品（SITC9）两类商品在大部分年度的 GL 值大于 0.50，其余商品的 GL 值总体上小于 0.50，说明中国与缅甸之间在食品及活动物（SITC0）类别表现为产业内贸易，在按原料分类的制成品（SITC6）、未分类的商品及交易品（SITC9）类别部分年份实现了产业内贸易，而其他大部分商品主要表现为产业间贸易。从 GL 值可以看出，中国和缅甸之间大部分商品还没有实现产业内贸易,两国产业主要表现为产业间贸易,贸易竞争性不强,同时也说明中国和缅甸的双边贸易在整体上具有较强的贸易互补性。中缅之间贸易主要表现出产业间贸易特征,源于中国与缅甸的绝对成本优势产品不同。

11.4.4 边际产业内贸易指数(MGL)分析

为了深入分析中国与缅甸之间产品结构的边际产业内贸易情况,本书根据公式(1-7)计算2011—2021年中国和缅甸的边际产业内贸易指数(MGL),测算结果见表11-7(间隔期为1年)。

表11-7 中国与缅甸分类商品边际产业内贸易指数(MGL)比较

SITC类别	年份						均值
	2011	2013	2015	2017	2019	2021	
0	0.00	0.00	0.00	0.00	0.56	0.00	0.21
1	0.00	0.00	0.01	0.33	0.85		0.11
2	0.04	0.05	0.36	0.38	0.74	0.00	0.18
3	0.00	0.33	0.00	0.00	0.46		0.08
4	0.01	0.00	0.00	0.00	0.48		0.07
5	0.07			0.00	0.48	0.50	0.13
6	0.98	0.99	0.09	0.55	0.41		0.39
7	0.00	0.01	0.01	0.00	0.30		0.04
8	0.25	0.80	0.66	0.34	0.43		0.35
9	0.00	0.00	0.67	0.27	0.69	0.68	0.28

资料来源:根据UN Comtrade数据、世界银行数据库整理而得。

由表11-7可知,中缅之间各类商品边际产业内贸易指数年度均值介于0.07~0.39。中国与缅甸各类商品边际产业内贸易指数均值超过0.30的商品有两种,包括按原料分类的制成品(SITC6)、杂项制品(SITC8),其中按原料分类的制成品(SITC6)的MGL年均值最大,达到0.39,说明中国与缅甸的双边贸易规模变化主要是由产业间贸易变化导致的。

11.4.5 综合产业内贸易指数(GLT)分析

为了考察中缅两国之间所有商品的总体产业内贸易水平,本书根据公式(1-8)计算了2011—2021年两国综合产业内贸易指数(GLT),测算如果如

图 11-4 所示。

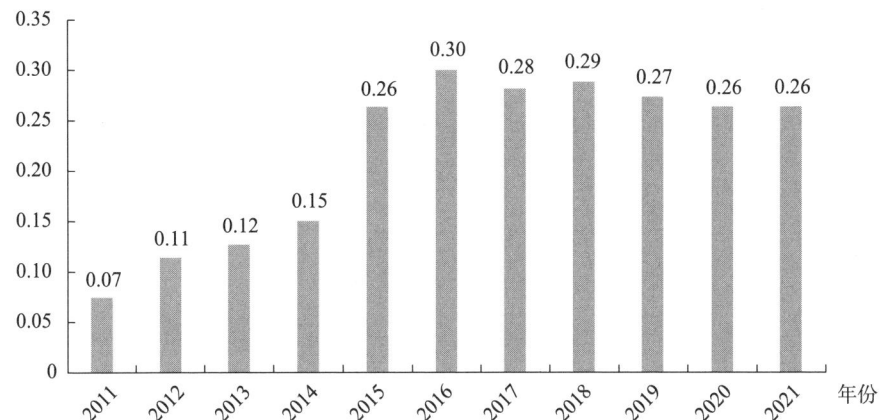

图 11-4　2011—2021 年中国与缅甸的综合产业内贸易指数（GLT）比较

资料来源：根据 UN Comtrade 数据、世界银行数据库整理而得。

图 11-4 反映了 2011—2021 年中国与缅甸之间综合产业内贸易指数的变化情况。由图 11-4 可以看出，中国与缅甸所有 SITC 类别商品的 GLT 值介于 0.07~0.30，说明两国之间整体的产业内贸易程度非常低，主要表现为产业间贸易，表明中国与缅甸在产业链上具有较好的互补性。这是由于中国拥有相对完整的工业体系，且中国的制造业与缅甸相比具有绝对成本优势，而缅甸的初级产品具有一定产品生产优势，因而两国在产品结构上形成了产业间贸易，中国与缅甸之间具有一定程度的贸易互补性。

11.5　中国与缅甸贸易结合度分析

为了深入分析中缅之间产品结构的贸易结合度，本书采用贸易结合度指数（TII）进行分析。根据公式（1-9）计算 2011—2021 年中国与缅甸贸易结合度指数，测算结果如图 11-5 所示。

从中国出口的角度看，2011—2021 年中国对缅甸出口的 TII 值一直大于 1，介于 [3.54，6.24]，说明中国与缅甸之间的贸易联系较为紧密，贸易结合度较高。从缅甸出口的角度看，缅甸与中国之间的 TII 值一直小于 1，介于 [0.07，0.64]，表明缅甸与中国具有较松散的贸易联系，贸易结合度较低。从整体来看，中缅之间的 TII 值呈先下降后上升态势，说明中缅之间的贸易紧密性呈现动态变化；而缅中的 TII 值上升态势不明显，说明缅中之间的贸易结合度没有显著变化。

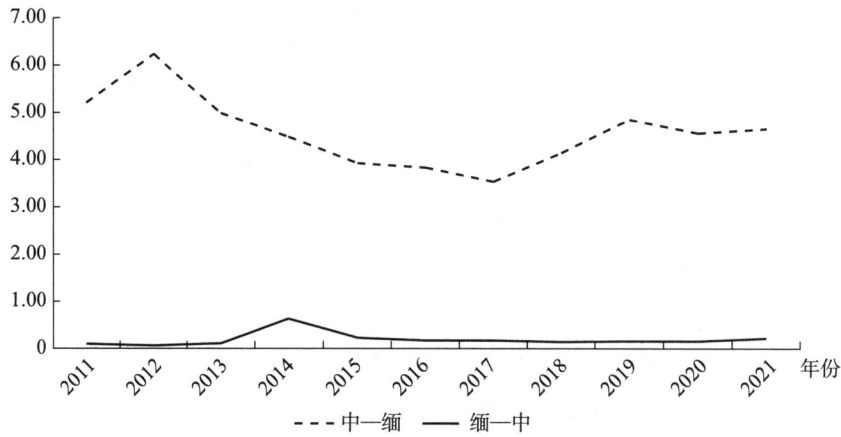

图 11-5　2011—2021 年中国与缅甸的贸易结合度指数（TII）比较

资料来源：根据 UN Comtrade 数据、世界银行数据库整理而得。

11.6　中国与缅甸地缘经济关系分析

为了探究中国与缅甸之间地缘经济关系，本书采用对外经济联系强度和双边经济关系强度 2 个指标进行分析。

11.6.1　对外经济联系强度（Relation）分析

本书根据公式（1-10）计算 2011—2021 年中国与缅甸之间的对外经济联系强度（Relation）并进行分析，测算结果如图 11-6 所示。

图 11-6 反映了两国之间的 Relation 指数变化情况。中缅之间的对外经济联系强度一直处于上升态势，Relation 指数值分布区间为 [15.8, 28.3]，说明中缅两国之间在经贸、文化、旅游等多个领域的交往日渐紧密，不断深化经贸、农业、人文等方面的交流与合作。

11.6.2　双边经济关系强度（ED）分析

本书采用双边经济关系强度（ED）分析中国与缅甸之间的地缘经济关系。根据公式（1-12）计算双边经济关系强度（ED），测算结果如图 11-7 所示。

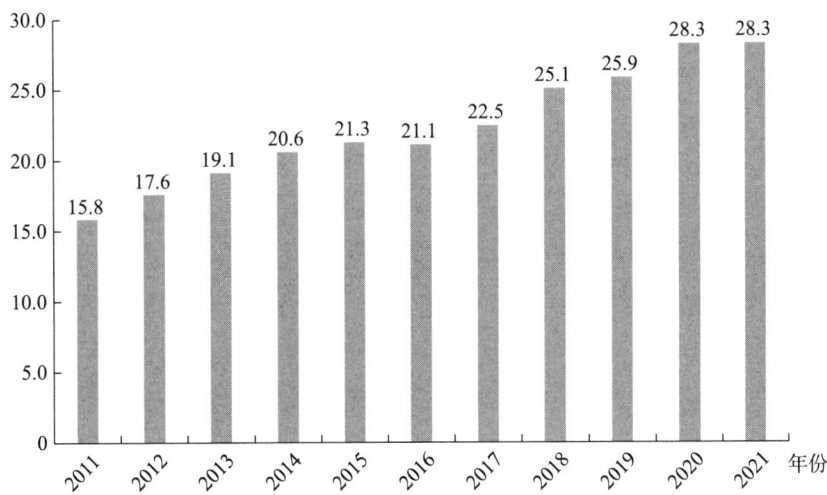

图 11-6　2011—2021 年中缅之间的对外经济联系强度（Relation）

资料来源：根据 UN Comtrade 数据、世界银行数据库整理而得。

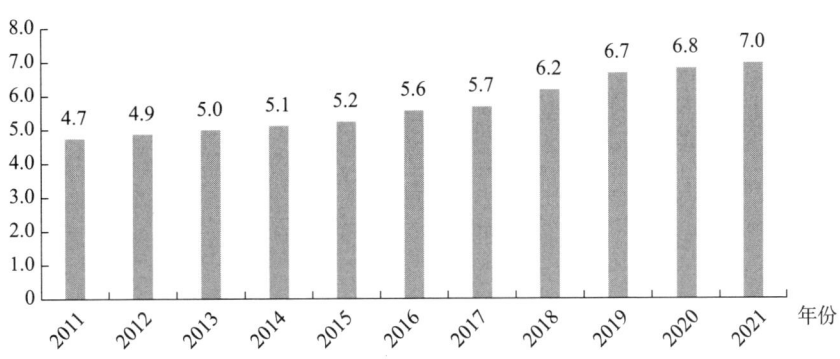

图 11-7　2011—2021 年中缅之间的双边经济关系强度（ED）

资料来源：根据 UN Comtrade 数据、世界银行数据库整理而得。

从图 11-7 可以看到 2011—2021 年中国与缅甸之间 ED 指数的变化情况。ED 指数值一直为正，ED 指数值分布区间为 [4.7，7.0]，意味着中缅两国之间存在典型的互补型地缘经济关系。从动态发展趋势看，ED 指数值呈显著的上升态势，反映出中国与缅甸未来在贸易往来、双边投资、共享共建基础设施等方面进行合作的空间较大。

11.7 本章小结

本章选取 UN Comtrade 和世界银行数据库中 2011—2021 年贸易数据，基于贸易竞争性、贸易互补性、贸易结合度以及地缘经济关系 4 个维度 11 个指标分析中国与缅甸之间的双边贸易关系。结果表明：

（1）从贸易竞争性看，ESI 指数显示，中国与缅甸的出口商品在国际市场上产品结构相似度不高，相应的贸易竞争性也不强，表明在大多数情况下，两国不太可能在相同的商品领域展开直接竞争。具体来看，中国在按原料分类的制成品（SITC6）和杂项制品（SITC8）类别上拥有显著的产品优势。与此同时，缅甸则在食品及活动物（SITC0），燃料除外的非食用原料（SITC2），矿物燃料、润滑油及有关原料（SITC3），杂项制品（SITC8）商品类别上展现出竞争优势。这种各自优势领域的存在，有助于两国在国际贸易中避免正面冲突，减少潜在的贸易摩擦。

（2）从贸易互补性看，TCI 指数显示，中国在按原料分类的制成品（SITC6）和机械及运输设备（SITC7）两类商品的出口与缅甸的进口需求之间具有显著的互补性。同时，缅甸在食品及活动物（SITC0），燃料除外的非食用原料（SITC2），矿物燃料、润滑油及有关原料（SITC3）三类商品的出口也与中国的进口需求形成了较强的互补关系。GL 指数显示，中国与缅甸之间的贸易主要体现为产业间贸易往来，表明两国在贸易上的竞争性不强，而贸易互补性较为显著。这种互补性的贸易结构为两国提供了利用彼此的比较优势来推动经济发展的机会。

（3）从贸易结合度看，TII 指数显示，中国与缅甸之间存在紧密的贸易联系，表明中国在缅甸的经济活动中扮演着重要的角色，其商品和服务在缅甸市场上具有较强的竞争力和吸引力。同时，也反映出中国在一些特定领域可能对缅甸市场存在一定程度的依赖，这种依赖可能源自缅甸市场的独特需求或对中国某些产品和资源的偏好。缅甸与中国之间的贸易结合度不高，这可能意味着两国之间的贸易联系有待加强。

（4）从地缘经济关系看，Relation 显示，中国与缅甸之间的经济联系不断加强，联系日益紧密。ED 指数的分布区间进一步表明，中缅两国之间建立了一种典型的互补型地缘经济关系，反映出中国和缅甸的经济结构存在差异，中国在制造业和高科技产业方面较为发达，而缅甸在农业和自然资源方面有优势，这种差异性为两国经济合作提供了互补基础。

总体来看，中国与缅甸的贸易关系具有互补性强、竞争性低的特点，为双方提供了合作共赢的机会。两国应充分利用各自的比较优势，实现互利共赢的贸易平衡，避免过度依赖单一市场。

第 12 章

中国与马来西亚贸易关系分析

12.1 引言

马来西亚位于东南亚，面积约为 33 万平方千米，2022 年总人口约为 3300 万人，人均 GDP 达 1.2 万美元。马来西亚的国民经济部门主要是采矿业、制造业、建筑业和服务业，其中服务业是马来西亚经济中最大的产业部门，制造业为第二大产业部门。2022 年服务业占 GDP 的 58.2%，制造业占 GDP 的 24.1%。在贸易方面，2022 年马来西亚贸易总额为 6018.4 亿美元，同比增长 20.4%；其中出口额为 3524.5 亿美元，同比增长 17.8%；进口额为 2493.9 亿美元，同比增长 23.6%，贸易顺差为 1030.6 亿美元，这也是马来西亚连续 25 年实现贸易顺差。马来西亚的主要贸易伙伴国包括中国、新加坡、美国、日本和韩国。

1974 年 5 月 31 日，中国与马来西亚正式建立外交关系。建交后，两国关系总体发展顺利。2004 年，两国领导人就发展中马战略性合作达成共识。2013 年，两国建立全面战略伙伴关系。自 2022 年 3 月 18 日 RCEP 对马来西亚开始生效实施后，中国和马来西亚相互实施 RCEP 协定税率。

中马两国经贸关系密切，截至 2022 年，中国连续 14 年成为马来西亚第一大贸易伙伴国，而马来西亚是中国第九大贸易伙伴国。据中国海关统计，2022 年中国与马来西亚双边货物进出口总额为 2035.9 亿美元，同比增长 15.3%。其中，中国对马来西亚出口额为 937.11 亿美元，同比增长 19.7%；中国自马来西亚进口额为 1098.79 亿美元，同比增长 11.8%。

学界关于中国与马来西亚之间贸易关系的研究主要围绕两个方面展开讨论：

一是中国与马来西亚双边贸易关系分析。从贸易类型研究看，柯颖和赵文玲（2017）指出，中国和马来西亚之间产业内贸易主要集中于机电类产品；邓洲（2017）指出，中国和马来西亚之间产业内贸易数量低于美国、欧盟和日本。从产品类型看，郑国富（2016）基于产品类型的分析发现，中国与马来西亚贸易往来以竞争性产品贸易为主，同质化竞争不断升级；朱丹红和姜川（2021）采用2013—2019年数据分别测算中国出版物与马来西亚出版物的RCA指数，结果表明，中国出版物的国际竞争性要高于马来西亚出版物。从贸易互补性指数看，林梅等（2011）指出，中国进口与马来西亚出口之间的贸易互补性处于不断上升态势；彭可（2019）发现，中国与马来西亚之间由于出口结构相似而导致两国之间的贸易竞争性较高，但在一定程度上也存在贸易互补性。

二是中国与马来西亚贸易的影响因素分析。刘志雄等（2015）通过实证检验发现，规模经济、收入水平差异、相互交流水平和制度形式是影响中国与马来西亚双边贸易的主要因素。胡李裔（2018）指出，汇率波动对中马贸易具有明显的影响效应。孙子婷（2019）认为，贸易便利化水平是影响中国与马来西亚贸易的主要因素，贸易便利化程度的提升有助于加大中国与马来西亚之间的双边贸易规模。张正华（2021）基于贸易规模、贸易结构和出口技术复杂度角度进行分析发现，中国对马来西亚进行直接投资可以产生明显的贸易效应，投资的贸易效应具体表现为规模创造效应、贸易结构优化效应和出口技术复杂度提升效应。

综上所述，现有文献分析了中国与马来西亚之间的贸易关系，分别从产品类型、贸易类型、贸易互补性进行了分析，但对于近年来中国与马来西亚之间的贸易竞争关系以及地缘经济关系尚未进行系统和全面的分析，也未考虑 RCEP 全面实施后所带来的新机遇。本章对中国与马来西亚之间的贸易关系分别从贸易竞争性、贸易互补性、贸易结合度以及地缘经济关系4个维度进行系统的分析和评估，并提出在 RCEP 背景下加强中国和马来西亚贸易合作的合理化建议。本章相关统计分析数据来源于 UN Comtrade，并将所有进出口商品按《国际贸易标准分类》（SITC Rev.4）进行分类。

12.2　中国与马来西亚贸易发展概况

在中国和马来西亚建立外交关系期间，中国与马来西亚贸易关系不断增强,经贸合作规模不断加大。从表12-1可以看出,2000—2021年中国与马来西亚贸易总额一直处于稳步增长态势,年均增长99%,其中2000年中国与马来西亚双边贸易总额为80.45亿美元,2008年突破500亿美元,2013年突破1000亿美元。受2008年国际金融危机的影响,全球经济下滑,2009年双边贸易额为519.63亿美元,同比下降2.98%。2010年,两国经济恢复,双边贸易总额规模明显提升,达到742.32亿美元,同比增长42.86%。受全球经济总体复苏乏力影响,2014—2016年,中国与马来西亚双边贸易规模出现负增长。2020年,新冠疫情在全球蔓延,两国之间总贸易增速有所下降,但总规模仍保持强劲的增长态势,2021年双边贸易额达到1768.66亿美元,同比增长34.55%,其中,中国对马来西亚出口额为786.92亿美元,同比增长39.78%,中国自马来西亚进口额为981.74亿美元,同比增长30.63%。

表12-1 2000—2021年中国与马来西亚贸易规模

年份	中国与马来西亚贸易进出口总额		中国对马来西亚出口额		中国自马来西亚进口额	
	金额/亿美元	增长率/%	金额/亿美元	增长率/%	金额/亿美元	增长率/%
2000	80.45	—	25.65	—	54.80	—
2001	94.25	17.16	32.21	25.59	62.04	13.21
2002	142.71	51.41	49.74	54.43	92.96	49.84
2003	201.27	41.04	61.41	23.45	139.86	50.45
2004	262.61	30.47	80.86	31.68	181.75	29.95
2005	307.00	16.90	106.06	31.17	200.93	10.56
2006	371.10	20.88	135.37	27.63	235.72	17.32
2007	464.67	25.22	177.44	31.08	287.23	21.85
2008	535.57	15.26	214.55	20.91	321.01	11.76
2009	519.63	-2.98	196.32	-8.50	323.31	0.71
2010	742.32	42.86	238.02	21.24	504.30	55.98
2011	900.23	21.27	278.86	17.16	621.37	23.21
2012	948.31	5.34	365.26	30.98	583.05	-6.17
2013	1060.84	11.87	459.31	25.75	601.53	3.17
2014	1020.06	-3.84	463.53	0.92	556.52	-7.48
2015	972.57	-4.66	439.80	-5.12	532.77	-4.27
2016	869.26	-10.62	376.59	-14.37	492.67	-7.53
2017	961.34	10.59	417.12	10.76	544.22	10.46
2018	1085.79	12.95	453.76	8.78	632.03	16.13

续表

年份	中国与马来西亚贸易进出口总额		中国对马来西亚出口额		中国自马来西亚进口额	
	金额/亿美元	增长率/%	金额/亿美元	增长率/%	金额/亿美元	增长率/%
2019	1240.43	14.24	521.41	14.91	719.02	13.76
2020	1314.51	5.97	562.95	7.97	751.56	4.53
2021	1768.66	34.55	786.92	39.78	981.74	30.63

资料来源：根据 UN Comtrade 数据、世界银行数据库整理而得。

从图 12-1 可以看出，2000—2021 年两国贸易差额总体呈增长态势，中国对马来西亚贸易一直处于贸易逆差状态，具体表现为"中方贸易逆差，马方贸易顺差"，2000 年中国对马来西亚贸易逆差额为 29 亿美元，而 2021 年中国对马来西亚贸易逆差达到 195 亿美元，中国对马来西亚贸易逆差年均增长 27%。2000—2021 年，中马贸易差额表现为波浪式发展态势：2000—2011 年，中国对马来西亚贸易差额出现增长态势，其中 2011 年到达峰值 343 亿美元；2012—2015 年，中国对马来西亚贸易差额出现下降态势；2016—2021 年，中国对马来西亚贸易差额出现增长态势。

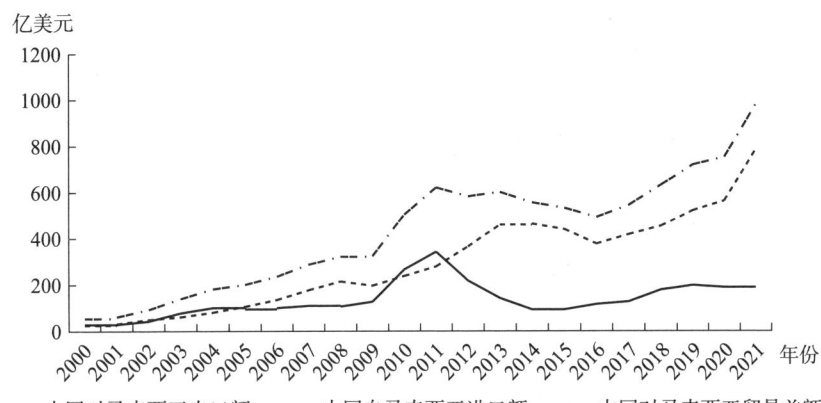

图 12-1　2000—2021 年中国与马来西亚进出口额及贸易差额

资料来源：根据 UN Comtrade 数据、世界银行数据库整理而得。

表 12-2 反映了 2021 年中国与马来西亚双边贸易的具体产品结构。中国对马来西亚出口的商品主要集中在工业制成品，其中机械及运输设备（SITC7）占中国对马来西亚出口额的 45.82%，杂项制品（SITC8）占 16.47%，按原料分类的制成品（SITC6）占 15.67%，化学品及有关产品（SITC5）占 12.65%。马来西亚对中国出口的商品主要集中在初级产品和工业

制成品，其中机械及运输设备（SITC7）占52.95%，矿物燃料、润滑油及有关原料（SITC3）占23.97%。

表12-2 2021年中国和马来西亚双边贸易主要商品出口额及占比

SITC类别	名称	中国对马来西亚出口的主要商品		马来西亚对中国出口的主要商品	
		出口额/亿美元	占比/%	出口额/亿美元	占比/%
0	食品及活动物	39.46	5.01	13.25	1.35
1	饮料及烟类	0.45	0.06	0.11	0.01
2	燃料除外的非食用原料	6.17	0.78	44.25	4.51
3	矿物燃料、润滑油及有关原料	18.08	2.30	235.28	23.97
4	动植物油、脂及蜡	1.12	0.14	23.90	2.43
5	化学品及有关产品	99.54	12.65	68.57	6.98
6	按原料分类的制成品	123.28	15.67	55.84	5.69
7	机械及运输设备	360.59	45.82	519.86	52.95
8	杂项制品	129.58	16.47	20.48	2.09
9	未分类的商品及交易品	8.64	1.10	0.21	0.02

资料来源：根据UN Comtrade数据、世界银行数据库整理而得。

12.3 中国与马来西亚贸易竞争性分析

为了探究中国与马来西亚之间的贸易竞争性情况，本书采用出口相似度指数（ESI）、贸易竞争力指数（TC）以及显示性比较优势指数（RCA）3个指标进行分析。

12.3.1 出口相似度指数（ESI）分析

根据公式（1-1）计算出口相似度指数（ESI），对2000—2021年中国与马来西亚出口商品在国际市场的竞争情况进行分析，测算结果如图12-2所示。

从图12-2可以看出，中国和马来西亚出口商品在国际市场上的ESI指数值较高，介于59~81，说明中国与马来西亚在国际市场的产品结构相似度较高，贸易竞争程度较高。从出口相似度指数的动态变化趋势看，2000—2021年，ESI指数总体呈上升态势。从出口相似度指数可以看出，中国和马来西亚之间的出口竞争性较强，而贸易互补性特征不明显。

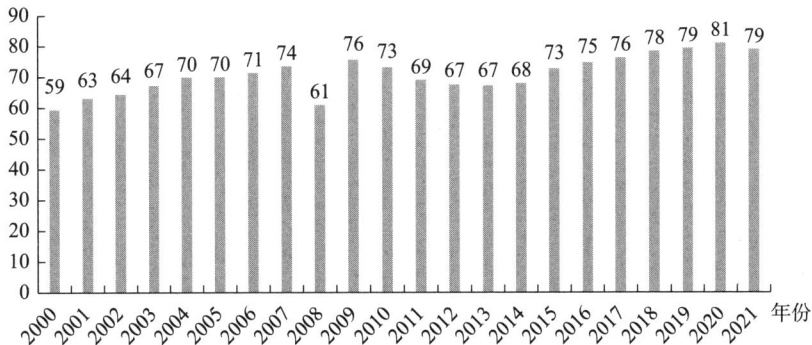

图 12-2　2000—2021 年中国与马来西亚的出口相似度指数（ESI）

资料来源：根据 UN Comtrade 数据、世界银行数据库整理而得。

12.3.2　贸易竞争力指数（TC）分析

为了进一步探究中国与马来西亚商品在国际市场的贸易竞争情况，本书根据公式（1-2）计算中马两国贸易竞争力指数（TC）并进行比较分析，测算结果见表 12-3。

表 12-3　中国和马来西亚的产品贸易竞争力指数（TC）比较

SITC 类别	名称	2001 年		2011 年		2021 年	
		中国	马来西亚	中国	马来西亚	中国	马来西亚
0	食品及活动物	0.44	-0.30	0.27	-0.25	-0.27	-0.25
1	饮料及烟类	0.36	0.17	-0.24	0.01	-0.47	-0.03
2	燃料除外的非食用原料	-0.69	0.04	-0.90	0.00	-0.90	-0.39
3	矿物燃料、润滑油及有关原料	-0.35	0.38	-0.79	0.29	-0.81	0.10
4	动植物油、脂及蜡	-0.75	0.88	-0.90	0.74	-0.72	0.72
5	化学品及有关产品	-0.41	-0.18	-0.23	-0.08	0.21	-0.02
6	按原料分类的制成品	0.03	-0.10	0.36	-0.07	0.41	0.09
7	机械及运输设备	-0.10	0.06	0.17	0.02	0.25	0.15
8	杂项制品	0.73	0.41	0.58	0.30	0.56	0.33
9	未分类的商品及交易品	-0.47	-0.45	-0.91	-0.60	-0.24	-0.81

资料来源：根据 UN Comtrade 数据、世界银行数据库整理而得。

注：因篇幅所限，只列出 2001 年、2011 年和 2021 年数据。

由表12-3可知，2001—2021年，中国的按原料分类的制成品（SITC6）和杂项制品（SITC8）的TC值一直为正，马来西亚的矿物燃料、润滑油及有关原料（SITC3），动植物油、脂及蜡（SITC4），机械及运输设备（SITC7），杂项制品（SITC8）的TC值一直为正，说明中国的SITC6、SITC8以及马来西亚的SITC3、SITC4、SITC7、SITC8这些类别的商品具有贸易竞争力。

中国的燃料除外的非食用原料（SITC2），矿物燃料、润滑油及有关原料（SITC3），动植物油、脂及蜡（SITC4）以及未分类的商品及交易品（SITC9）的TC值一直为负，马来西亚的食品及活动物（SITC0）、化学品及有关产品（SITC5）、未分类的商品及交易品（SITC9）的TC值一直为负，意味着中国存在四类SITC商品的贸易竞争力较弱，马来西亚存在三类SITC商品的贸易竞争力较弱。

中国的化学品及有关产品（SITC5）和机械及运输设备（SITC7）的TC值由负转为正，马来西亚的按原料分类的制成品（SITC6）的TC值由负转为正，意味着中国和马来西亚都出现了贸易竞争力不断提升的商品。

此外，中国的食品及活动物（SITC0）、饮料及烟类（SITC1）的TC值由正转为负，马来西亚的饮料及烟类（SITC1）、燃料除外的非食用原料（SITC2）的TC值由正转为负，意味着中国和马来西亚都存在竞争力由强变弱的商品。

TC指数表明，马来西亚是自然资源、天然资源丰富和工业品发达的国家，机电产品、矿产品、塑料和橡胶是马来西亚主要的出口商品。此外，马来西亚的锡、橡胶、棕油、可可和胡椒出口量位居世界前列，天然气出口位居世界第三，太阳光伏出口位居世界第三，油气生产位居东南亚第二。

通过贸易竞争力指数分析可以看出，中国的SITC6、SITC8两类商品具有竞争优势，而马来西亚的SITC3、SITC4、SITC7、SITC8商品具有竞争优势，中马两国的SITC8商品的国际贸易竞争性较强，而在其他商品不具有贸易竞争性。

12.3.3 显示性比较优势指数（RCA）分析

本书采用显示性比较优势指数（RCA）分析中国和马来西亚出口商品的贸易竞争性，根据公式（1-3）计算2001—2021年中国和马来西亚的出口商品RCA指数，测算结果见表12-4（间隔期为1年）。

表 12-4 中国与马来西亚各类出口商品的 RCA 指数比较

国家	SITC 类别	2001	2003	2005	2007	2009	2011	2013	2015	2017	2019	2021	均值
中国	0	0.85	0.71	0.57	0.49	0.43	0.46	0.41	0.40	0.42	0.40	0.32	0.50
	1	0.35	0.25	0.19	0.15	0.15	0.16	0.15	0.17	0.18	0.16	0.10	0.18
	2	0.53	0.38	0.31	0.22	0.20	0.18	0.16	0.17	0.17	0.18	0.15	0.24
	3	0.34	0.27	0.19	0.13	0.12	0.10	0.09	0.12	0.18	0.18	0.12	0.17
	4	0.14	0.06	0.10	0.06	0.05	0.05	0.05	0.06	0.06	0.10	0.08	0.08
	5	0.52	0.42	0.44	0.45	0.42	0.56	0.51	0.51	0.75	0.76	0.83	0.56
	6	1.21	1.15	1.21	1.25	1.21	1.28	1.32	1.33	1.25	1.31	1.21	1.25
	7	0.81	1.02	1.16	1.24	1.38	1.41	1.39	1.24	1.27	1.29	1.33	1.23
	8	2.68	2.46	2.39	2.30	2.19	2.30	2.36	2.06	1.99	1.88	1.86	2.22
	9	0.05	0.05	0.04	0.05	0.03	0.03	0.02	0.01	0.05	0.15	0.35	0.08
马来西亚	0	0.35	0.37	0.39	0.45	0.46	0.51	0.51	0.54	0.51	0.53	0.48	0.46
	1	0.42	0.40	0.40	0.47	0.50	0.60	0.68	0.69	0.56	0.40	0.37	0.49
	2	0.78	0.87	0.85	0.79	0.71	0.83	0.69	0.79	0.70	0.67	0.47	0.74
	3	1.05	1.08	1.09	1.11	1.13	1.04	1.29	1.51	1.57	1.36	1.16	1.22
	4	12.04	14.79	12.50	15.06	15.20	17.10	13.80	12.48	11.98	11.15	10.73	13.35
	5	0.44	0.48	0.54	0.54	0.49	0.61	0.63	0.67	0.64	0.67	0.60	0.58
	6	0.53	0.51	0.52	0.61	0.71	0.71	0.76	0.74	0.75	0.84	0.83	0.68
	7	1.44	1.43	1.44	1.32	1.34	1.18	1.15	1.14	1.18	1.22	1.21	1.28
	8	0.88	0.77	0.80	0.82	0.82	0.87	0.81	0.82	0.79	0.83	1.07	0.84
	9	0.24	0.25	0.28	0.32	0.10	0.11	0.13	0.09	0.07	0.07	0.06	0.16

资料来源：根据 UN Comtrade 数据、世界银行数据库整理而得。

根据 RCA 结果分析，中国和马来西亚的出口商品可分为三类：一是中国与马来西亚相比具有比较优势的产品，如中国的按原料分类的制成品（SITC6）、杂项制品（SITC8）的 RCA 指数均值分别为 1.25 和 2.22，而马来西亚同类商品的 RCA 指数均值为 0.68 和 0.84，意味着中国 SITC6、SITC8 两类商品的 RCA 指数值高于马来西亚，具有明显的竞争力；二是马来西亚与中国相比具有比较优势的产品，如马来西亚的矿物燃料、润滑油及有关原料（SITC3），动植物油、脂及蜡（SITC4），机械及运输设备（SITC7）的 RCA 指数均值分别为 1.22、13.35 和 1.28，而中国同类商品的 RCA 指数均值分别为 0.17、0.08 和 1.23，表明马来西亚与中国相比，这三类商品具有更明显的国际竞争力；三是两国比较优势较弱的产品，如两国 SITC0、SITC1、SITC2、SITC5、SITC9 的 RCA 指数均值都低于 0.80，属于在国际市场上不具备竞争力的商品。

对比中国和马来西亚的 RCA 指数，可以发现中马两国出口到国际市场的产品结构存在较大差异，两国具有比较优势的产品类别不同，马来西亚的 SITC3、SITC4、SITC7 商品与中国的 SITC6、SITC8 商品表现出较强的贸易互补性。

12.4 中国与马来西亚贸易互补性分析

为了进一步探究中国与马来西亚之间产品结构的贸易互补关系，本书采用贸易互补性指数（TCI）、综合贸易互补性指数（TCIT）、产业内贸易指数（GL）、边际产业内贸易指数（MGL）以及综合产业内贸易指数（GLT）5 个指标详细分析中国与马来西亚之间的贸易互补情况。

12.4.1 贸易互补性指数（TCI）分析

本书采用贸易互补性指数（TCI）对中国和马来西亚之间产品结构的贸易互补关系进行分析。根据公式（1-4）计算 TCI 指数，测算结果见表 12-5。

表 12-5　中国与马来西亚的各类产品的贸易互补性指数（TCI）比较

SITC 类别	2001 年		2005 年		2011 年		2015 年		2021 年	
	中—马	马—中	中—马	马—中	中—马	马—中	中—马	马—中	中—马	马—中
0	0.65	0.12	0.46	0.11	0.47	0.14	0.41	0.26	0.33	0.35
1	0.13	0.08	0.08	0.06	0.11	0.16	0.13	0.29	0.03	0.09
2	0.40	2.10	0.22	2.50	0.16	2.79	0.14	2.60	0.18	1.52
3	0.18	0.76	0.11	0.78	0.07	0.91	0.12	1.60	0.13	1.49
4	0.12	12.02	0.13	17.34	0.15	18.57	0.11	11.47	0.22	10.01
5	0.38	0.58	0.31	0.59	0.47	0.57	0.44	0.62	0.64	0.43
6	0.95	0.67	0.98	0.47	1.32	0.49	1.40	0.51	1.10	0.58
7	1.26	1.60	1.85	1.74	1.92	1.29	1.42	1.29	1.50	1.27
8	1.14	0.45	1.00	0.64	1.36	0.62	1.25	0.58	1.36	0.60
9	0.05	0.05	0.04	0.03	0.03	0.13	0.00	0.01	0.33	0.01

资料来源：根据 UN Comtrade 数据、世界银行数据库整理而得。

注：因篇幅所限，只列出部分年份数据。

由表 12-5 可知，从中国出口的角度看，TCI 值大于 1 的商品集中于机械及运输设备（SITC7）以及杂项制品（SITC8），说明中国在传统劳动密集型产品、资本密集型产品和技术密集型产品与马来西亚具有较强的贸易互补性，且贸易往来的加深使得两国互补性得到加强。从马来西亚出口的角度看，TCI 值大于 1 的商品主要分布在燃料除外的非食用原料（SITC2），动植物油、脂及蜡（SITC4），机械及运输设备（SITC7），尤其是动植物油、脂及蜡（SITC4）的 TCI 值明显高于其他商品，2011 年 TCI 值高达 18.57，说明在资源密集型产品上，马来西亚与中国存在极强的互补关系。这是由于中国的电子电器产品、机械设备与零件、化学品及有关产品等具有比较成本优势，而马来西亚的半导体、视听器材、空调、橡胶产品及人造油产品等在国际出口市场上具有较高的产品竞争力，马来西亚与中国在世界贸易市场形成了很好的贸易互补。

12.4.2 综合贸易互补性指数（TCIT）分析

考虑多种产品贸易并存情况下的中国与马来西亚之间贸易互补关系，本书采用综合贸易互补性指数（TCIT）进行分析。根据公式（1-5）计算两国 TCIT 指数，测算结果如图 12-3 所示。

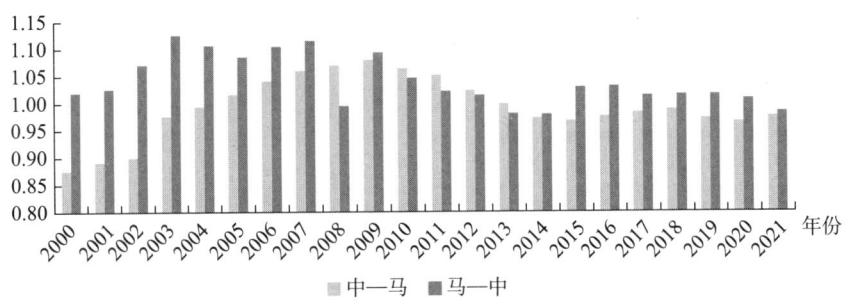

图 12-3　2000—2021 年中国与马来西亚的综合贸易互补性指数（TCIT）比较

资料来源：根据 UN Comtrade 数据、世界银行数据库整理而得。

图 12-3 显示了 2000—2021 年中国与马来西亚的综合贸易互补性指数的动态变化。从中国出口的角度看，在 2005—2012 年中国出口与马来西亚进口的 TCIT 值大于 1，说明在此期间两国保持着较强的贸易互补性。从马来西亚出口的角度看，整体而言，马来西亚出口与中国进口的 TCIT 值大于 1，表现出较强的贸易互补性。2008—2013 年（2009 年除外），中—马的 TCIT 值大

于马—中的 TCIT 值，中国出口与马来西亚进口之间的贸易互补性更高，马来西亚出口与中国进口之间的贸易互补性较低；2000—2007 年、2014—2021 年，中—马的 TCIT 值均小于马—中的 TCIT 值，马来西亚出口与中国进口之间的贸易互补性更强，而中国出口与马来西亚进口之间的贸易互补性较弱。

12.4.3 产业内贸易指数（GL）分析

本书采用产业内贸易指数（GL）分析中国与马来西亚之间产业内贸易情况。根据公式（1-6）计算两国产业内贸易指数（GL），测算结果见表 12-6（间隔期为 1 年）。

表 12-6 中国与马来西亚分类商品产业内贸易指数（GL）比较

SITC 类别	年份										
	2001	2003	2005	2007	2009	2011	2013	2015	2017	2019	2021
0	0.25	0.10	0.19	0.31	0.30	0.34	0.37	0.44	0.44	0.56	0.50
1	0.16	0.09	0.10	0.17	0.58	0.56	0.47	0.57	0.73	0.48	0.38
2	0.14	0.10	0.11	0.09	0.11	0.10	0.12	0.17	0.21	0.18	0.24
3	0.15	0.10	0.73	0.15	0.09	0.13	0.30	0.20	0.43	0.25	0.14
4	0.01	0.01	0.04	0.01	0.01	0.01	0.01	0.02	0.03	0.11	0.09
5	0.46	0.42	0.47	0.66	0.71	0.79	0.87	0.92	0.97	0.95	0.82
6	0.88	0.99	0.68	0.59	0.62	0.72	0.40	0.24	0.40	0.41	0.62
7	0.63	0.56	0.56	0.66	0.62	0.45	0.57	0.60	0.66	0.69	0.82
8	0.48	0.55	0.39	0.26	0.21	0.35	0.14	0.19	0.24	0.30	0.27
9	0.03	0.03	0.01	0.10	0.32	0.61	0.06	0.00	0.18	0.06	0.05

资料来源：根据 UN Comtrade 数据、世界银行数据库整理而得。

由表 12-6 可知，2001—2021 年中国与马来西亚之间只有机械及运输设备（SITC7）的 GL 值一直大于 0.50（2011 年除外），而饮料及烟类（SITC1）、化学品及有关产品（SITC5）、按原料分类的制成品（SITC6）在部分年度的 GL 值大于 0.50，而其余商品的 GL 值总体小于 0.50，说明中国与马来西亚之间在机械及运输设备、饮料及烟类、化学品及有关产品、按原料分类的制成品四类商品上表现为产业内贸易，而其他商品主要表现为产业间贸易。从 GL 值可以看出，中国和马来西亚之间大部分行业还没有实现产业内贸易互补，两国产业内贸易的发展潜力巨大。中马之间双边贸易主要表现出产业间贸易特征，这源于中马两国的自然资源禀赋、劳动力资源不同以及产业结构不同。中马两国在原材料、食品、科技领域的贸易合作密切。国别贸易报告网站数据显示，2019年中国从马来西亚进口的前三类产品分别为机电产品，矿产品，塑料和橡胶，分别占中国自马来西亚进口总额的40.1%、17.5%、12.1%；中国对马来西亚出口的主要产品位列前三的分别为机电产品、贱金属及制品、矿产品，分别占马来西亚自中国进口总额的48.7%、9.4%、7.4%。

12.4.4 边际产业内贸易指数（MGL）分析

为了深入分析中国和马来西亚之间产品结构的边际产业内贸易情况，根据公式（1-7）计算2001—2021年两国边际产业内贸易指数（MGL），测算结果见表12-7（间隔期为1年）。

表12-7 中国与马来西亚分类商品边际产业内贸易指数（MGL）比较

SITC类别	年份											均值
	2001	2003	2005	2007	2009	2011	2013	2015	2017	2019	2021	
0	0.97	0.00	0.00	0.50	0.00	0.35	0.50	0.00	0.31	0.61	0.45	0.33
1	0.20	0.28	0.00	0.25	0.00	0.40	0.00	0.29	0.00	0.82	0.00	0.20
2	0.43	0.03	0.32	0.03	0.70	0.00	0.10	0.04	0.00	0.03	0.17	0.17
3	0.30	0.00	0.00	0.00	0.00	0.18	1.00	0.29	0.35	0.35	0.04	0.23
4	0.00	0.02	0.00	0.00	0.01	0.00	0.00	0.01	0.06	0.00	0.00	0.01
5	0.24	0.47	0.84	0.96	0.85	0.74	0.52	0.00	0.67	0.00	0.37	0.52
6	0.41	0.99	0.00	0.30	0.20	0.75	0.00	0.82	0.00	0.97	0.44	0.44
7	0.89	0.34	0.66	0.97	0.00	0.16	0.70	0.75	0.00	0.66	0.80	0.54
8	0.17	0.90	0.13	0.12	0.00	0.05	0.00	0.00	0.43	0.22	0.19	0.20
9	0.00	0.08	0.01	0.18	0.15	0.00	0.06	0.12	0.17	0.00	0.05	0.07

资料来源：根据UN Comtrade数据、世界银行数据库整理而得。

由表12-7可知，中国与马来西亚分类商品边际产业内贸易的均值大于0.50的有化学品及有关产品（SITC5）和机械及运输设备（SITC7），其中机械及运输设备（SITC7）的MGL均值最大，达到0.54，说明中国与马来西亚之间化学品及有关产品（SITC5）和机械及运输设备（SITC7）的贸易量变化主要是由产业内贸易变化引起,其他的 SITC 类别商品的贸易量变化主要是由产业间贸易变化引起的。

12.4.5 综合产业内贸易指数(GLT)分析

为考察中马两国之间所有产品的总体产业内贸易水平,本书根据公式(1-8)计算 2000—2021 年两国的综合产业内贸易指数(GLT),测算结果如图 12-4 所示。

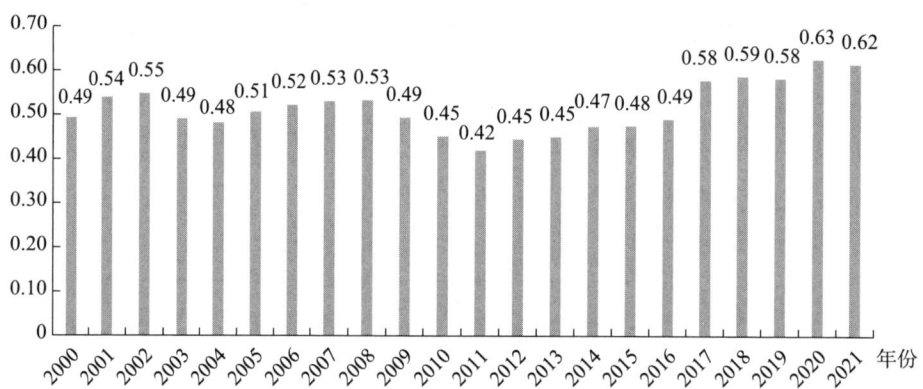

图 12-4　2000—2021 年中国与马来西亚的综合产业内贸易指数(GLT)比较

资料来源:根据 UN Comtrade 数据、世界银行数据库整理而得。

图 12-4 显示了 2000—2021 年中国与马来西亚之间的综合产业内贸易指数的变化情况。可以看出,所有 SITC 类别商品的 GLT 值介于 0.42~0.63,说明两国之间整体的产业内贸易程度不高,主要表现为产业间贸易,表明两国在产业链上具有较好的互补性。

12.5　中国与马来西亚贸易结合度分析

为了深入分析中国与马来西亚之间产品结构的贸易结合度,本书采用贸易结合度指数(TII)进行分析。根据公式(1-9)计算 2000—2021 年两国贸易结合度指数,测算结果如图 12-5 所示。

从中国出口的角度看,中国对马来西亚出口的 TII 值总体大于 1,TII 值介于 [0.81, 2.10],说明中国与马来西亚之间的贸易联系较为紧密,贸易结合度较高。从马来西亚出口的角度看,马来西亚与中国之间的 TII 值一直小于

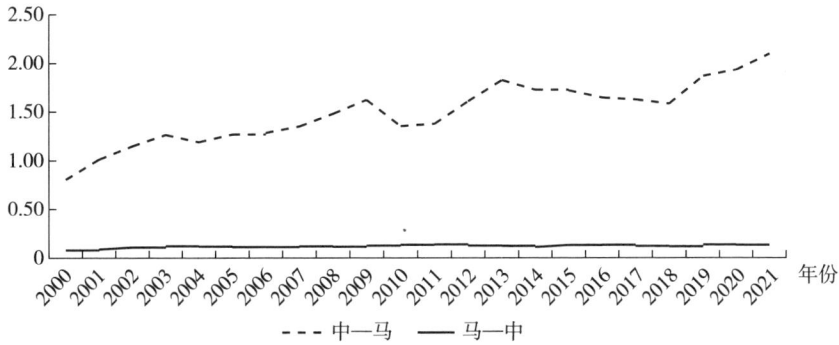

图 12-5　2000—2021 年中国与马来西亚的贸易结合度指数（TII）比较

资料来源：根据 UN Comtrade 数据、世界银行数据库整理而得。

1，介于 [0.08，0.14]，表明马来西亚与中国具有较松散的贸易联系，贸易结合度较低。从整体来看，中国与马来西亚之间的 TII 值呈明显的上升态势，说明两国之间的贸易紧密性不断提升，而马来西亚与中国的 TII 值上升态势不明显，贸易结合度没有明显变化。

12.6　中国与马来西亚地缘经济关系分析

为了探究中国与马来西亚之间地缘经济关系，本书采用对外经济联系强度和双边经济关系强度 2 个指标进行分析。

12.6.1　对外经济联系强度（Relation）分析

本书根据公式（1-10）计算 2000—2021 年中国与马来西亚之间的对外经济联系强度（Relation），测算结果如图 12-6 所示。

图 12-6 反映了 2000—2021 年中国与马来西亚之间的 Relation 指数的变化情况。可以看出，中马之间的 Relation 指数分布区间为 [3.0，29.5]，意味着两国的对外经济联系强度在 2000—2021 年处于快速上升的态势。从中国与马来西亚之间的 Relation 指数的取值范围和发展态势可以看出，中马两国双边联系不断加强。在 2009 年国际金融危机后，中马两国之间的双边联系开始显著提升。2013 年"一带一路"倡议实施后，中国与马来西亚作为共建国家，在高质量共建"一带一路"中，两国贸易联系更加紧密。

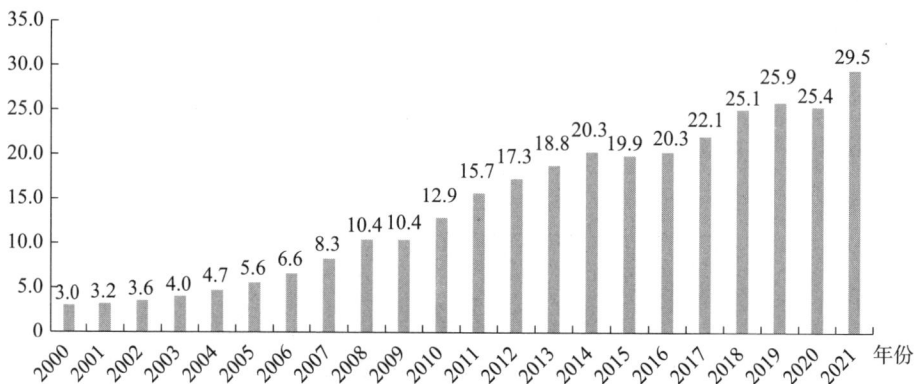

图 12-6　2000—2021 年中马之间的对外经济联系强度（Relation）

资料来源：根据 UN Comtrade 数据、世界银行数据库整理而得。

12.6.2　双边经济关系强度（ED）分析

为了深入分析中国与马来西亚之间的地缘经济关系，本书采用双边经济关系强度（ED）进行分析。根据公式（1-12）计算两国双边经济关系强度，测算结果如图 12-7 所示。

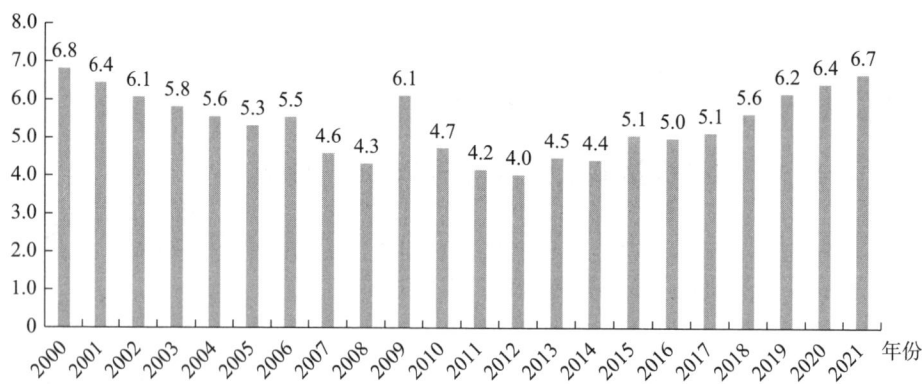

图 12-7　2000—2021 年中马之间的双边经济关系强度（ED）

资料来源：根据 UN Comtrade 数据、世界银行数据库整理而得。

从图 12-7 可以看到 2000—2021 年中国与马来西亚之间的 ED 指数的变化情况。ED 指数值一直为正，介于［4.0，6.8］，意味着中马两国之间存在明显的互补型地缘经济关系。从动态发展趋势看，中马之间的 ED 指数值在 2000 年和 2021 年分别为 6.8 和 6.7，中国与马来西亚之间的 ED 值呈先降后升的"V"形发展态势。此外，2009 年 ED 值出现高点，这是由于在国际金融危机后，中国与马来西亚的双边贸易加强所致。

12.7 本章小结

本章选取 UN Comtrade 和世界银行数据库中 2000—2021 年贸易数据，基于贸易竞争性、贸易互补性、贸易结合度以及地缘经济关系 4 个维度，采用 11 个指标分析中国与马来西亚之间的双边贸易关系。结果表明：

（1）从贸易竞争性看，ESI 指数显示，中国与马来西亚在国际市场上的出口商品结构具有较高的相似性，这意味着两国之间具有相对较高的贸易竞争性。但是，TC 指数的分析显示，中国和马来西亚在不同商品类别上各自拥有竞争优势。具体来说，中国在按原料分类的制成品（SITC6）和杂项制品（SITC8）上展现出明显的产品优势。马来西亚在矿物燃料、润滑油及有关原料（SITC3），动植物油、脂及蜡（SITC4），机械及运输设备（SITC7），杂项制品（SITC8）上具有自身的产品优势。这种各自在特定商品领域的优势表明，尽管中国与马来西亚在国际市场上存在一定程度的竞争，但两国的贸易竞争并非全面性，而是在某些领域存在竞争的同时也在其他领域保持了各自的比较优势。这种互补性为两国提供了在各自强项领域内避免直接竞争、实现互利共赢贸易合作的机会。

（2）从贸易互补性看，TCI 指数显示，中国在 SITC7、SITC8 商品的出口与马来西亚进口之间存在贸易互补性，而马来西亚在 SITC2、SITC4、SITC7 商品的出口与中国进口之间也表现出贸易互补性。GL 指数表明，中国和马来西亚之间主要表现为产业间贸易，贸易互补性较高。这是由于中国和马来西亚在资源构成、产业结构和贸易商品等方面各具特色，两国可以利用各自的优势进行互补性贸易。

（3）从贸易结合度看，TII 指数显示，中国与马来西亚之间的贸易联系较为紧密，贸易结合度较高，表明中国出口对马来西亚具有一定的贸易依赖性。相比之下，马来西亚与中国的贸易联系较为松散，贸易结合度较低，这可能是由于中国和马来西亚的产业结构存在差异，中国以制造业为主，而马来西亚经济结构中服务业占比较高，这种差异可能影响两国在某些领域的贸易深度和广度。

（4）从地缘经济关系看，Relation 指数显示，中国与马来西亚之间的经济联系不断加强，两国关系变得更加紧密。ED 指数的分布范围表明，中马两国之间存在先降后升的"V"形发展态势，具有互补型地缘经济关系，这可能反映出在经济合作的早期阶段，中马两国经历了一段适应和调整期，但最终找到了更加互补和协调的合作方式。

由此可见，中国与马来西亚双边贸易中，竞争与互补性并存。两国在某些产品类别上可能存在直接竞争，但在其他领域则可以发挥各自的比较优势，实现互补性贸易。中国与马来西亚的贸易关系具有高度的互动性和发展潜力，通过加强沟通、促进产业合作和深化经济联系，两国可以共同推动双边贸易关系的进一步发展。

第13章

中国与老挝贸易关系分析

13.1 引言

老挝位于东南亚中南半岛，国土面积为 23.68 万平方千米，2022 年总人口约 751.46 万人。老挝是世界中等收入偏下国家，是世界最不发达国家之一，2022 年人均 GDP 为 2319 美元。老挝的工业、服务业是其支柱产业，2022 年老挝的农业占 GDP 的比重约为 17.2%，工业占 GDP 的比重为 34.13%，其中制造业占 GDP 的比重为 8.7%。在贸易方面，2022 年老挝的贸易总额为 154.4 亿美元，同比增长 10.5%。其中，出口额为 82.0 亿美元，同比增长 6.5%；进口额为 72.4 亿美元，同比增长 15.4%，贸易顺差为 9.6 亿美元。老挝主要贸易伙伴国包括泰国、中国、越南。

1961 年 4 月 25 日，中国和老挝正式建交。自 1989 年两国关系正常化以来，两国的经贸关系发展顺利。近年来，中老双边经贸合作不断深化。2000 年 11 月，中国和老挝发表了《关于双边合作的联合声明》，确定发展两国长期稳定和相互信任的全面合作关系。2009 年 9 月，中国和老挝达成共识，提升两国双边关系为全面战略合作伙伴关系。据中国海关统计，2014 年中国开始成为老挝第一大出口市场以及第二大进口市场。自 2022 年 1 月 1 日起，RCEP 对老挝生效，这有力地促进了老挝和其贸易伙伴国区域内产业链的深度融合。中老贸易规模明显上升。2022 年，中国与老挝双边贸易额达到了 56.8 亿美元，同比增长 31%。其中，中国对老挝的出口商品总值为 23.4 亿美元，同比增长 40.9%；中国自老挝的进口商品总值为 33.4 亿美元，同比增长 24.9%，中国与老挝之间的贸易差额为 10 亿美元。目前，中国是老挝第一大投资国、第一大出口国和第二大贸易伙伴国。

学界关于中国与老挝之间贸易关系的研究主要围绕两个方面展开讨论：

一是中国与老挝双边贸易关系分析。在贸易规模上，张天桂（2021）采用 2010—2019 年数据进行分析，发现中国与老挝双边货物贸易额的年均增长率为 15.3%，呈明显的增长态势。缪慧星和杨克斯（2008）采用贸易特化系数（TSC）进行分析，发现老挝农产品与中国相比具有比较优势，而中国工业品与老挝相比具有比较优势，中老两国在农产品和工业品方面可以实现产业间互补。在产品结构上，潘尼亚（2015）指出，老挝和中国之间的贸易以劳动密集型产品为主，存在贸易商品结构不合理和优化不明显的特点。在贸易竞争性上，陈珍莉等（2023）采用国际市场占有率指数和显性比较优势指数分析中国与老挝之间的贸易关系，研究发现，中国木材的国际竞争力要高于老挝木材的国际竞争力。

二是中国与老挝双边贸易的影响因素分析。宏爱国（2017）指出，在不同时期，地缘因素都是影响两国外交关系及贸易往来的重要因素。Bouatong（2023）指出，两国的人均 GDP、人口数量、投资规模、人民币汇率是中国与老挝双边贸易规模的重要影响因素。万像和杨昌辉（2019）指出，资源优势、地缘区位、政策因素以及产业结构特征都是中国对老挝直接投资的重要影响因素，其中第二产业是中国对老挝投资占比最高的产业。

综上所述，现有文献分析了中国与老挝之间的贸易互补关系以及影响因素，但对于近年来中老之间的贸易竞争关系以及地缘经济关系尚未进行深入和全面的分析。本章对中老之间的贸易关系分别从贸易竞争性、贸易互补性、贸易结合度以及地缘经济关系 4 个维度进行系统分析和评估，并为在 RCEP 背景下加强中国和老挝的贸易合作提供可靠的现实证据，为未来中国与老挝贸易合作提供合理化的建议。本章相关统计分析数据来源于 UN Comtrade，并将所有进出口商品按《国际贸易标准分类》（SITC Rev.4）进行分类。

13.2　中国与老挝贸易发展概况

在中国和老挝建立外交关系期间，中老两国之间贸易关系不断增强，截至 2019 年，中国持续 11 年蝉联老挝最大贸易伙伴桂冠。

从表 13-1 可以看出，中老两国贸易额在总体上处于增长态势（2015 年、2016 年、2020 年除外），其中，2000 年中老双边贸易总额为 0.41 亿美元，2010 年突破 10 亿美元，2014 年突破 30 亿美元，2021 年突破 40 亿美元。受

2008年国际金融危机的影响，全球经济下滑，但是中老贸易往来所受影响并不明显，2008年中老贸易规模增速达到52.50%，2009年增速达到84.90%。在全球经济总体复苏乏力的影响下，2015—2016年，中老两国贸易规模出现负增长，分别同比下降23.34%和15.38%。2020年，新冠疫情在全球蔓延，中老两国之间贸易总额增速同比下降8.86%，但2021年两国贸易规模保持强劲的增长态势，同比增长20.94%，贸易进出口总额达到43.18亿美元。其中，中国对老挝出口额为16.67亿美元，同比增长11.76%，中国自老挝进口额为26.52亿美元，同比增长27.53%。

表13-1 2000—2021年中国和老挝贸易规模

年份	中国与老挝贸易进出口总额		中国对老挝出口额		中国自老挝进口额	
	金额/亿美元	增长率/%	金额/亿美元	增长率/%	金额/亿美元	增长率/%
2000	0.41	—	0.34	—	0.06	—
2001	0.62	51.49	0.54	58.08	0.07	16.16
2002	0.64	3.37	0.54	-0.19	0.10	29.38
2003	1.09	71.12	0.98	80.90	0.11	16.09
2004	1.14	3.75	1.01	2.70	0.13	12.96
2005	1.29	13.55	1.03	2.47	0.26	101.87
2006	2.18	69.38	1.69	63.21	0.50	94.35
2007	2.64	20.83	1.78	5.46	0.86	73.06
2008	4.02	52.50	2.68	50.68	1.34	56.26
2009	7.44	84.90	3.77	40.48	3.67	173.59
2010	10.85	45.85	4.84	28.40	6.01	63.75
2011	13.04	20.16	4.76	-1.52	8.28	37.59
2012	17.25	32.29	9.37	96.76	7.88	-4.81
2013	27.33	58.43	17.23	83.82	10.10	28.22
2014	36.17	32.38	18.39	6.79	17.78	76.01
2015	27.73	-23.34	12.26	-33.36	15.47	-12.97
2016	23.47	-15.38	9.87	-19.48	13.60	-12.13
2017	30.24	28.88	14.19	43.81	16.05	18.05
2018	34.72	14.81	14.54	2.44	20.18	25.74
2019	39.18	12.83	17.62	21.21	21.55	6.79

续表

年份	中国与老挝贸易进出口总额		中国对老挝出口额		中国自老挝进口额	
	金额/亿美元	增长率/%	金额/亿美元	增长率/%	金额/亿美元	增长率/%
2020	35.70	-8.86	14.91	-15.39	20.79	-3.53
2021	43.18	20.94	16.67	11.76	26.52	27.53

资料来源：根据 UN Comtrade 数据、世界银行数据库整理而得。

从图 13-1 可以看出 2000—2021 年中老贸易差额呈波浪式发展态势。一是 2000—2009 年以及 2012—2014 年，中老贸易差额具体表现为"中方贸易顺差，老方贸易逆差"。其中，2000—2009 年，中国对老挝贸易顺差额年均增长率为-7.14%，2012—2014 年中国对老挝贸易顺差额年均增长率为-19.59%。二是 2010—2011 年以及 2015—2021 年，中老贸易差额呈现"中方贸易逆差，老方贸易顺差"。其中，2010—2011 年中国对老挝贸易差额从-1.17亿美元递减到-3.52亿美元；2015—2021 年中国对老挝贸易差额从-3.21亿美元递减到-9.8亿美元，中国对老挝贸易逆差额出现增长态势，年均增长率为 34.38%。

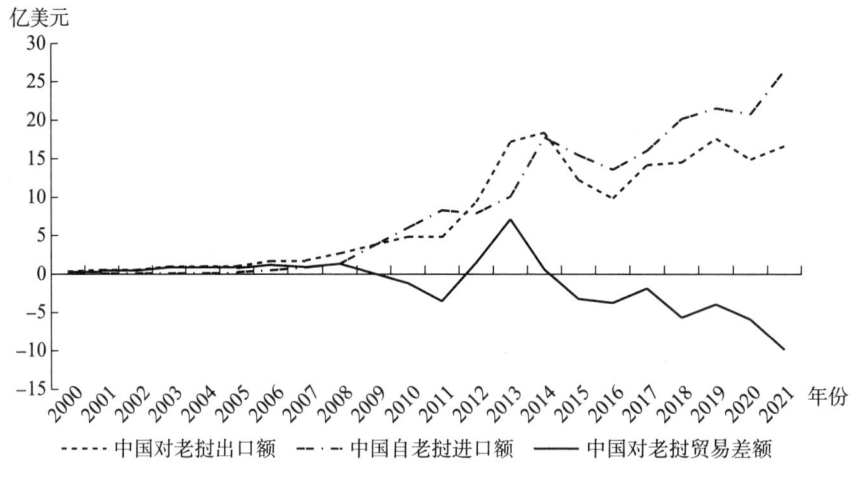

图 13-1　2000—2021 年中国与老挝进出口额及贸易差额

资料来源：根据 UN Comtrade 数据、世界银行数据库整理而得。

表 13-2 反映了 2021 年中老双边贸易的具体产品结构。中国对老挝出口的商品主要集中在工业制成品，其中机械及运输设备（SITC7）约占中国对老挝出口额的 48.90%，按原料分类的制成品（SITC6）约占 22.13%，化学品及有关产品（SITC5）约占 13.35%。老挝对中国出口的商品主要集中在 SITC2、

SITC6 和 SITC9，其中燃料除外的非食用原料（SITC2）约占老挝对中国出口额的 53.30%，按原料分类的制成品（SITC6）约占 19.29%、未分类的商品及交易品（SITC9）约占 15.64%。

表 13-2 2021 年中老双边贸易主要商品出口额及占比

SITC 类别	名称	中国对老挝出口的主要商品		老挝对中国出口的主要商品	
		出口额/亿美元	占比/%	出口额/亿美元	占比/%
0	食品及活动物	0.39	2.33	0.96	3.63
1	饮料及烟类	0.13	0.81	0.03	0.13
2	燃料除外的非食用原料	0.02	0.11	14.13	53.30
3	矿物燃料、润滑油及有关原料	0.03	0.18	0.05	0.19
4	动植物油、脂及蜡	0.0001	0.0005	0.00	0.00
5	化学品及有关产品	2.23	13.35	1.55	5.86
6	按原料分类的制成品	3.69	22.13	5.12	19.29
7	机械及运输设备	8.15	48.90	0.28	1.07
8	杂项制品	0.54	3.23	0.23	0.88
9	未分类的商品及交易品	1.49	8.95	4.15	15.64

资料来源：根据 UN Comtrade 数据、世界银行数据库整理而得。

13.3 中国与老挝贸易竞争性分析

为了探究中国与老挝之间的贸易竞争性情况，本书采用出口相似度指数（ESI）、贸易竞争力指数（TC）以及显示性比较优势指数（RCA）3 个指标进行分析。

13.3.1 出口相似度指数（ESI）分析

本书采用出口相似度指数分析中国与老挝出口商品在国际市场的竞争情况，根据公式（1-1）计算出口相似度指数，测算结果如图 13-2 所示。

从图 13-2 可以看出，2010—2021 年中国和老挝在国际市场上的 ESI 指数值不高[1]，介于 28.53~47.12，说明中老两国出口商品在国际市场的出口相似度较低，贸易竞争程度较低。从出口相似度指数的动态变化趋势看，2010—

---

[1] 由于 2000—2009 年老挝各类 SITC 商品数据缺失，因此部分指数分析 2010—2021 年的情况。

2021年，中国和老挝出口商品的ESI指数在国际市场总体呈明显的"先升高后下降"态势。从出口相似度指数可以看出，中国和老挝之间的出口竞争性较弱，贸易竞争性不强，而贸易互补性特征更明显，有利于两国未来长期和持续的贸易合作。

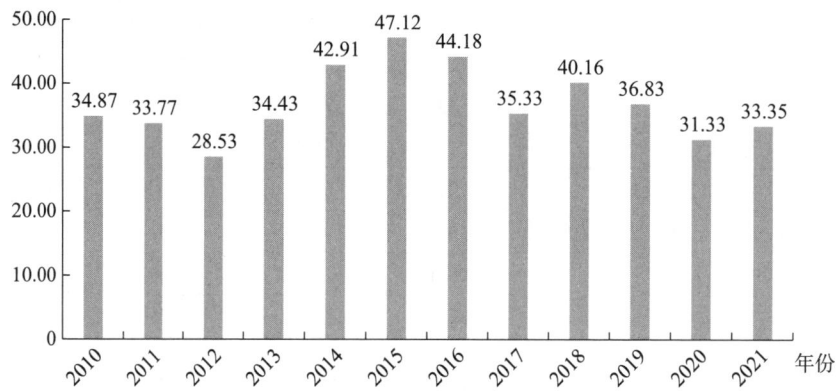

图13-2　2010—2021年中国与老挝的出口相似度指数（ESI）

资料来源：根据UN Comtrade数据、世界银行数据库整理而得。

13.3.2　贸易竞争力指数（TC）分析

本书采用贸易竞争力指数（TC）分析中老两国商品在国际市场的贸易竞争性，根据公式（1-2）计算2011—2021年中国和老挝的贸易竞争力指数（TC），测算结果见表13-3。

表13-3　中国与老挝贸易的产品贸易竞争力指数（TC）比较

SITC类别	名称	2011年		2016年		2021年	
		中国	老挝	中国	老挝	中国	老挝
0	食品及活动物	0.27	0.25	0.11	0.36	-0.27	0.29
1	饮料及烟类	-0.24	-0.51	-0.27	0.05	-0.47	-0.01
2	燃料除外的非食用原料	-0.90	0.95	-0.88	0.91	-0.90	0.56
3	矿物燃料、润滑油及有关原料	-0.79	-0.94	-0.73	-0.98	-0.81	0.32
4	动植物油、脂及蜡	-0.91	-0.92	-0.85	-0.91	-0.72	-0.91
5	化学品及有关产品	-0.23	-0.59	-0.16	-0.09	0.21	-0.40
6	按原料分类的制成品	0.36	0.19	0.48	-0.28	0.41	-0.04
7	机械及运输设备	0.17	-0.97	0.19	-0.77	0.25	-0.79

续表

SITC类别	名称	2011年		2016年		2021年	
		中国	老挝	中国	老挝	中国	老挝
8	杂项制品	0.57	0.39	0.62	0.47	0.56	0.49
9	未分类的商品及交易品	-0.91	-1.00	-0.47	-0.37	-0.24	-0.32

资料来源：根据 UN Comtrade 数据、世界银行数据库整理而得。

注：因篇幅所限，只列出 2011 年、2016 年和 2021 年的数据。

由表 13-3 可知，2011—2021 年中国的按原料分类的制成品（SITC6）、机械及运输设备（SITC7）和杂项制品（SITC8）的 TC 值一直为正，老挝的食品及活动物（SITC0）、燃料除外的非食用原料（SITC2）、杂项制品（SITC8）的 TC 值一直为正，说明中国在 SITC6、SITC7 和 SITC8 三类商品具有贸易竞争力，而老挝在 SITC0、SITC2、SITC8 三类商品具有贸易竞争力。

中国的饮料及烟类（SITC1），燃料除外的非食用原料（SITC2），矿物燃料、润滑油及有关原料（SITC3），动植物油、脂及蜡（SITC4）以及未分类的商品及交易品（SITC9）的 TC 值一直为负，老挝的动植物油、脂及蜡（SITC4），化学品及有关产品（SITC5），机械及运输设备（SITC7），未分类的商品及交易品（SITC9）的 TC 值一直为负，意味着中国存在五类 SITC 商品不具有贸易竞争力，而老挝存在四类 SITC 商品不具备国际贸易竞争力。

中国的化学品及有关产品（SITC5）的 TC 值由负转为正，老挝的矿物燃料、润滑油及有关原料（SITC3）的 TC 值由负转为正，意味着中国和老挝都出现了贸易竞争力不断提升的商品。

此外，中国的食品及活动物（SITC0）的 TC 值由正转为负，老挝的按原料分类的制成品（SITC6）的 TC 值由正转为负，意味着中国和老挝都存在竞争力由强变弱的商品。

从贸易竞争力指数分析可以看出，中国的 SITC6、SITC7 和 SITC8 三类商品具有产品竞争力，而老挝的 SITC0、SITC2、SITC8 三类商品具有产品竞争力，中老两国相同的优势商品为 SITC8，此类商品存在贸易竞争，而其他的优势商品类别不同，不存在贸易竞争。

13.3.3 显示性比较优势指数（RCA）分析

为了进一步探究中国与老挝之间产品结构的贸易竞争关系，本书采用显示性比较优势指数（RCA）进行分析。根据公式（1-3）计算中国和老挝出口产品的 RCA 指数，测算结果见表 13-4（间隔期为 1 年）。

表 13-4 中国与老挝各类出口商品的 RCA 指数

国别	SITC 类别	年份						均值
		2011	2013	2015	2017	2019	2021	
中国	0	0.46	0.41	0.40	0.42	0.40	0.32	0.40
	1	0.16	0.15	0.17	0.18	0.16	0.10	0.15
	2	0.18	0.16	0.17	0.17	0.18	0.15	0.17
	3	0.10	0.09	0.12	0.12	0.18	0.12	0.13
	4	0.05	0.05	0.06	0.06	0.10	0.10	0.07
	5	0.56	0.51	0.51	0.75	0.76	0.83	0.65
	6	1.28	1.32	1.33	1.25	1.31	1.21	1.28
	7	1.41	1.39	1.24	1.27	1.29	1.33	1.32
	8	2.30	2.36	2.06	1.99	1.88	1.86	2.08
	9	0.03	0.02	0.01	0.05	0.15	0.35	0.10
老挝	0	1.92	1.89	2.06	2.26	2.63	2.95	2.29
	1	1.42	4.22	10.26	7.57	6.82	5.48	5.96
	2	7.01	7.99	8.31	5.78	5.93	4.73	6.63
	3	0.05	0.04	0.02	2.84	2.29	2.51	1.29
	4	0.01	—	—	—	0.02	0.01	0.01
	5	0.20	0.36	0.64	0.28	0.43	0.31	0.37
	6	3.36	3.14	1.63	0.87	0.94	1.13	1.85
	7	0.03	0.06	0.10	0.12	0.11	0.09	0.09
	8	0.86	0.71	1.31	1.11	1.05	0.77	0.97
	9	0.0001	0.0004	0.003	0.0005	0.0002	—	0.0009

资料来源：根据 UN Comtrade 数据、世界银行数据库整理而得。

根据 RCA 结果分析，2011—2021 年，中国和老挝的出口商品可分为三类：一是中国与老挝相比具有比较优势的产品，如中国的机械及运输设备（SITC7）、杂项制品（SITC8）的 RCA 指数均值分别为 1.32 和 2.08，而老挝同类商品的 RCA 指数均值分别为 0.09 和 0.97，意味着中国 SITC7 和 SITC8 类别的商品 RCA 指数均值高于老挝，具有明显的竞争力；二是老挝与中国相比具有比较优势的产品，如老挝的食品及活动物（SITC0）、饮料及烟类（SITC1）、燃料除外的非食用原料（SITC2）、矿物燃料、润滑油及有关原料（SITC3）、按原料分类的制成品（SITC6）的 RCA 指数均值分别为 2.29、

5.96、6.63、1.29和1.85,而中国同类商品的RCA指数均值分别为0.40、0.15、0.17、0.13和1.28,表明老挝与中国相比,这五类商品具有更明显的国际竞争力;三是中老两国比较优势较弱的商品,如两国的动植物油、脂及蜡(SITC4),化学品及有关产品(SITC5),未分类的商品及交易品(SITC9)的RCA指数均值都低于0.80。

对比中国和老挝的RCA指数,可以发现两国出口商品在国际市场的产品结构存在较大差异,两国具有比较优势的产品类别并不相同,老挝的SITC0、SITC1、SITC2、SITC3、SITC6商品与中国的SITC7、SITC8商品都表现出较强的贸易互补性,具体表现为中国工业制成品具有比较优势,而老挝的初级产品具有比较优势。

13.4 中国与老挝贸易互补性分析

为了进一步探究中国与老挝之间产品结构的贸易互补关系,本书采用贸易互补性指数(TCI)、综合贸易互补性指数(TCIT)、产业内贸易指数(GL)、边际产业内贸易指数(MGL)以及综合产业内贸易指数(GLT)5个指标详细分析中国与老挝之间的贸易互补情况。

13.4.1 贸易互补性指数(TCI)分析

本书采用贸易互补性指数(TCI)深入分析中老两国产品结构的贸易互补关系。根据公式(1-4)计算得出TCI指数,测算结果见表13-5。

表13-5 中国与老挝的各类商品的贸易互补性指数(TCI)比较

SITC类别	2011年		2015年		2021年	
	中—老	老—中	中—老	老—中	中—老	老—中
0	0.37	0.55	0.48	1.50	0.60	2.18
1	0.48	0.39	1.25	4.43	0.65	2.03
2	0.02	23.54	0.05	29.52	0.19	15.18
3	0.11	0.04	0.22	0.03	0.15	3.22
4	0.01	0.02	0.01	0.01	0.02	0.01
5	0.29	0.19	0.23	0.48	0.66	0.23
6	2.12	2.29	2.08	0.77	1.72	0.79
7	1.79	0.03	1.32	0.21	1.08	0.09

续表

SITC 类别	2011年 中—老	2011年 老—中	2015年 中—老	2015年 老—中	2021年 中—老	2021年 老—中
8	0.63	0.62	0.54	0.65	0.58	0.43
9	0.0039	0.0001	0.0006	0.0013	0.0001	—

资料来源：根据 UN Comtrade 数据、世界银行数据库整理而得。

注：因篇幅所限，只列出部分年份数据。

由表 13-5 可知，从中国出口的角度看，TCI 值大于 1 的产品集中于 SITC6 和 SITC7，说明中国在工业品上与老挝具有较强的贸易互补性，且两国贸易互补性有所提升。从老挝出口的角度看，TCI 值一直大于 1 的商品是燃料除外的非食用原料（SITC2），SITC2 的 TCI 值明显高于其他商品，2015 年 TCI 值高达 29.52，说明在 SITC2 类别上，老挝与中国存在极强的互补关系。这是由于中国的工业品具有生产优势，而老挝的初级产品具有生产优势，两国可以在初级产品和工业品上形成贸易互补。

13.4.2 综合贸易互补性指数（TCIT）分析

考虑多种产品贸易并存情况下的中国与老挝之间贸易互补关系，本书采用综合贸易互补性指数（TCIT）进行分析。根据公式（1-5）计算中老两国 TCIT 指数，测算结果如图 13-3 所示。

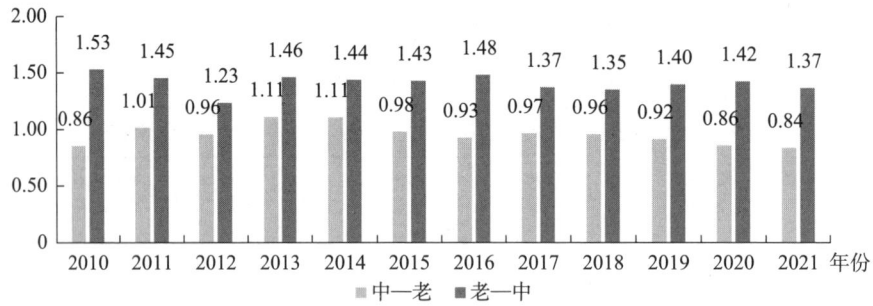

图 13-3 2010—2021 年中国与老挝的综合贸易互补性指数（TCIT）比较

资料来源：根据 UN Comtrade 数据、世界银行数据库整理而得。

图 13-3 显示了 2010—2021 年中国与老挝的综合贸易互补性指数的动态变化。从中国出口的角度看，中国出口与老挝进口的 TCIT 值在绝大部分年度小于 1，说明中国出口与老挝进口之间保持着较弱的贸易互补性。从老挝出口

的角度看，老挝出口与中国进口的 TCIT 值一直大于 1，且表现出较强的互补性。总体来说，中老的 TCIT 值小于老中的 TCIT 值，即中国出口与老挝进口之间具有一定的贸易互补性，而老挝出口与中国进口之间的贸易互补性较强。

13.4.3 产业内贸易指数（GL）分析

为了深入分析中国与老挝之间产业内贸易程度，本书采用产业内贸易指数（GL）进行分析。根据公式（1-6）计算中老之间的产业内贸易指数，测算结果见表 13-6（间隔期为 1 年）。

表 13-6 中国与老挝分类商品产业内贸易指数（GL）比较

SITC 类别	年份											均值
	2001	2003	2005	2007	2009	2011	2013	2015	2017	2019	2021	
0	0.61	1.00	0.61	0.15	0.16	0.24	0.10	0.11	0.15	0.31	0.58	0.34
1	0.00	0.00	0.00	0.00	0.10	0.14	0.06	0.13	0.63	0.98	0.40	0.15
2	0.08	0.02	0.06	0.03	0.01	0.00	0.00	0.00	0.01	0.01	0.00	0.02
3	0.00	0.00	0.00	0.35	0.71	0.75	0.31	0.08	0.67	0.87	0.76	0.34
4	0.00	—	—	—	—	0.00	—	—	—	0.00	0.00	0.00
5	0.01	0.00	0.03	0.65	0.39	0.14	0.16	0.85	0.55	0.80	0.82	0.43
6	0.02	0.00	0.59	0.88	0.81	0.99	0.56	0.74	0.37	0.55	0.84	0.61
7	0.00	0.00	0.00	0.00	0.00	0.00	0.00	0.06	0.10	0.07	0.02	
8	0.01	0.04	0.16	0.32	0.03	0.10	0.12	0.29	0.80	0.76	0.60	0.19
9	0.00	0.00	0.00	0.17	0.96	0.00	0.06	0.34	0.31	0.36	0.53	0.20

资料来源：根据 UN Comtrade 数据、世界银行数据库整理而得。

由表 13-6 可知，中国与老挝之间只有按原料分类的制成品（SITC6）的 GL 年均值超过 0.50，为 0.61。其余商品的 GL 值存在部分年份大于 0.50 的情况，但是 GL 年均值皆小于 0.50，说明中国与老挝之间在按原料分类的制成品（SITC6）类别上表现为产业内贸易，而其他商品主要表现为产业间贸易。从 GL 值可以看出，中国和老挝之间大部分行业还没有实现产业内贸易互补，两国产业内贸易的发展潜力巨大，同时也说明，中国和老挝的双边贸易在整体上具有较强的贸易互补性。

13.4.4 边际产业内贸易指数（MGL）分析

对于中国与老挝之间产品结构的边际产业内贸易情况，本书采用边际产业内贸易指数（MGL）进行分析。根据公式（1-7）计算 MGL 指数，测算结果如表 13-7 所示（间隔期为 1 年）。

表 13-7　中国与老挝分类商品边际产业内贸易指数（MGL）比较

SITC 类别	年份										均值
	2001	2003	2005	2007	2009	2011	2013	2015	2017	2019	2021	
0	0.00	0.00	0.46	0.03	0.08	0.76	0.00	0.24	0.00	0.00	0.00	0.14
1	0.00	0.00	0.00	0.00	0.12	0.00	0.00	0.22	0.00	0.75	0.00	0.10
2	0.00	0.01	0.11	0.00	0.01	0.00	0.00	0.00	0.03	0.00	0.00	0.01
3	0.00	0.08	0.00	0.37	0.99	0.85	0.00	0.21	0.00	0.88	0.00	0.31
4	—	—	—	—	—	—	—	—	—	0.66	0.00	0.22
5	0.04	0.00	0.06	0.85	0.19	0.00	0.00	0.32	0.00	0.90	0.79	0.29
6	0.01	0.00	0.00	0.81	0.00	0.00	0.00	0.90	0.20	0.00	0.66	0.23
7	0.00	0.00	0.00	0.00	0.00	0.00	0.00	0.00	0.17	0.00	0.00	0.02
8	0.00	0.00	0.88	0.00	0.01	0.00	0.00	0.00	0.05	0.00	0.39	0.15	0.13
9	0.00	0.13	0.00	0.00	0.18	0.98	0.00	0.04	0.34	0.35	0.00	0.79	0.26

资料来源：根据 UN Comtrade 数据、世界银行数据库整理而得。

由表 13-7 可知，2001—2021 年中国与老挝之间没有一种商品的边际产业内贸易指数年均值超过 0.50，其中年均值最大的类别为矿物燃料、润滑油及有关原料（SITC3），其年均值也只有 0.31，说明中国与老挝之间所有商品在此期间的贸易增量主要是由产业间贸易推动，中国与老挝之间的贸易以产业间贸易为主，产业内贸易的动态增长较为有限。此外，这也表明了中国和老挝之间在多数商品领域的贸易结构中，进出口商品差异较大，尚未形成高度的产业内贸易互补。

13.4.5　综合产业内贸易指数（GLT）

为考察中老两国之间所有商品的总体产业内贸易水平，根据公式（1-8）计算两国的综合产业内贸易指数（GLT）并进行分析，测算结果如图 13-4 所示。

图 13-4 显示了 2000—2021 年中国与老挝之间的综合产业内贸易指数的变化情况。可以看出，所有 SITC 商品的 GLT 值在 0.02~0.36 波动，说明两国之间整体的产业内贸易程度由产业间贸易向产业内贸易发展，表明中国与老

挝在产业链上贸易竞争不断加强。

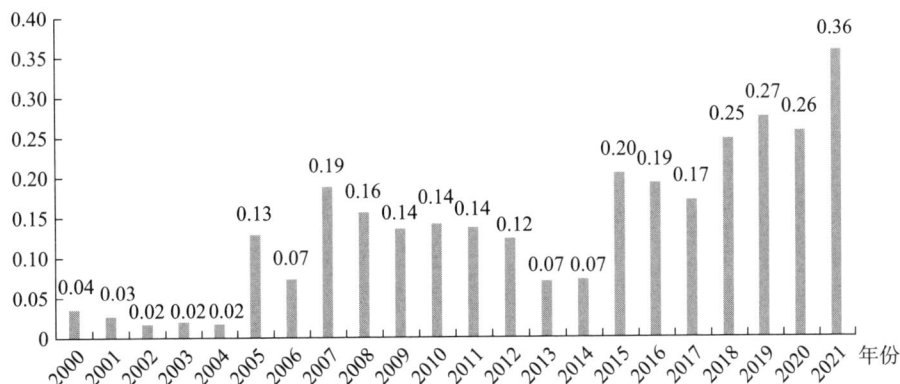

图 13-4　2000—2021 年中国与老挝的综合产业内贸易指数（GLT）比较

资料来源：根据 UN Comtrade 数据、世界银行数据库整理而得。

13.5　中国与老挝贸易结合度分析

本书采用贸易结合度指数（TII）反映中老之间贸易紧密度。根据公式（1-9）计算 2010—2021 年中老贸易结合度指数，测算结果如图 13-5 所示。

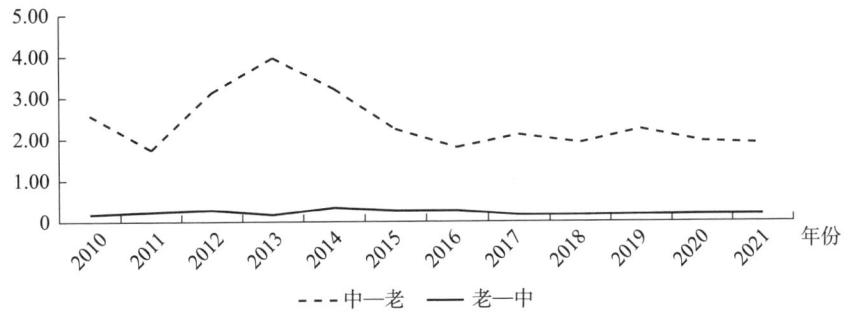

图 13-5　2010—2021 年中国与老挝的贸易结合度指数（TII）比较

资料来源：根据 UN Comtrade 数据、世界银行数据库整理而得。

从中国出口的角度看，2010—2021 年中国对老挝出口的 TII 值一直大于 1，说明中国与老挝之间的贸易联系较为紧密，贸易结合度较高。从老挝出口的角度看，老挝对中国出口的 TII 值一直小于 1，表明老挝与中国具有较松散的贸易联系，贸易结合度较低。从整体来看，中老之间的 TII 值呈明显的先升后降态势，说明中老之间的贸易结合度不断反复；老中的 TII 值上升态势不明显，说明老中之间的贸易结合度没有明显变化。

13.6 中国与老挝地缘经济关系分析

为了探究中国与老挝之间的地缘经济关系，本书采用对外经济联系强度（Relation）进行分析。根据公式（1-10）计算 2000—2021 年中国与老挝之间的对外经济联系强度，测算结果如图 13-6 所示。

由图 13-6 可以看出，中国与老挝之间 Relation 指数分布区间为 [0.5，7.7]，中老之间的对外经济联系强度一直处于上升态势。中国与老挝之间 Relation 指数值不高，表明两国之间虽然在贸易、金融、投资、交通存在双边合作，但是中国与老挝之间的相互辐射能力还较弱。在 2008 年国际金融危机后，两国之间的 Relation 指数开始显著提升。在 2013 年 "一带一路" 倡议实施后，老挝作为共建国家，在高质量共建 "一带一路" 中，与中国的贸易往来、投资合作不断增强。

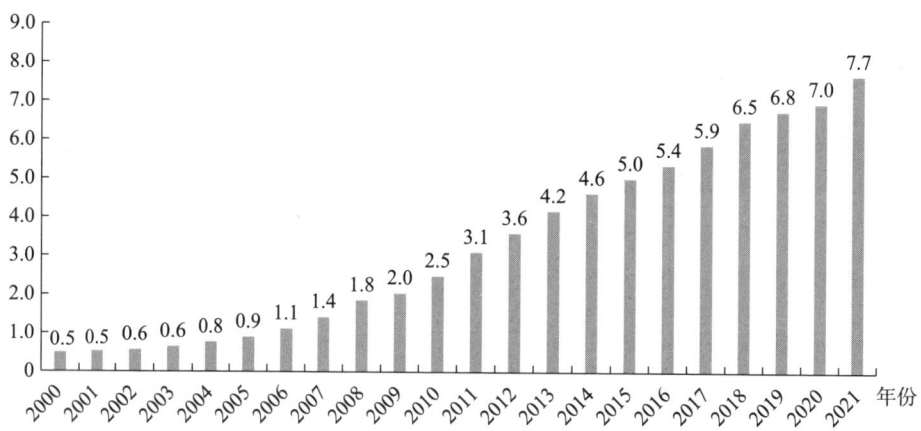

图 13-6　2000—2021 年中国与老挝之间的对外经济联系强度（Relation）

资料来源：根据 UN Comtrade 数据、世界银行数据库整理而得。

13.7 本章小结

本章选取 UN Comtrade 和世界银行数据库中 2000—2021 年贸易数据，基于贸易竞争性、贸易互补性、贸易结合度以及地缘经济关系 4 个维度 10 个指标分析中国与老挝之间的双边贸易关系。结果表明：

（1）从贸易竞争性看，ESI 指数显示，中国与老挝的出口商品在国际市场上的出口相似度较低，贸易竞争程度较低，意味着两国在多数情况下不会在相同商品领域形成直接竞争。中国在 SITC6、SITC7 和 SITC8 商品类别上具有产品优势，而老挝在 SITC0、SITC2、SITC8 商品类别上具有竞争力。RCA 指数进一步揭示了老挝在 SITC0、SITC1、SITC2、SITC3、SITC6 商品类别上具有比较优势，中国在 SITC7、SITC8 商品类别上具有比较优势，表明两国在优势商品类别上存在差异，从而减少了直接竞争的可能性。

（2）从贸易互补性看，TCI 指数显示，中国在 SITC6、SITC7 类别商品的出口与老挝之间存在较强的贸易互补性，而老挝在 SITC2 商品出口与中国表现出较强的互补性。GL 指数揭示了两国在 SITC6 类别商品上表现出产业内贸易特征，但总体上两国的贸易以产业间贸易为主，显示出较强的贸易互补性，表明中国和老挝在贸易结构上具有较好的匹配性，能够通过互补性贸易促进双方的经济发展。

（3）从贸易结合度看，TII 指数显示，中国与老挝之间的贸易联系较为紧密，这显示出中国的出口商品对老挝具有较大的吸引力，这可能是由于中老两国在资源开发合作、产业合作、电力合作等领域互补性强，为双方提供了广阔的合作空间。相对地，老挝与中国的贸易联系则显得较为松散，老挝对中国进口商品的贸易依存度不高，这是由于老挝可能采取了较为保守的贸易政策，或者市场开放度不高，影响了与中国的贸易深度。

（4）从地缘经济关系看，根据 Relation 指数分析，中国与老挝之间的经贸关系正在稳步增强，呈现出积极的发展趋势。尽管目前双方的相互影响力和辐射能力尚未达到较高水平，但随着双边合作的不断深化，可以预期这种能力将逐步提升。

总体来看，中国与老挝的贸易关系具有显著的互补性，为双方提供了合作的潜力。中国以及老挝的比较优势商品不同，两国可以在各自的优势领域内加强贸易往来，为双方提供合作的机会，实现互利共赢。此外，两国应致力于建立长期稳定的经济合作关系，通过增加投资、技术交流和人员培训等方式，促进双方经济的共同发展。

第14章

中国与柬埔寨贸易关系分析

14.1 引言

柬埔寨位于东南亚，是东盟成员国之一，也是RCEP成员国之一。柬埔寨的国土面积约18万平方千米，总人口约1600万人，2022年人均GDP为1785美元。柬埔寨是传统农业国，工业发展相对薄弱，制衣业和建筑业相对发展较快。在贸易方面，2022年柬埔寨对外贸易额为524.25亿美元，同比增长9.2%，其中出口额为224.83亿美元，同比增长16.4%，进口额为299.42亿美元，同比增长4.3%。柬埔寨的主要出口商品有服装、电气设备、皮革制品、家具、橡胶等；进口的主要商品有石油、针织品、车辆、机器设备。柬埔寨主要贸易伙伴包括中国、美国、越南、泰国、日本、印度尼西亚、新加坡以及欧盟等。

1958年7月19日，中国和柬埔寨正式建交。中柬建立外交关系后，两国之间历经60多年长期稳定的经贸合作。2000年11月，中国和柬埔寨双方签署了《中华人民共和国和柬埔寨王国关于双边合作框架的联合声明》，确定两国开展更加密切和稳固的睦邻友好合作关系。2010年12月，中柬双方建立全面战略合作伙伴关系。2019年4月，中国和柬埔寨签署《构建中柬命运共同体行动计划》（2019—2023）。近年来，更是开启了构建高质量、高水平、高标准的命运共同体。2022年1月1日，RCEP正式对柬埔寨实施生效，这对于推动柬埔寨的国内经济及进出口贸易具有十分重要的意义。在中柬贸易方面，截至2022年，中国连续11年成为柬埔寨最大贸易伙伴，中国是柬埔寨大米、香蕉的最大进口国。2022年1月1日，中国和柬埔寨签署的《中华人民共和国政府和柬埔寨王国政府自由贸易协定》正式生效实施，协定内容强调，深入开展基础设施、投资、经济走廊等重点领域合作。此协定是中国与最不发达国家商签的第一个自贸协定,是第一个将"一带一路"倡议合作独立设章的自贸协定,也是中柬双边经贸关系发展中新的里程碑。2022年,中国与柬埔寨双边货物贸易额为160.2亿美元,其中中国对柬埔寨出口额为141.8亿美元,中国自柬埔寨进口额为18.4亿美元。

学界关于中国与柬埔寨之间贸易关系的研究主要围绕两个方面展开讨论:

一是中国与柬埔寨双边贸易关系分析。张康妮(2018)采用2006—2017年中柬双边贸易数据分析发现,中国和柬埔寨之间农产品进出口贸易总体呈上升态势。丁一(2021)发现,《中华人民共和国政府和柬埔寨王国政府自由贸易协定》签订后,中柬自贸区降低关税的实施显著地提升了中柬两国进出口贸易增长。李瑞华(2022)从贸易替代关系、互补关系和不确定性关系三个角度分析后指出,中国和柬埔寨之间存在贸易不平衡、贸易结构单一以及贸易互补性强等特征。

二是中国与柬埔寨贸易的影响因素分析。傅超(2018)采用2002—2016年中柬之间的贸易数据进行实证分析发现,人均GDP、实际GDP、贸易依存度、首都之间的距离是中柬贸易的影响变量。姜玲(2020)发现,中国援助有利于提升柬埔寨进口贸易规模,但是中国援助不利于提升柬埔寨的出口贸易。余文秀(2023)采用2015—2021年数据分析发现,GDP和人口数量是影响中国和柬埔寨双边贸易的重要因素。

综上所述,现有文献分析了中国与柬埔寨之间的贸易互补性关系及其影响因素,但对于近年来中国与柬埔寨之间的贸易竞争关系以及地缘经济关系尚未进行深入和全面的分析。本章对中国与柬埔寨之间的贸易关系分别从贸易竞争性、贸易互补性、贸易结合度以及地缘经济关系4个维度进行系统的分析和评估,并为在RCEP背景下加强中国和柬埔寨的贸易合作提供可靠的现实证据,对未来加深贸易合作提出建议。

本章相关统计分析数据来源于UN Comtrade,并将所有进出口商品按《国际贸易标准分类》(SITC Rev.4)进行分类。

14.2 中国与柬埔寨贸易发展概况

中柬两国建立外交关系以来,两国贸易规模呈明显的上升态势。

由表14-1可以看出,中柬两国贸易总额在2000—2021年基本处于稳步增长态势，年均增长率为286%。其中，2000年中柬双边贸易总额仅为2.24亿美元，2011年突破20亿美元，2017年突破50亿美元，2021年更是突破100亿美元。受2008年国际金融危机影响，全球经济下滑，中柬贸易也受到明显的影响，2009年中柬贸易额达到9.44亿元，同比下降16.79%。2010年中柬贸易总额规模明显提升，达到14.41亿美元，同比增长52.65%。受全球经济总体复苏乏力影响，2014年中柬双边贸易规模出现负增长。2020年，新冠疫情在全球蔓延，中柬双边贸易规模的增速有所下降，同比增长1.35%。2021年两国贸易额达到136.67亿美元，同比增长43.06%，其中，中国对柬埔寨出口额为115.66亿美元，同比增长43.60%，中国自柬埔寨进口额为21.00亿美元，同比增长40.17%。

表14-1 2000—2021年中柬贸易规模

年份	中柬贸易进出口总额		中国对柬埔寨出口额		中国自柬埔寨进口额	
	金额/亿美元	增长率/%	金额/亿美元	增长率/%	金额/亿美元	增长率/%
2000	2.24	—	1.64	—	0.59	—
2001	2.40	7.56	2.06	25.35	0.35	-41.50
2002	2.76	14.83	2.52	22.32	0.25	-29.46
2003	3.21	16.13	2.95	17.13	0.26	5.91
2004	4.82	50.23	4.52	53.33	0.30	15.12
2005	5.63	16.95	5.36	18.65	0.27	-8.78
2006	7.33	30.09	6.98	30.17	0.35	28.52
2007	9.35	27.54	8.84	26.63	0.51	45.52
2008	11.34	21.37	10.96	23.99	0.39	-23.96
2009	9.44	-16.79	9.07	-17.20	0.37	-4.99
2010	14.41	52.65	13.47	48.54	0.94	153.79
2011	24.99	73.43	23.15	71.81	1.84	96.84
2012	29.23	16.98	27.08	16.99	2.15	16.83
2013	37.73	29.07	34.10	25.90	3.64	68.89
2014	37.58	-0.41	32.75	-3.95	4.83	32.80
2015	44.30	17.89	37.63	14.92	6.67	38.04
2016	47.59	7.43	39.29	4.39	8.31	24.59

续表

年份	中柬贸易进出口总额		中国对柬埔寨出口额		中国自柬埔寨进口额	
	金额/亿美元	增长率/%	金额/亿美元	增长率/%	金额/亿美元	增长率/%
2017	57.91	21.68	47.83	21.75	10.08	21.32
2018	73.84	27.52	60.08	25.60	13.77	36.63
2019	94.26	27.65	79.82	32.86	14.44	4.92
2020	95.53	1.35	80.54	0.91	14.99	3.75
2021	136.67	43.06	115.66	43.60	21.00	40.17

资料来源：根据 UN Comtrade 数据、世界银行数据库整理而得。

从图 14-1 可以看出，2000—2021 年中柬贸易差额呈持续增长态势，具体表现为"中方贸易顺差，柬方贸易逆差"。中国对柬埔寨贸易顺差额从 2000 年的 1.05 亿美元增长到 2021 年的 94.66 亿美元。中国对柬埔寨贸易一直处于贸易顺差状态。

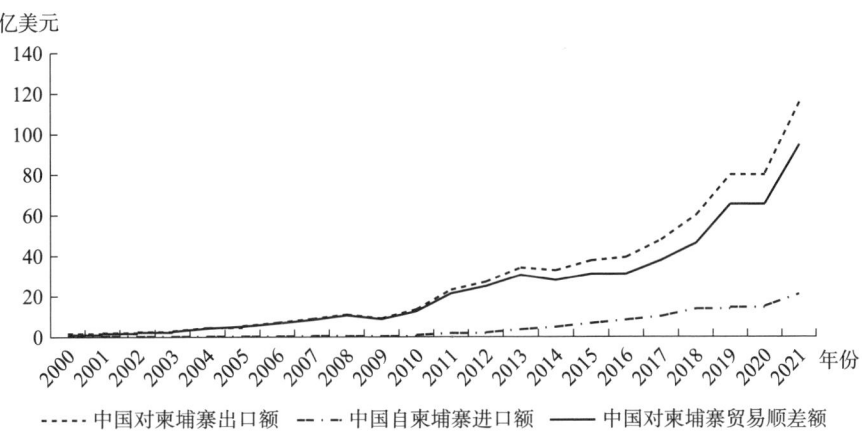

图 14-1 2000—2021 年中国与柬埔寨进出口额及贸易差额

资料来源：根据 UN Comtrade 数据、世界银行数据库整理而得。

从表 14-2 可以看出 2021 年中柬双边贸易的具体产品结构。中国对柬埔寨出口商品主要集中在工业制成品，其中按原料分类的制成品（SITC6）约占中国对柬埔寨出口商品总额的 54.53%，机械及运输设备（SITC7）约占 19.19%，化学品及有关产品（SITC5）约占 13.71%。柬埔寨对中国出口的商品主要集中在 SITC0、SITC6 和 SITC8 类别，其中杂项制品（SITC8）出口额约占柬埔寨对中国出口额的 33.65%，按原料分类的制成品（SITC6）约占

27.16%，食品及活动物（SITC0）约占 22.07%。

表 14-2　2021 年中柬双边贸易主要商品出口额及占比

SITC 类别	名称	中国对柬埔寨出口的主要商品		柬埔寨对中国出口的主要商品	
		出口额/亿美元	占比/%	出口额/亿美元	占比/%
0	食品及活动物	1.37	1.18	4.64	22.07
1	饮料及烟类	0.22	0.19	0.03	0.15
2	燃料除外的非食用原料	1.80	1.56	0.91	4.35
3	矿物燃料、润滑油及有关原料	0.58	0.50	0.00	0.00
4	动植物油、脂及蜡	0.00	0.00	0.00	0.02
5	化学品及有关产品	15.86	13.71	0.76	3.63
6	按原料分类的制成品	63.07	54.53	5.70	27.16
7	机械及运输设备	22.19	19.19	1.85	8.81
8	杂项制品	9.39	8.11	7.07	33.65
9	未分类的商品及交易品	1.18	1.02	0.04	0.17

资料来源：根据 UN Comtrade 数据、世界银行数据库整理而得。

14.3　中国与柬埔寨贸易竞争性分析

为了探究中国与柬埔寨出口商品在国际市场的贸易竞争情况，本书采用出口相似度指数（ESI）、贸易竞争力指数（TC）以及显示性比较优势指数（RCA）3 个指标进行分析。

14.3.1　出口相似度指数（ESI）分析

本书采用出口相似度指数（ESI）分析中国与柬埔寨出口商品在国际市场上的竞争情况，根据公式（1-1）计算出口相似度指数，测算结果如图 14-2 所示。

从图 14-2 可以看出，中国和柬埔寨在国际市场上的 ESI 指数值不高，介于 29.6~48.1，说明中柬两国出口商品在国际市场产品结构相似度不高，贸易竞争度较低。从出口相似度指数的动态变化趋势看，2000—2021 年，中国和柬埔寨出口商品的 ESI 指数在国际市场总体呈明显的波浪式发展态势，其中中国与柬埔寨 ESI 指数在 2000—2008 年呈下降态势，2009—2013 年整体呈上升态势，2008 年中国与柬埔寨 ESI 指数为谷底点，ESI 值为 29.6，这与国际金融危机以及世界经济低迷有关。从中国与柬埔寨的出口相似度指数可以看出，中国和柬埔寨之间的出口相似度不高，两国之间的贸易竞争性不强，这为两国未来的贸易合作提供了潜在空间。

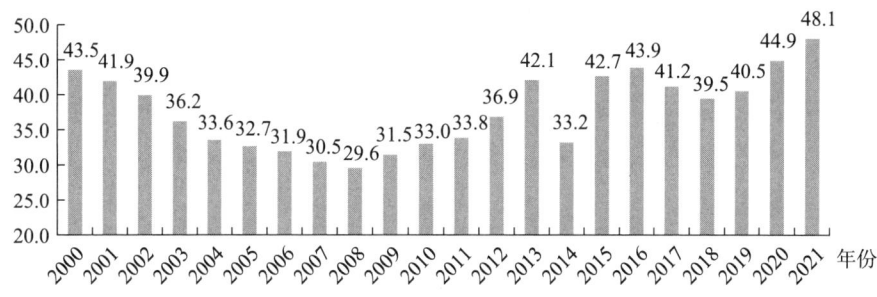

图 14-2　2000—2021 年中国与柬埔寨的出口相似度指数（ESI）

资料来源：根据 UN Comtrade 数据、世界银行数据库整理而得。

14.3.2　贸易竞争力指数（TC）分析

为了进一步探究中柬两国商品在国际市场的贸易竞争情况，根据公式（1-2）计算贸易竞争力指数（TC）并进行比较分析，测算结果见表 14-3。

表 14-3　中国与柬埔寨的产品贸易竞争力指数（TC）比较

SITC 类别	名称	2001 年		2011 年		2021 年	
		中国	柬埔寨	中国	柬埔寨	中国	柬埔寨
0	食品及活动物	0.44	-0.58	0.27	-0.26	-0.27	-0.13
1	饮料及烟类	0.36	-0.93	-0.24	-0.76	-0.47	-0.96
2	燃料除外的非食用原料	-0.69	-0.09	-0.90	0.44	-0.90	-0.26
3	矿物燃料、润滑油及有关原料	-0.35	-1.00	-0.79	-1.00	-0.81	-1.00
4	动植物油、脂及蜡	-0.75	-1.00	-0.91	0.47	-0.72	0.55
5	化学品及有关产品	-0.41	-1.00	-0.23	-0.95	0.21	-0.35
6	按原料分类的制成品	0.03	-0.89	0.36	-0.97	0.41	-0.73
7	机械及运输设备	-0.10	-0.87	0.17	-0.56	0.25	-0.39

续表

SITC类别	名称	2001年		2011年		2021年	
		中国	柬埔寨	中国	柬埔寨	中国	柬埔寨
8	杂项制品	0.73	0.83	0.57	0.84	0.56	0.75
9	未分类的商品及交易品	-0.47	-0.89	-0.91	-0.92	-0.24	-1.00

资料来源：根据 UN Comtrade 数据、世界银行数据库整理而得。

注：因篇幅所限，只列出部分年份数据。

由表 14-3 可知，2001—2021 年，中国的按原料分类的制成品（SITC6）和杂项制品（SITC8）的 TC 值一直为正，柬埔寨的杂项制品（SITC8）的 TC 值一直为正，说明中国的 SITC6、SITC8 商品具有贸易竞争力，柬埔寨的 SITC8 商品具有贸易竞争力。

中国的燃料除外的非食用原料（SITC2），矿物燃料、润滑油及有关原料（SITC3），动植物油、脂及蜡（SITC4）以及未分类的商品及交易品（SITC9）的 TC 值一直为负，柬埔寨的食品及活动物（SITC0），饮料及烟类（SITC1），矿物燃料、润滑油及有关原料（SITC3），化学品及有关产品（SITC5），按原料分类的制成品（SITC6），机械及运输设备（SITC7）以及未分类的商品及交易品（SITC9）的 TC 值一直为负，意味着中国存在四类 SITC 商品不具有贸易竞争力，而柬埔寨存在七类 SITC 商品不具备国际贸易竞争力。

中国的化学品及有关产品（SITC5）和机械及运输设备（SITC7）的 TC 值由负转为正，柬埔寨的动植物油、脂及蜡（SITC4）的 TC 值由负转为正，意味着中国和柬埔寨都出现了贸易竞争力不断提升的商品，具体包括中国两种 SITC 商品，柬埔寨一种 SITC 商品。

从贸易竞争力指数分析可以看出，中国的 SITC6、SITC8 类别的商品具有贸易竞争力，而柬埔寨的 SITC8 商品具有贸易竞争力，中柬两国优势商品 SITC8 存在贸易竞争性，两国之间其他商品的贸易竞争性不强。

14.3.3 显示性比较优势指数（RCA）分析

本书采用显示性比较优势指数（RCA）分析中国与柬埔寨之间产品结构的贸易竞争关系。根据公式（1-3）计算中国和柬埔寨出口商品的 RCA 指数，测算结果见表 14-4（间隔期为 1 年）。

表 14-4 中国与柬埔寨出口商品的 RCA 指数比较

国别	SITC 类别	2001	2003	2005	2007	2009	2011	2013	2015	2017	2019	2021	均值
中国	0	0.85	0.71	0.57	0.49	0.43	0.46	0.41	0.40	0.42	0.40	0.32	0.50
	1	0.35	0.25	0.19	0.15	0.15	0.16	0.15	0.17	0.18	0.16	0.10	0.18
	2	0.53	0.38	0.31	0.22	0.20	0.18	0.16	0.17	0.17	0.18	0.15	0.24
	3	0.34	0.27	0.19	0.13	0.13	0.10	0.09	0.12	0.16	0.12	0.12	0.17
	4	0.14	0.06	0.10	0.06	0.05	0.05	0.05	0.06	0.06	0.10	0.10	0.08
	5	0.52	0.42	0.44	0.45	0.42	0.56	0.51	0.51	0.75	0.76	0.83	0.56
	6	1.21	1.15	1.21	1.25	1.21	1.28	1.32	1.33	1.25	1.31	1.21	1.25
	7	0.81	1.02	1.16	1.24	1.38	1.41	1.39	1.24	1.27	1.29	1.33	1.23
	8	2.68	2.46	2.39	2.30	2.19	2.30	2.36	2.06	1.99	1.88	1.86	2.22
	9	0.05	0.05	0.04	0.05	0.03	0.03	0.02	0.01	0.05	0.15	0.35	0.08
柬埔寨	0	0.17	0.06	0.10	0.06	0.07	0.34	0.83	0.66	0.66	0.65	0.74	0.17
	1	0.22	0.11	0.36	0.35	0.23	0.46	0.63	0.40	0.30	0.25	0.08	0.22
	2	0.83	0.73	0.55	0.52	0.58	0.88	0.94	0.64	0.77	0.50	0.61	0.83
	3	0.00	0.00	0.00	—	—	0.00	0.00	0.00	0.00	0.00	0.00	0.00
	4	0.00	0.05	0.07	—	0.27	0.42	0.49	0.29	0.38	0.40	0.48	0.00
	5	0.00	0.01	0.01	0.02	0.04	0.01	0.03	0.08	0.24	0.34	0.54	0.00
	6	0.19	0.09	0.09	0.08	0.05	0.05	0.16	0.32	0.45	0.45	0.64	0.19
	7	0.02	0.03	0.01	0.05	0.06	0.15	0.28	0.21	0.21	0.21	0.31	0.02
	8	7.00	7.27	7.82	8.28	7.66	7.99	6.83	6.22	7.30	7.42	6.71	7.00
	9	0.02	0.01	0.01	0.02	0.06	0.02	—	0.01	0.03	0.00	0.00	0.02

资料来源：根据 UN Comtrade 数据、世界银行数据库整理而得。

根据 RCA 结果分析，2001—2021 年，中国和柬埔寨的出口商品可分为三类：一是中国与柬埔寨相比具有比较优势的产品，如中国的按原料分类的制成品（SITC6）、机械及运输设备（SITC7）的 RCA 指数均值分别为 1.25 和 1.23，而柬埔寨同类商品的 RCA 指数均值分别为 0.19 和 0.02，意味着中国 SITC6 和 SITC7 的 RCA 指数均值高于柬埔寨，具有明显的竞争力；二是柬埔寨与中国相比具有比较优势的产品，如柬埔寨的燃料除外的非食用原料（SITC2）、杂项制品（SITC8）的 RCA 指数均值分别为 0.83 和 7.00，而中国同类产品的 RCA 指数均值分别为 0.24 和 2.22，这表明柬埔寨与中国相比，这两类商品具有更明显的国际竞争力；三是中柬两国比较优势较弱的产品，如两国的食品及活动物（SITC0），饮料及烟类（SITC1），矿物燃料、润滑油及有关原料（SITC3），动植物油、脂及蜡（SITC4），化学品及有关产品（SITC5）以及未分类的商品及交易品（SITC9）的 RCA 指数均值都低于 0.80，属于产品竞争力较弱的产品。

对比中国和柬埔寨的 RCA 指数，可以发现两国出口到国际市场的产品结构存在较大差异，两国具有比较优势的产品类别并不相同，柬埔寨的 SITC2、SITC8 与中国的 SITC6、SITC7 类别商品表现出较强的贸易互补性。

14.4 中国与柬埔寨贸易互补性分析

为了进一步探究中国与柬埔寨之间产品结构的贸易互补关系，本书采用贸易互补性指数（TCI）、综合贸易互补性指数（TCIT）、产业内贸易指数（GL）、边际产业内贸易指数（MGL）以及综合产业内贸易指数（GLT）5 个指标详细分析中国与柬埔寨之间的贸易互补情况。

14.4.1 贸易互补性指数（TCI）分析

为了深入分析中国与柬埔寨之间产品结构的贸易互补关系，本书采用贸易互补性指数（TCI）进行分析。根据公式（1-4）计算两国 TCI 指数，测算结果见表 14-5。

表 14-5 中国与柬埔寨的产品贸易互补性指数（TCI）比较

SITC 类别	2001 年		2005 年		2011 年		2015 年		2021 年	
	中—柬	柬—中	中—柬	柬—中	中—柬	柬—中	中—柬	柬—中	中—柬	柬—中
0	0.54	0.06	0.35	0.03	0.29	0.10	0.26	0.32	0.19	0.54
1	2.11	0.04	0.93	0.05	0.56	0.13	0.72	0.17	0.23	0.03
2	0.45	2.22	0.22	1.62	0.06	2.97	0.11	2.13	0.08	1.97
3	0.47	0.00	0.10	0.00	0.08	0.00	0.01	0.00	0.08	0.00
4	0.21	0.00	0.09	0.10	0.01	0.45	0.04	0.27	0.01	0.44
5	0.34	0.00	0.23	0.01	0.27	0.01	0.29	0.07	0.55	0.39
6	3.95	0.24	4.27	0.08	4.49	0.04	4.98	0.22	3.22	0.45
7	0.27	0.02	0.52	0.01	0.80	0.16	0.73	0.24	0.57	0.32
8	1.74	3.58	2.39	6.20	1.75	5.70	1.39	4.43	1.13	3.74
9	0.02	0.00	0.00	0.00	0.02	0.02	0.01	0.00	2.81	0.00

资料来源：根据 UN Comtrade 数据、世界银行数据库整理而得。

注：因篇幅所限，只列出部分年份数据。

由表14-5可知，从中国出口的角度看，TCI值大于1的商品集中于SITC6、SITC8类别，说明中国在按原料分类的制成品（SITC6）和杂项制品（SITC8）与柬埔寨商品具有较强的互补性。从柬埔寨出口的角度看，TCI值大于1的主要商品分布在SITC2和SITC8类别，尤其是杂项制品（SITC8）的TCI值明显高于其他商品，2005年高达6.20，说明在燃料除外的非食用原料（SITC2）和杂项制品（SITC8）类别商品上，柬埔寨与中国存在极强的互补关系，这是由于中国需要进口大量的原材料保障产品生产。

14.4.2 综合贸易互补性指数（TCIT）分析

考虑多种产品贸易并存情况下的中国与柬埔寨之间贸易互补关系，本书采用综合贸易互补性指数（TCIT）进行分析。根据公式（1-5）计算，测算结果如图14-3所示。

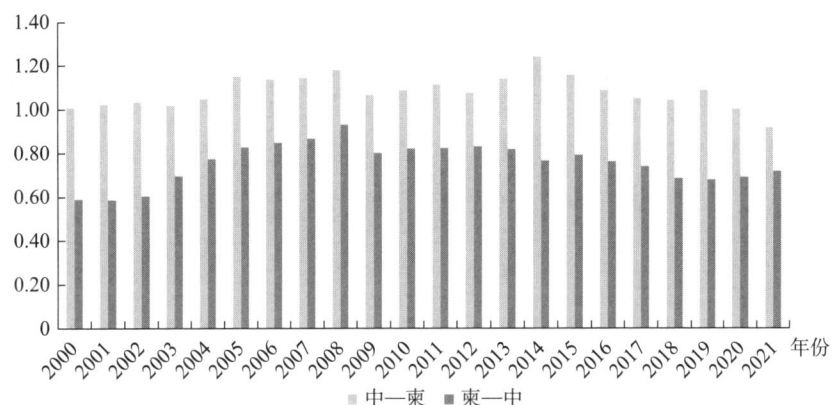

图14-3　2000—2021年中国与柬埔寨的综合贸易互补性指数（TCIT）比较

资料来源：根据UN Comtrade数据、世界银行数据库整理而得。

图14-3显示了2000—2021年中国与柬埔寨的综合贸易互补性指数的动态变化。从中国出口的角度看，中国出口与柬埔寨进口的TCIT值基本大于1，说明中国出口与柬埔寨进口之间保持着较强的贸易互补性。从柬埔寨出口的角度看，柬埔寨出口与中国进口的TCIT值均小于1，且表现出波浪式发展态势。总体来说，中—柬的TCIT值高于柬—中的TCIT值，即中国出口与柬埔寨进口之间具有一定的贸易互补性，而柬埔寨出口与中国进口之间的贸易互补性较弱。

14.4.3 产业内贸易指数（GL）分析

为了深入分析中国与柬埔寨之间产业内贸易程度，本书根据公式（1-6）计算中柬之间的产业内贸易指数，测算结果见表14-6（间隔期为1年）。

表14-6 中国与柬埔寨分类商品产业内贸易指数（GL）比较

SITC类别	年份										
	2001	2003	2005	2007	2009	2011	2013	2015	2017	2019	2021
0	0.57	0.61	0.09	0.46	0.09	0.27	0.96	0.50	0.37	0.46	0.46
1	0.00	0.00	0.00	0.00	0.02	0.01	0.00	0.11	0.33	0.47	0.25
2	0.15	0.01	0.18	0.05	0.41	0.10	0.11	0.59	0.63	0.98	0.67
3	0.00	0.00	0.00	0.00	0.00	0.00	0.00	0.00	0.00	0.00	0.00
4	0.00	0.00	0.00	0.01	0.00	0.00	0.69	0.04	0.10	0.41	0.85
5	0.00	0.02	0.17	0.16	0.00	0.11	0.15	0.26	0.27	0.16	0.09
6	0.31	0.10	0.05	0.02	0.00	0.02	0.10	0.15	0.13	0.17	
7	0.01	0.00	0.00	0.00	0.01	0.00	0.05	0.17	0.20	0.15	0.15
8	0.02	0.01	0.13	0.15	0.34	0.46	0.54	0.93	0.91	0.98	0.86
9	0.25	0.67	0.87	0.54	0.09	0.12	0.23	0.06	1.00	0.93	0.06

资料来源：根据UN Comtrade数据、世界银行数据库整理而得。

由表14-6可知，2001—2021年中国与柬埔寨之间的食品及活动物（SITC0），燃料除外的非食用原料（SITC2），动植物油、脂及蜡（SITC4），杂项制品（SITC8）以及未分类的商品及交易品（SITC9）五类商品在部分年度的GL值大于0.50，其余SITC类别商品的GL值全部小于0.50，说明中国与柬埔寨之间的两类工业制成品、三类初级产品在部分年份实现了产业内贸易，而其他类别商品表现为产业间贸易。从GL值可以看出，中国和柬埔寨之间主要表现出产业间贸易的特征，贸易互补性较高，而贸易竞争性不高。这是由于中国与柬埔寨的要素禀赋、技术水平、产业结构优势存在显著的不同所致。

14.4.4 边际产业内贸易指数（MGL）分析

为了深入分析中柬之间产品结构的边际产业内贸易情况，根据公式（1-7）计算2001—2021年中国与柬埔寨之间边际产业内贸易指数（MGL），测算结果见表14-7（间隔期为1年）。

表14-7 中国与柬埔寨分类商品边际产业内贸易指数（MGL）比较

SITC 类别	年份											均值
	2001	2003	2005	2007	2009	2011	2013	2015	2017	2019	2021	
0	0.00	0.00	0.16	0.00	0.90	0.50	0.93	0.00	0.13	0.63	0.64	0.36
1	0.00	0.00	0.00	0.00	0.00	0.08	0.00	0.00	0.56	0.61	0.00	0.11
2	0.49	0.00	0.00	0.03	0.00	0.07	0.01	0.00	0.84	0.00	0.79	0.20
3	0.00	0.00	0.00	0.00	0.00	0.00	0.00	0.00	0.00	0.00	0.00	0.00
4	—	0.00	0.00	—	0.00	0.00	0.87	0.00	0.09	0.27	0.00	0.14
5	0.00	0.08	0.64	0.40	0.11	0.17	0.00	0.35	0.00	0.00	0.07	0.17
6	0.00	0.00	0.00	0.00	0.00	0.02	0.00	0.67	0.30	0.00	0.29	0.12
7	0.08	0.01	0.01	0.00	0.00	0.00	0.15	0.41	0.11	0.08	0.12	0.09
8	0.00	0.00	0.21	0.19	0.00	0.00	0.47	0.91	0.59	0.35	0.21	0.49	0.31
9	0.04	0.78	0.84	0.00	0.00	0.11	—	0.06	0.83	0.86		0.35

资料来源：根据UN Comtrade数据、世界银行数据库整理而得。

由表14-7可知，中国与柬埔寨分类商品的边际产业内贸易指数年均值介于0.10~0.20的较多，而中国和柬埔寨之间MGL年均值的最大值为0.36，说明中国与柬埔寨双边贸易的产业内贸易程度不高，主要是由产业间贸易变化引起的。2001—2021年，中国与柬埔寨分类商品边际产业内贸易指数年均值超过0.30共有3种，包括食品及活动物（SITC0）、杂项制品（SITC8）以及未分类的商品及交易品（SITC9），其中食品及活动物（SITC0）的MGL均值最大，为0.36。

14.4.5 综合产业内贸易指数（GLT）分析

对于中柬两国之间所有产品的总体产业内贸易水平，本书根据公式（1-8）计算综合产业内贸易指数（GLT）并进行分析，测算结果如图14-4所示。

图14-4反映了2000—2021年中国与柬埔寨之间的综合产业内贸易指数变化情况。可以看出，所有SITC类别商品的GLT值介于0.03~0.47，说明两国之间整体的产业内贸易程度非常低，主要表现为产业间贸易，表明中国与柬埔寨在贸易市场具有较好的互补性。这是由于中国拥有相对完整的工业体系，中国工业品具有绝对成本优势，而柬埔寨初级产品具有一定的成本优势，

两国在产品结构方面表现出极高的产业间贸易水平，而产业内贸易水平不高，贸易互补程度高。

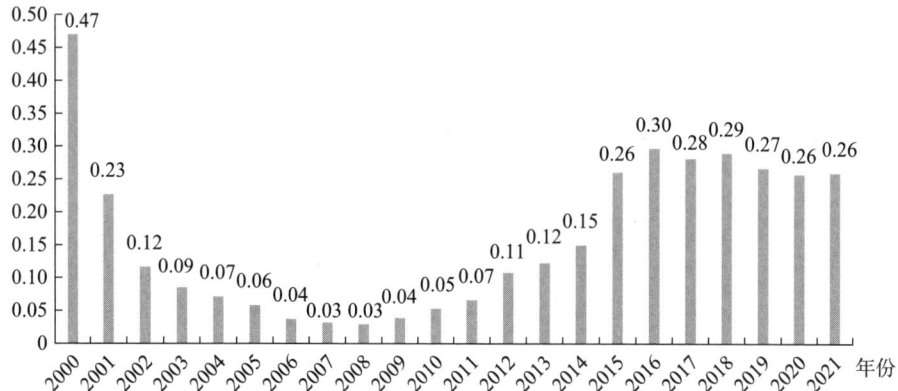

图14-4　2000—2021年中国与柬埔寨的综合产业内贸易指数（GLT）比较

资料来源：根据 UN Comtrade 数据、世界银行数据库整理而得。

14.5　中国与柬埔寨贸易结合度分析

本书采用贸易结合度指数（TII）反映中国与柬埔寨之间的贸易结合度，根据公式（1-9）计算 TII 指数，测算结果如图14-5所示。

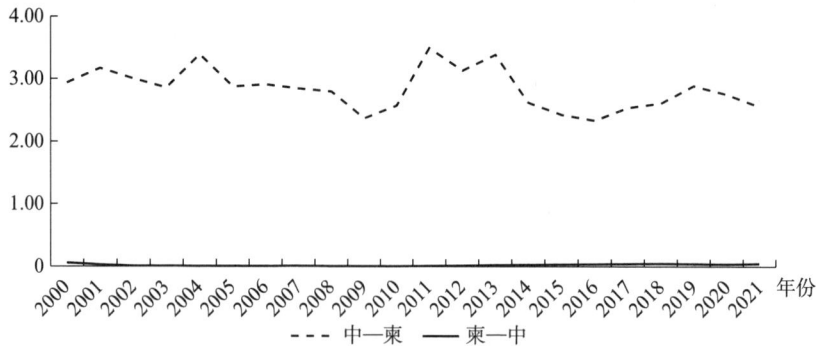

图14-5　2000—2021年中国与柬埔寨的贸易结合度指数（TII）比较

资料来源：根据 UN Comtrade 数据、世界银行数据库整理而得。

从中国出口的角度看，2000—2021年中国对柬埔寨出口的 TII 值一直大于1，说明中国与柬埔寨之间的贸易联系较为紧密，贸易结合度较高。从柬埔寨出口的角度看，柬埔寨与中国之间的 TII 值一直小于 1，表明柬埔寨与中国具有较松散的贸易联系，贸易结合度较低。从整体来看，中柬之间的 TII 值呈明显的波浪式发展态势，说明中柬之间的贸易紧密性不断提升；2001—2021年柬中的 TII 值变化态势不明显，说明柬中之间的贸易结合度没有显著的变化。

14.6 中国与柬埔寨地缘经济关系分析

为了探究中国与柬埔寨之间地缘经济关系，本书采用对外经济联系强度和双边经济关系强度 2 个指标进行分析。

14.6.1 对外经济联系强度（Relation）分析

为了深入分析中国与柬埔寨之间的地缘经济关系，本书采用对外经济联系强度（Relation）进行分析。根据公式（1-10）计算中柬两国之间对外经济联系强度，测算结果如图 14-6 所示。

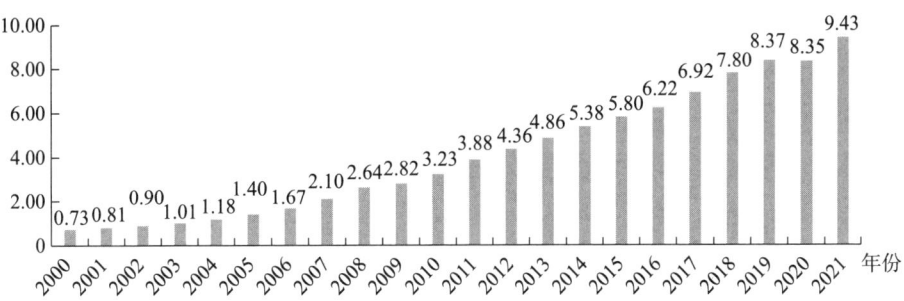

图 14-6　2000—2021 年中柬之间的对外经济联系强度（Relation）

资料来源：根据 UN Comtrade 数据、世界银行数据库整理而得。

图 14-6 反映了 2000—2021 年中国与柬埔寨之间的 Relation 指数变化情况。可以看出，中柬之间的对外经济联系强度一直处于上升态势，Relation 指数分布区间为 [0.73，9.43]，说明中柬两国在经济发展、贸易往来、投资合作等方面双边联系不断加强。

14.6.2 双边经济关系强度（ED）分析

关于中国与柬埔寨的双边经济关系，本书采用欧氏距离（ED）进行测度。根据公式（1-12）计算两国对外经济关系强度，测算结果如图14-7所示。

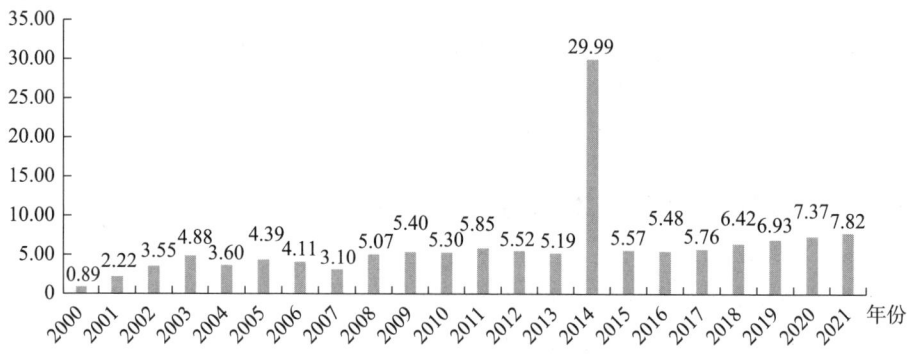

图14-7　2000—2021年中柬之间的双边经济关系强度（ED）

资料来源：根据UN Comtrade数据、世界银行数据库整理而得。

图14-7反映了2000—2021年中国与柬埔寨之间的ED指数变化情况。可以看出，中柬之间的ED值一直为正，ED值变化范围为[0.89, 29.99]，这意味着中柬两国之间存在明显的互补型地缘经济关系。从动态发展趋势看，2014年中柬之间双边经济关系强度出现极高值，达到29.99，在其他年度中，ED值呈平稳的上升态势，说明中国与柬埔寨之间的互补型地缘经济关系在日益加强，两国地缘经济关系的稳定性和成熟度有待提高。

14.7　本章小结

本章选取UN Comtrade和世界银行数据库中2000—2021年贸易数据，基于贸易竞争性、贸易互补性、贸易结合度以及地缘经济关系4个维度11个指标分析中国与柬埔寨之间的双边贸易关系。结果表明：

（1）从贸易竞争性看，ESI指数显示，中国与柬埔寨的贸易竞争性相对较弱。这意味着在大多数情况下，两国在出口商品上不会产生直接竞争。TC指数显示，中国在SITC6和SITC8商品上具有贸易竞争力，而柬埔寨在SITC8商品上展现出竞争力。RCA指数显示，柬埔寨的SITC2和SITC8类别商品具有比较优势，而中国的SITC6和SITC7类别商品具有比较优势，这为两国在各自优势领域内发展贸易合作提供了可能性。

（2）从贸易互补性看，TCI指数显示，中国与柬埔寨在SITC6和SITC8

商品类别上展现出明显的贸易互补性。此外，柬埔寨在 SITC2 和 SITC8 商品的出口与中国的进口需求相辅相成，表现出较强的互补性。GL 指数显示，中国与柬埔寨的贸易更多地体现为产业间贸易，这反映出两国在贸易结构上具有较高的兼容性。这种贸易互补性为两国提供了通过深化贸易合作来促进各自经济发展的机遇。通过在互补性较强的领域加强合作，中国与柬埔寨可以优化贸易组合，实现互利共赢的经济发展目标。

（3）从贸易结合度看，TII 指数显示，中国与柬埔寨之间的贸易结合度较高，这可能意味着中国对柬埔寨市场有较强的吸引力。然而，柬埔寨对中国的贸易结合度较低，这可能表明柬埔寨在寻求贸易多元化，减少对中国市场的依赖，或者柬埔寨在贸易多元化方面有更多的选择。柬埔寨的主要出口商品包括农产品和纺织品，而中国对农产品有着多样化的进口来源，这可能导致柬埔寨对中国的贸易结合度相对较低。

（4）从地缘经济关系看，Relation 指数和 ED 指数表明，虽然中国与柬埔寨之间的经济联系在逐步增强，但目前整体联系的紧密度仍有限，且两国地缘经济关系的稳定性和成熟度有待提升。ED 指数显示出较大的波动范围，这可能意味着中国与柬埔寨双方在经济合作方面正经历一定的不规律性，这种波动性可能与多种经济和非经济因素相关，包括市场动态、政策调整及全球经济环境的影响。

由此可见，中国与柬埔寨的贸易关系以互补性为主，两国在某些商品领域存在竞争，但整体竞争性较弱。贸易互补性的存在为双方提供了合作的空间，尤其是在 SITC2、SITC6 和 SITC8 类别商品上。尽管中国与柬埔寨的贸易结合度较高，但柬埔寨对中国的依赖性相对较低，这为柬埔寨提供了在贸易伙伴选择上的灵活性。地缘经济关系的加强表明两国经济联系正在发展，但仍有提升空间，特别是在增强双边经济联系和促进经济合作方面，两国应充分利用各自的比较优势，加强经济合作，促进共同繁荣。

第15章

中国与菲律宾贸易关系分析

15.1 引言

菲律宾位于亚洲东南部，是由7000多个大小岛屿组成的岛国，国土面积为29.97万平方千米。2022年人口约1.1亿。2022年GDP约4043亿美元，人均GDP为3499美元。在贸易方面，菲律宾与全球150个国家（地区）开展了贸易往来。近年来，菲律宾政府积极发展对外贸易，促进出口商品多样化和外贸市场多元化。菲律宾的主要贸易伙伴国包括中国、日本、美国、新加坡。

中国同菲律宾于1975年6月9日建交。建交以来，中菲关系总体发展顺利，各领域合作不断拓展。2000年，中菲双方签署了《中华人民共和国政府和菲律宾共和国政府关于二十一世纪双边合作框架的联合声明》，确定在睦邻合作、互信互利的基础上建立长期稳定的合作关系。2005年，中菲双方建立致力和平与发展的战略性合作关系。

2023年6月2日，RCEP对菲律宾正式生效，标志着RCEP对15个签署国全面生效。在经历过渡期后，菲律宾对进口中国的汽车及零部件、部分塑料制品、纺织服装、空调洗衣机等产品实施免征关税，这些都将为中国扩大对菲律宾的进出口贸易提供更加自由便利的条件。在中菲贸易方面，中国是菲律宾第一大贸易伙伴国、第一大进口来源地、第二大出口市场。2022年，中菲双边贸易额达到877.3亿美元，同比增长7.1%。其中，中国对菲律宾出口额为646.8亿美元，同比增长13.2%；进口额为230.5亿美元，同比下降6.9%。

学界关于中国与菲律宾之间贸易关系的研究主要围绕三个方面展开讨论：一是中菲双边贸易关系分析。现有研究主要从贸易互补性和比较优势角度分析中菲贸易现状。赵静（2017）采用贸易结合度指数、贸易竞争力指数和产业内贸易指数对中菲贸易进行研究，发现纺织原料及制品、鞋帽制品、运输设备、杂项制品的互补性较强，而植物产品、贱金属及制品、光学等仪器的竞争性较强；李江（2023）采用产业内贸易指数分析发现，机械及运输设备以及杂项制品两类产品的贸易互补性较强；而其他类别产品的贸易竞争性较强。张柯和梁丹辉（2016）使用 2006—2015 年数据，采用 RCA 指数和贸易互补性指数分析得出，中国农产品的比较优势指数值皆小于 1，存在贸易互补性较低的特点，而菲律宾农产品比较优势指数值在 2010—2015 年皆大于 1，贸易互补性较强。

二是中菲贸易的影响因素分析。相关研究发现，人民币汇率、政治关系以及贸易便利化是中菲贸易的重要影响因素。周昆树和方昉（2017）采用误差修正模型（VECM）进行实证检验发现，人民币贬值对中菲出口贸易具有提升效应，但是中国对菲律宾的进口贸易的影响不明显。郑国富（2018）采用 2001—2016 年数据进行分析，发现中菲两国政治关系对两国之间的农产品贸易具有影响效应。杨松茂（2022）采用基础设施、海关环境、制度环境和信息通信技术构建贸易便利化体系，研究发现，贸易便利化水平与中国对菲律宾跨境电商出口之间存在明显的正相关关系。

三是自由贸易区对中菲经济的影响。黄成龙（2012）以中国—东盟自由贸易区的签订为例，研究指出自贸区签订对菲律宾国内的就业率、国内生产总值以及再分配具有促进作用。姚微等（2018）以中菲自由贸易区为例，研究自贸区的经济效应，结果显示中菲双方是否签署 FTA 协定、双方的经济规模以及两国距离都是提升中菲双边贸易规模的核心因素。

综上所述，现有文献分析了中国与菲律宾之间的贸易互补性关系，但对于中菲之间的贸易竞争关系以及地缘经济关系尚未进行深入研究。本章对中国与菲律宾之间的贸易关系分别从贸易竞争性、贸易互补性、贸易结合度以及地缘经济关系 4 个维度进行系统分析和评估，并为在 RCEP 背景下加强中国和菲律宾的贸易合作提供合理的建议。本章相关统计分析数据来源于 UN Comtrade，并将所有进出口商品按《国际贸易标准分类》（SITC Rev.4）进行分类。

15.2 中国与菲律宾贸易发展概况

中菲建交以来，两国之间贸易关系呈增强趋势，中国是菲律宾最大贸易伙伴国。

从表15-1可以看出，中菲两国贸易总额在2000—2021年总体呈稳步增长态势，其中2000年中菲双边贸易总额为31.42亿美元，2004年突破100亿美元，2006年突破200亿美元，2017年突破500亿美元，2021年更是突破800亿美元。在2008年国际金融危机影响下，全球经济下滑，中菲贸易规模也因此受到影响，2008年同比下降6.56%，2009年同比下降28.30%。2010年以后，中菲贸易规模一直保持上升态势，2010年，中菲贸易总额明显提升，达到277.61亿美元，同比增长35.21%。受全球经济总体复苏乏力影响，2015—2016年，中菲贸易规模增速放缓。2020年，新冠疫情在全球蔓延，中菲两国之间贸易增速有所下降，同比增长0.41%。2021年，两国贸易规模仍保持增长态势，贸易额达到820.52亿美元，同比增长34.06%，其中中国自菲律宾进口额为247.60亿美元，同比增长28.05%，中国对菲律宾出口额为572.92亿美元，同比增长36.83%。

表15-1 2000—2021年中国与菲律宾贸易规模

年份	中国与菲律宾贸易进出口总额		中国对菲律宾出口额		中国自菲律宾进口额	
	金额/亿美元	增长率/%	金额/亿美元	增长率/%	金额/亿美元	增长率/%
2000	31.42	—	14.64	—	16.77	—
2001	35.64	13.45	16.19	10.56	19.45	15.97
2002	52.59	47.56	20.42	26.13	32.17	65.39
2003	94.00	78.72	30.93	51.44	63.07	96.04
2004	133.28	41.80	42.69	38.03	90.59	43.64
2005	175.57	31.73	46.88	9.81	128.70	42.06
2006	234.13	33.35	57.38	22.41	176.75	37.33
2007	306.46	30.90	75.28	31.20	231.18	30.80
2008	286.37	-6.56	91.32	21.30	195.05	-15.63
2009	205.31	-28.30	85.85	-6.00	119.47	-38.75
2010	277.61	35.21	115.40	34.43	162.20	35.77
2011	322.48	16.16	142.55	23.53	179.92	10.93
2012	363.75	12.80	167.32	17.37	196.43	9.18
2013	380.50	4.60	198.68	18.74	181.82	-7.44
2014	444.58	16.84	234.74	18.15	209.84	15.41
2015	456.35	2.65	266.69	13.61	189.66	-9.62
2016	472.31	3.50	298.35	11.87	173.96	-8.28

续表

年份	中国与菲律宾贸易进出口总额		中国对菲律宾出口额		中国自菲律宾进口额	
	金额/亿美元	增长率/%	金额/亿美元	增长率/%	金额/亿美元	增长率/%
2017	513.03	8.62	320.64	7.47	192.39	10.60
2018	556.46	8.47	350.35	9.26	206.12	7.13
2019	609.57	9.54	407.58	16.34	201.99	-2.00
2020	612.05	0.41	418.70	2.73	193.35	-4.28
2021	820.52	34.06	572.92	36.83	247.60	28.05

资料来源：根据 UN Comtrade 数据、世界银行数据库整理而得。

从图 15-1 可以看出，2000—2021 年中菲贸易差额具体表现为：一是 2000—2012 年"中方贸易逆差，菲方贸易顺差"，中国对菲律宾贸易差额从 -2.13 亿美元递减到 -29.11 亿美元，意味着中国对菲律宾贸易逆差额出现增长态势，年均增长率为 105.56%。二是 2013—2021 年"中方贸易顺差，菲方贸易逆差"，中国对菲律宾贸易顺差额从 16.86 亿美元增长到 325.32 亿美元，年均增长率为 228.69%。

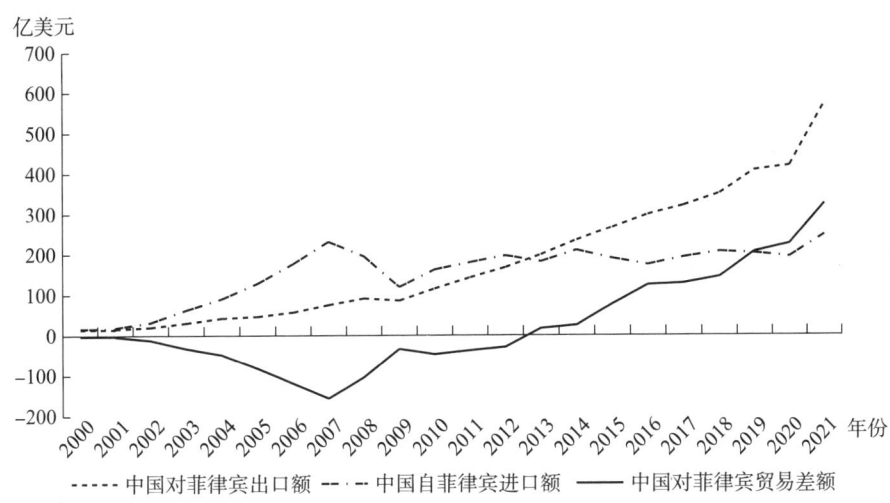

图 15-1 2000—2021 年中国与菲律宾进出口额及贸易差额

资料来源：根据 UN Comtrade 数据、世界银行数据库整理而得。

表 15-2 反映了 2021 年中菲双边贸易的具体产品结构。中国对菲律宾出口商品主要集中在工业制成品，其中机械及运输设备（SITC7）约占中国对菲律宾出口总额的 31.52%，按原料分类的制成品（SITC6）约占 27.18%，杂项制品

（SITC8）约占 15.74%，化学品及有关产品（SITC5）约占 11.79%。菲律宾对中国出口商品主要集中在 SITC2、SITC7，其中，机械及运输设备（SITC7）约占对中国出口额的 68.28%，燃料除外的非食用原料（SITC2）约占 15.47%。

表 15-2 2021 年中菲双边贸易主要商品出口额及占比

SITC 类别	名称	中国对菲律宾出口的主要商品		菲律宾对中国出口的主要商品	
		出口额/亿美元	占比/%	出口额/亿美元	占比/%
0	食品及活动物	25.70	4.49	8.83	3.57
1	饮料及烟类	0.38	0.07	0.02	0.01
2	燃料除外的非食用原料	1.85	0.32	38.30	15.47
3	矿物燃料、润滑油及有关原料	37.65	6.57	6.33	2.56
4	动植物油、脂及蜡	0.05	0.01	1.09	0.44
5	化学品及有关产品	67.56	11.79	4.85	1.96
6	按原料分类的制成品	155.71	27.18	13.19	5.33
7	机械及运输设备	180.59	31.52	169.06	68.28
8	杂项制品	90.20	15.74	5.85	2.36
9	未分类的商品及交易品	13.25	2.31	0.06	0.02

资料来源：根据 UN Comtrade 数据、世界银行数据库整理而得。

15.3 中国与菲律宾贸易竞争性分析

为了探究中国与菲律宾之间的贸易竞争情况，本书采用出口相似度指数（ESI）、贸易竞争力指数（TC）以及显示性比较优势指数（RCA）3 个指标进行分析。

15.3.1 出口相似度指数（ESI）分析

本书采用出口相似度指数（ESI）分析中国与菲律宾的出口商品在国际市场的贸易竞争情况，根据公式（1-1）计算出口相似度指数，测算结果如图 15-2 所示。

从图 15-2 可以看出，中国和菲律宾的出口商品在国际市场上的 ESI 指数值较高，介于 53~76，说明中菲两国出口商品在国际市场出口相似度较高，贸易竞争程度较高。从出口相似度指数的动态变化趋势看，2000—2021 年，中国和菲律宾出口商品的 ESI 指数在国际市场呈缓慢上升态势。从出口相似度指数可以看出，中国和菲律宾之间的出口相似度较高，贸易竞争性较强，而贸易互补性特征不明显，意味着两国未来在国际出口市场存在产品竞争性。

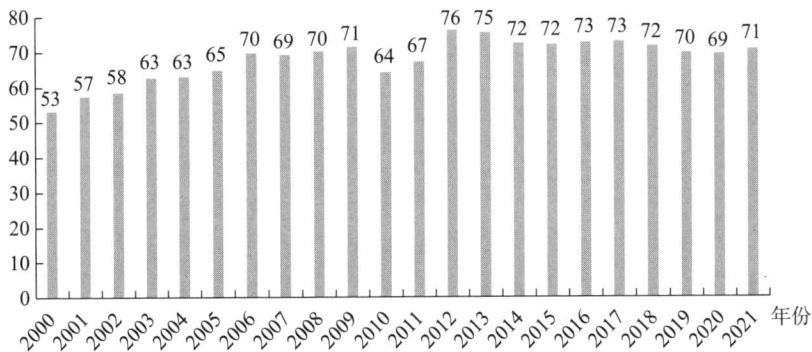

图 15-2　2000—2021 年中国与菲律宾的出口相似度指数（ESI）

资料来源：根据 UN Comtrade 数据、世界银行数据库整理而得。

15.3.2　贸易竞争力指数（TC）分析

为了进一步探究中菲两国商品在国际市场的贸易竞争情况，根据公式（1-2）计算 2001—2021 年中菲贸易竞争力指数并进行比较分析（见表 15-3）。

表 15-3　中国与菲律宾的产品贸易竞争力指数（TC）[①] 比较

SITC 类别	名称	2001 年		2011 年		2021 年	
		中国	菲律宾	中国	菲律宾	中国	菲律宾
0	食品及活动物	0.44	-0.28	0.27	-0.30	-0.27	-0.51
1	饮料及烟类	0.36	-0.60	-0.24	0.27	-0.47	-0.08
2	燃料除外的非食用原料	-0.69	-0.44	-0.90	0.04	-0.90	0.19
3	矿物燃料、润滑油及有关原料	-0.35	-0.86	-0.79	-0.82	-0.81	-0.90
4	动植物油、脂及蜡	-0.75	0.79	-0.91	0.44	-0.72	-0.02
5	化学品及有关产品	-0.41	-0.79	-0.23	-0.54	0.21	-0.69
6	按原料分类的制成品	0.03	-0.50	0.36	-0.12	0.41	-0.54
7	机械及运输设备	-0.10	0.09	0.17	0.05	0.25	0.02

---

① UN Comtrade 的数据中，菲律宾 2007—2016 年对各国的 SITC 商品贸易数据缺失。

续表

SITC类别	名称	2001年 中国	2001年 菲律宾	2011年 中国	2011年 菲律宾	2021年 中国	2021年 菲律宾
8	杂项制品	0.73	0.50	0.57	0.12	0.56	−0.09
9	未分类的商品及交易品	−0.47	0.30	−0.91	0.02	−0.24	−0.43

资料来源：根据 UN Comtrade 数据、世界银行数据库整理而得。

注：因篇幅有限，只列出部分年份数据。

由表 15-3 可知，中国的按原料分类的制成品（SITC6）和杂项制品（SITC8）的 TC 值一直为正，菲律宾的机械及运输设备（SITC7）的 TC 值一直为正，说明中国的 SITC6 和 SITC8 类别商品具有贸易竞争力，菲律宾的 SITC7 商品具有贸易竞争力。

中国的燃料除外的非食用原料（SITC2），矿物燃料、润滑油及有关原料（SITC3），动植物油、脂及蜡（SITC4）以及未分类的商品及交易品（SITC9）的 TC 指数值一直为负，菲律宾的食品及活动物（SITC0），矿物燃料、润滑油及有关原料（SITC3），化学品及有关产品（SITC5），按原料分类的制成品（SITC6）的 TC 值一直为负，意味着中国存在四类商品不具有贸易竞争力，而菲律宾存在四类商品不具备国际贸易竞争力。

中国的化学品及有关产品（SITC5）的 TC 值由负转为正，菲律宾的燃料除外的非食用原料（SITC2）的 TC 值由负转为正，意味着中国和菲律宾都出现了贸易竞争力不断提升的商品。

中国的食品及活动物（SITC0）、饮料及烟类（SITC1）的 TC 值由正转为负，菲律宾的动植物油、脂及蜡（SITC4），杂项制品（SITC8）以及未分类的商品及交易品（SITC9）的 TC 值由正转为负，意味着中国和菲律宾都出现了竞争力减弱的产品。

从贸易竞争力指数分析可以看出，中国的 SITC6 和 SITC8 两类商品具有贸易竞争力，而菲律宾的 SITC7 商品具有贸易竞争力，中菲两国优势商品并不相同，两国之间的贸易竞争性不强。

15.3.3 显示性比较优势指数（RCA）分析

本书采用显示性比较优势指数（RCA）分析中国和菲律宾出口商品的国际竞争情况，根据公式（1-3）计算 2001—2021 年中国和菲律宾的出口商品 RCA 指数，测算结果见表 15-4（间隔期为 1 年）。

表 15-4 中国与菲律宾出口商品的 RCA 指数比较

国别	SITC类别	2001	2003	2005	2007	2009	2011	2013	2015	2017	2019	2021	均值
中国	0	0.85	0.71	0.57	0.49	0.43	0.46	0.41	0.40	0.42	0.40	0.32	0.50
	1	0.35	0.25	0.19	0.15	0.15	0.16	0.15	0.17	0.18	0.16	0.10	0.18
	2	0.53	0.38	0.31	0.22	0.20	0.18	0.16	0.17	0.17	0.18	0.15	0.24
	3	0.34	0.27	0.19	0.13	0.13	0.10	0.09	0.12	0.16	0.18	0.12	0.17
	4	0.14	0.06	0.10	0.06	0.05	0.05	0.05	0.06	0.06	0.10	0.10	0.08
	5	0.52	0.42	0.44	0.45	0.42	0.56	0.51	0.51	0.75	0.76	0.83	0.56
	6	1.21	1.15	1.21	1.25	1.21	1.28	1.32	1.33	1.25	1.31	1.21	1.25
	7	0.81	1.02	1.16	1.24	1.38	1.41	1.39	1.24	1.27	1.29	1.33	1.23
	8	2.68	2.46	2.39	2.30	2.19	2.30	2.36	2.06	1.99	1.88	1.86	2.22
	9	0.05	0.05	0.04	0.05	0.03	0.03	0.02	0.01	0.05	0.15	0.35	0.08
菲律宾	0	0.72	0.74	0.77	0.79	0.87	1.10	1.22	0.78	0.96	1.09	0.95	0.72
	1	0.18	0.35	0.57	0.48	0.74	1.11	0.80	0.80	0.74	0.83	0.88	0.18
	2	0.44	0.43	0.53	0.82	0.70	0.87	1.40	1.33	0.92	1.06	1.13	0.44
	3	0.09	0.17	0.15	0.22	0.14	0.16	0.21	0.12	0.16	0.13	0.11	0.09
	4	4.39	3.59	4.57	3.51	3.05	4.97	4.48	3.85	4.16	2.88	3.11	4.39
	5	0.11	0.10	0.12	0.18	0.21	0.39	0.39	0.25	0.21	0.30	0.29	0.11
	6	0.28	0.25	0.31	0.52	0.55	0.73	0.85	0.65	0.62	0.45	0.51	0.28
	7	1.84	1.93	2.03	1.90	2.02	1.27	1.68	1.75	1.74	1.83	1.82	1.84
	8	1.01	0.90	0.87	0.80	0.75	0.57	0.86	0.80	0.81	0.62	0.63	1.01
	9	0.01	0.01	0.01	0.01	0.01	5.84	0.02	0.01	0.01	0.01	0.04	0.01

资料来源：根据 UN Comtrade 数据、世界银行数据库整理而得。

注：因篇幅所限，只列出部分年份数据。

根据 RCA 结果分析，2001—2021 年中国和菲律宾的出口商品可分为三类：一是中国与菲律宾相比具有比较优势的产品，如中国的按原料分类的制成品（SITC6）、杂项制品（SITC8），两类商品的 RCA 指数均值分别为 1.25 和 2.22，而菲律宾同类商品的 RCA 指数均值分别为 0.28 和 1.01，意味着中国 SITC6 和 SITC8 两类商品的 RCA 指数均值高于菲律宾，具有明显的竞争力；二是菲律宾与中国相比具有比较优势的产品，如菲律宾的动植物油、脂及蜡（SITC4）、机械及运输设备（SITC7）的 RCA 指数均值分别为 4.39 和 1.84，而中国同类商品的 RCA 指数均值分别为 0.08 和 1.23，表明菲律宾与中国相比，此两类商品具有更明显的国际竞争力；三是中菲两国比较优势较弱的产品，如两国的食品及活动物（SITC0）、饮料及烟类（SITC1）、燃料除外的非食用原料（SITC2）、矿物燃料、润滑油及有关原料（SITC3）、化学品及有关产品（SITC5）、未分类的商品及交易品（SITC9）六类商品的 RCA 指数均值都低于 0.80。

对比中国和菲律宾的 RCA 指数，可以发现两国出口商品在国际市场的产品结构存在较大差异，两国具有比较优势的产品类别并不相同，菲律宾的 SITC4、SITC7 与中国的 SITC6、SITC8 类别商品表现出较强的贸易互补性。具体表现为中国在工业制成品方面具有比较优势，而菲律宾在初级产品方面具有比较优势。

15.4 中国与菲律宾贸易互补性分析

为了进一步探究中国与菲律宾之间产品结构的贸易互补关系，本书采用贸易互补性指数（TCI）、综合贸易互补性指数（TCIT）、产业内贸易指数（GL）、边际产业内贸易指数（MGL）以及综合产业内贸易指数（GLT）5 个指标详细分析中国与菲律宾之间的贸易互补情况。

15.4.1 贸易互补性指数（TCI）分析

为了深入分析中国与菲律宾之间产品结构的贸易互补关系，本书采用贸易互补性指数（TCI）进行比较分析。根据公式（1-4）计算得出 TCI 指数（见表15-5）。

表15-5 中国与菲律宾的产品贸易互补性指数（TCI）比较

SITC 类别	2001 年		2005 年		2011 年		2015 年		2021 年	
	中—菲	菲—中	中—菲	菲—中	中—菲	菲—中	中—菲	菲—中	中—菲	菲—中
0	0.98	0.26	0.67	0.21	0.70	0.31	0.63	0.38	0.57	0.70
1	0.23	0.03	0.12	0.08	0.07	0.30	0.09	0.34	0.06	0.33
2	0.48	1.17	0.21	1.56	0.10	2.92	0.06	4.40	0.06	3.64
3	0.35	0.07	0.18	0.11	0.11	0.14	0.12	0.13	0.13	0.14
4	0.06	4.39	0.08	6.34	0.07	5.40	0.09	3.54	0.20	2.90
5	0.40	0.14	0.28	0.13	0.52	0.36	0.43	0.23	0.77	0.21
6	0.96	0.36	0.79	0.28	0.92	0.50	1.16	0.45	1.29	0.36
7	1.18	2.04	1.85	2.44	1.22	1.39	1.61	1.97	1.49	1.91

续表

SITC类别	2001年		2005年		2011年		2015年		2021年	
	中—菲	菲—中	中—菲	菲—中	中—菲	菲—中	中—菲	菲—中	中—菲	菲—中
8	0.83	0.52	0.76	0.69	0.79	0.41	0.88	0.57	0.89	0.35
9	0.00	0.00	0.00	0.00	0.21	6.48	0.00	0.00	0.02	0.01

资料来源：根据 UN Comtrade 数据、世界银行数据库整理而得。

注：因篇幅所限，只列出部分年份数据。

由表 15-5 可知，从中国出口角度看，2000—2021 年 TCI 值大于 1 的商品集中于 SITC7 类别，说明中国在机械及运输设备（SITC7）类别与菲律宾具有较强的互补性。从菲律宾出口的角度看，TCI 值大于 1 的商品主要分布在燃料除外的非食用原料（SITC2），动植物油、脂及蜡（SITC4），机械及运输设备（SITC7）类别，尤其是燃料除外的非食用原料（SITC2），动植物油、脂及蜡（SITC4）的 TCI 值明显高于其他商品，2015 年动植物油、脂及蜡（SITC4）的 TCI 值达到 3.54，燃料除外的非食用原料（SITC2）的 TCI 值高达 4.40，说明在初级产品上，菲律宾与中国存在极强的互补关系。这是由于中国的工业品具有产品竞争力，菲律宾的农产品具有产品优势，两国可以形成贸易互补。中国对菲律宾出口商品主要包括电子电气设备、机械、钢铁、矿物燃料、服装、家具、塑料及其制品等。中国从菲律宾进口产品包括电子电器、机械、矿石、热带水果（香蕉、菠萝等）、大米以及海产品等。

15.4.2 综合贸易互补性指数（TCIT）分析

为了分析中国与菲律宾所有商品的贸易互补情况，本书采用综合贸易互补性指数（TCIT）进行分析。根据公式（1-5）计算 2000—2021 年中国与菲律宾的综合贸易互补性指数，测算结果如图 15-3 所示。

图 15-3 显示了 2000—2021 年中菲之间综合贸易互补性指数的动态变化。从中国出口的角度看，中国出口与菲律宾进口的 TCIT 值均小于 1（2018 年除外），说明中国出口与菲律宾进口之间一直保持着较弱的贸易互补性。从菲律宾出口的角度看，菲律宾出口与中国进口的 TCIT 值均大于 1（2010 年除外），且菲律宾出口与中国进口的 TCIT 值呈波浪式发展态势。总体来说，中菲的 TCIT 值小于菲中的 TCIT 值，即中国出口与菲律宾进口之间具有较弱贸易互补性，而菲律宾出口与中国进口之间的贸易互补性相对更强。

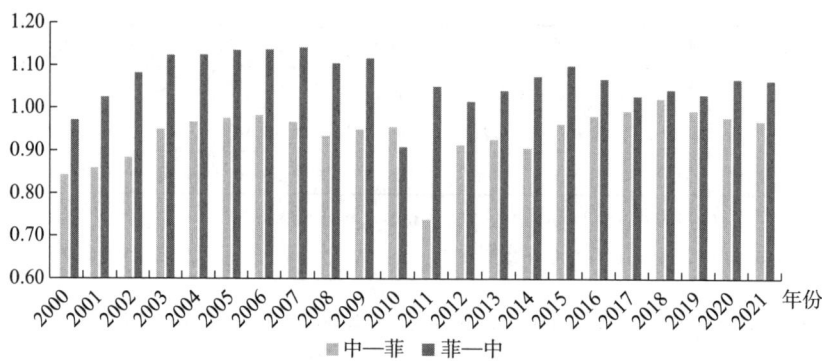

图 15-3　2000—2021 年中国与菲律宾的综合贸易互补性指数（TCIT）比较

资料来源：根据 UN Comtrade 数据、世界银行数据库整理而得。

15.4.3　产业内贸易指数（GL）分析

为了深入分析中国与菲律宾之间产业内贸易情况，本书采用产业内贸易指数（GL）进行分析。根据公式（1-6）计算得出中菲之间的产业内贸易指数，测算结果见表 15-6（间隔期为 1 年）。

表 15-6　中国与菲律宾分类商品产业内贸易指数（GL）比较

SITC类别	年份											均值
	2001	2003	2005	2007	2009	2011	2013	2015	2017	2019	2021	
0	0.79	0.58	0.61	0.42	0.47	0.74	0.50	0.60	0.53	0.65	0.51	0.58
1	0.00	0.01	0.00	0.01	0.03	0.03	0.07	0.10	0.15	0.08	0.12	0.05
2	0.89	0.85	0.41	0.06	0.14	0.04	0.05	0.07	0.09	0.12	0.09	0.26
3	0.51	0.30	0.51	0.73	0.17	0.48	0.42	0.97	0.26	0.25	0.29	0.44
4	0.01	0.00	0.07	0.03	0.03	0.03	0.04	0.22	0.04	0.06	0.06	0.06
5	0.41	0.37	0.56	0.49	0.66	0.55	0.41	0.56	0.31	0.17	0.13	0.42
6	0.57	0.59	0.46	0.45	0.41	0.38	0.25	0.10	0.08	0.14	0.16	0.33
7	0.49	0.34	0.29	0.27	0.51	0.50	0.61	0.75	0.80	0.96	0.97	0.59
8	0.35	0.60	0.87	0.53	0.54	0.34	0.35	0.22	0.19	0.21	0.12	0.39
9	0.56	0.83	0.91	0.10	0.02	0.85	0.44	0.87	0.44	0.04	0.01	0.46

资料来源：根据 UN Comtrade 数据、世界银行数据库整理而得。

注：因篇幅所限，只列出部分年份数据。

由表 15-6 得知，2001—2021 年，中国与菲律宾之间只有食品及活动物（SITC0）、机械及运输设备（SITC7）的 GL 均值大于 0.50，而其余 8 类 SITC

商品的 GL 均值都小于 0.50。这说明中国与菲律宾之间在食品及活动物（SITC0）、机械及运输设备（SITC7）方面表现为产业内贸易，而其他类别的商品表现为产业间贸易。从 GL 值可以看出，中国和菲律宾之间大部分行业还没有实现产业内贸易互补，两国产业内贸易的发展潜力巨大，同时也说明中国和菲律宾的双边贸易在整体上具有较强的贸易互补性。

15.4.4　边际产业内贸易指数（MGL）分析

本书根据公式（1-7）计算了 2001—2021 年中国与菲律宾之间边际产业内贸易指数（MGL），测算结果见表 15-7（间隔期为 1 年）。

表 15-7　中国与菲律宾分类商品边际产业内贸易指数（MGL）比较

SITC类别	年份											均值
	2001	2003	2005	2007	2009	2011	2013	2015	2017	2019	2021	
0	0.62	0.42	0.04	0.00	0.27	0.85	0.04	0.00	0.88	0.00	0.51	0.33
1	0.58	0.02	0.00	0.00	0.00	0.00	0.00	0.00	0.50	0.19	0.06	0.12
2	0.00	0.55	0.04	0.03	0.40	0.03	0.00	0.00	0.14	0.00	0.07	0.12
3	0.00	0.00	0.00	0.90	0.68	0.00	0.17	0.29	0.00	0.22	0.46	0.25
4	0.00	0.00	0.00	0.12	0.00	0.09	0.00	0.00	0.02	0.02	0.24	0.08	0.05
5	0.00	0.35	0.52	0.00	0.00	0.00	0.68	0.00	0.00	0.00	0.18	0.16
6	0.00	0.84	0.00	0.62	0.00	0.00	0.41	0.00	0.00	0.00	0.00	0.20
7	0.00	0.29	0.04	0.26	0.10	0.00	0.70	0.00	0.00	0.94	0.81	0.28
8	0.33	0.94	0.64	0.10	0.65	0.00	0.81	0.04	0.28	0.00	0.13	0.36
9	0.81	0.00	0.99	0.00	0.05	0.56	0.00	0.83	0.00	0.00	0.01	0.29

资料来源：根据 UN Comtrade 数据、世界银行数据库整理而得。

由表 15-7 可知，2001—2021 年中国与菲律宾分类商品边际产业内贸易指数的均值介于 0.05~0.36，MGL 最大值为 0.36，说明中国与菲律宾双边贸易产业内贸易程度不高。中国与菲律宾分类商品边际产业内贸易指数均值超过 0.30 的是食品及活动物（SITC0）和杂项制品（SITC8），MGL 均值分别为 0.33 和 0.36，说明中国与菲律宾之间的贸易变化主要由产业间贸易变化引起。

15.4.5 综合产业内贸易指数（GLT）分析

对于中菲两国所有产品的总体产业内贸易水平，本书采用综合产业内贸易指数（GLT）进行比较分析。根据公式（1-8）计算 2000—2021 年中菲两国综合产业内贸易指数（GLT），测算结果如图 15-4 所示。

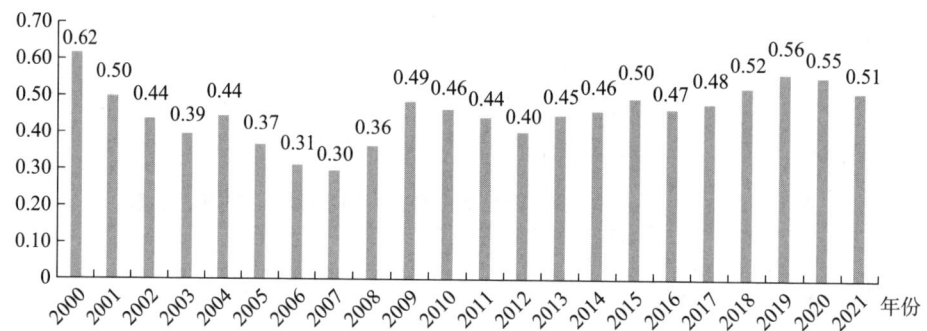

图 15-4　2000—2021 年中国与菲律宾的综合产业内贸易指数（GLT）比较

资料来源：根据 UN Comtrade 数据、世界银行数据库整理而得。

图 15-4 反映了中国与菲律宾的综合产业内贸易指数的变化情况。可以看出，所有 SITC 类别商品的 GLT 值在 0.30~0.62 波动，说明两国之间整体的产业内贸易程度非常低，主要表现为产业间贸易，表明中国与菲律宾在产业链上具有较好的贸易互补性。相对于菲律宾，中国在工业品制造上拥有相对完整的工业体系，而菲律宾的农产品具有一定的比较优势，因而两国在产品结构上形成了产业间的贸易互补，贸易互补程度高。

15.5　中国与菲律宾贸易结合度分析

本书采用贸易结合度指数（TII）反映中菲之间贸易紧密度，根据公式（1-9）计算得出 2000—2021 年中菲贸易结合度指数，如图 15-5 所示。

从中国出口的角度看，2000—2021 年，中国对菲律宾出口的 TII 值总体上大于 1，说明中国与菲律宾之间的贸易联系较为紧密，贸易结合度较高。从菲律宾出口的角度看，菲律宾与中国之间的 TII 值一直小于 1，表明菲律宾与中国具有较松散的贸易联系，贸易结合度较低。从整体来看，中菲之间的 TII 值呈明显的上升态势，说明中菲贸易紧密性在不断加强；2000—2021 年，菲中的 TII 值呈先升后降的发展态势。TII 指数显示，中菲的贸易结合度远高于菲中的贸易结合度。

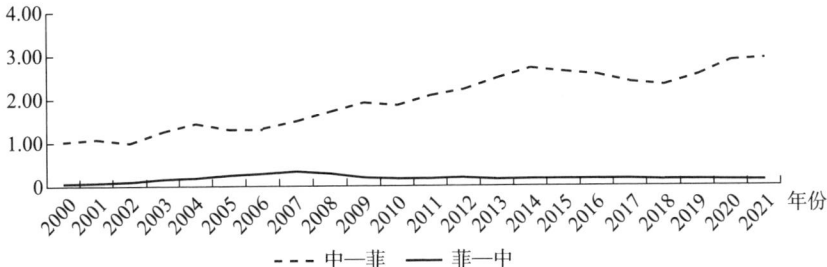

图 15-5　2000—2021 年中国与菲律宾的贸易结合度指数（TII）比较

资料来源：根据 UN Comtrade 数据、世界银行数据库整理而得。

15.6　中国与菲律宾地缘经济关系分析

为了探究中国与菲律宾之间的地缘经济关系，本书采用对外经济联系强度和双边经济关系强度 2 个指标进行分析。

15.6.1　对外经济联系强度（Relation）分析

为深入分析中国与菲律宾之间的地缘经济关系，本书根据公式（1-10）计算中菲两国之间对外经济联系强度（Relation），测算结果如图 15-6 所示。

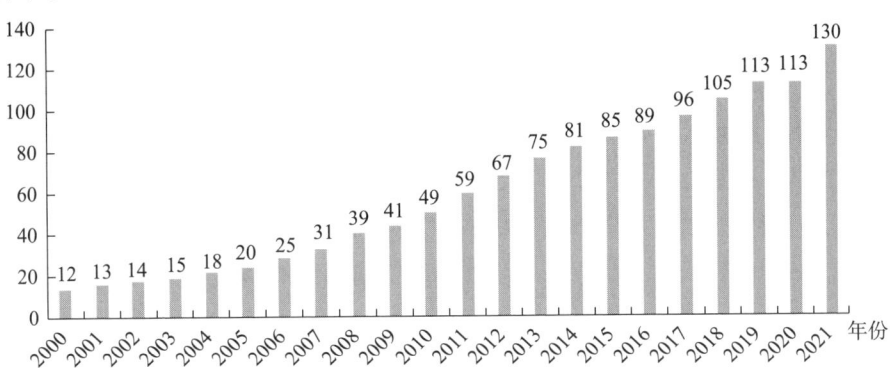

图 15-6　2000—2021 年中菲之间的对外经济联系强度（Relation）

资料来源：根据 UN Comtrade 数据、世界银行数据库整理而得。

图 15-6 反映了 2000—2021 年中国与菲律宾之间的 Relation 指数变化情况，可以看出，中菲之间的对外经济联系强度呈上升态势，Relation 指数分布区间为 [12，130]，且 Relation 值快速增长，说明中菲两国在经济、文化教育、贸易投资等领域的联系不断加强。在 2008 年国际金融危机的影响下，中菲两国之间的双边联系不断加强，尤其是 2013 年"一带一路"倡议实施后，菲律宾与中国在农业、基础设施、电子商务、旅游等方面进行了更深入的合作。

15.6.2 双边经济关系强度（ED）分析

关于中国与菲律宾之间的双边经济关系，本书采用欧氏距离（ED）进行测度。根据公式（1-12）计算中菲两国双边经济关系强度，测算结果如图 15-7 所示。

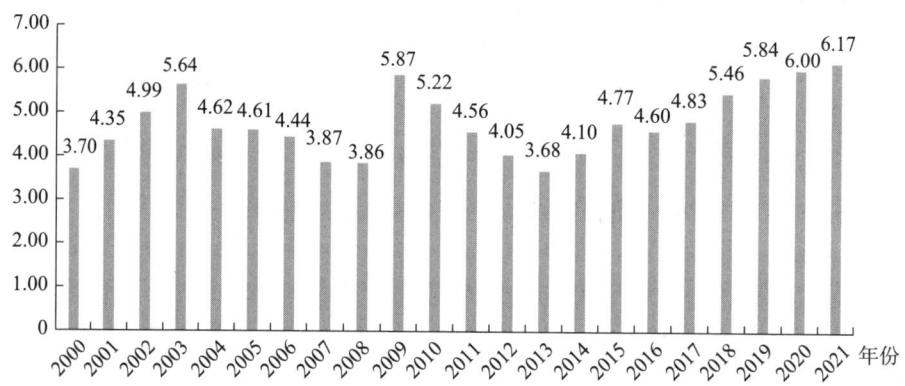

图 15-7　2000—2021 年中菲之间的双边经济关系强度（ED）

资料来源：根据 UN Comtrade 数据、世界银行数据库整理而得。

图 15-7 反映了 2000—2021 年中国与菲律宾之间的 ED 指数变化情况，可以看出，ED 指数值一直为正，介于 [3.68，6.17]，意味着中菲两国之间存在明显的互补型地缘经济关系。从动态发展趋势看，中菲之间的双边经济关系强度呈先升后降再升的波浪式发展态势，其中 2003 年、2009 年、2021 年出现峰顶值。

15.7 本章小结

本章选取 UN Comtrade 和世界银行数据库中 2000—2021 年贸易数据，基于贸易竞争性、贸易互补性、贸易结合度以及地缘经济关系 4 个维度，采用 11 个指标分析中国与菲律宾之间的双边贸易关系。结果表明：

（1）从贸易竞争性看，ESI 指数表明，中国与菲律宾出口商品在国际市场上的产品结构具有高度的相似性，反映出两国在贸易上整体面临直接竞争的局面。TC 指数分析的结果进一步揭示，中国在按原料分类的制成品（SITC6）和杂项制品（SITC8）商品类别上展现出较强的贸易竞争力。与此同时，菲律宾在机械及运输设备（SITC7）商品类别上展现出其自身的产品优势。尽管中国与菲律宾在某些商品领域存在激烈的竞争关系，但在其他一些商品类别上，双方的竞争压力相对较小，为两国在各自优势领域内减少直接竞争、寻求合作提供了空间。

（2）从贸易互补性看，TCI 指数揭示了中国与菲律宾在特定商品类别上表现出显著的贸易互补性。具体来说，中国在机械及运输设备（SITC7）商品的出口与菲律宾的进口需求相辅相成，表现出较强的贸易互补性。相应地，菲律宾在燃料除外的非食用原料（SITC2），动植物油、脂及蜡（SITC4），机械及运输设备（SITC7）商品类别上的出口与中国的进口需求形成了互补关系。GL 指数进一步验证了两国之间以产业间贸易为主导的贸易模式，表明中国与菲律宾在多数行业中的贸易关系具有强大的互补性。这种互补性不仅有助于两国优化各自的贸易结构，也为双方在经济合作中发挥各自的比较优势提供了机遇。

（3）从贸易结合度看，中国对菲律宾的贸易结合度指数（TII）呈不断上升趋势，且 TII 值一直大于 1，说明中国与菲律宾的贸易联系较为紧密，贸易结合度高。相对而言，菲律宾对中国的贸易结合度指数值一直较低，表明菲律宾与中国的贸易联系长期处于比较松散的态势。

（4）从地缘经济关系看，Relation 指数和 ED 指数显示，中国与菲律宾之间经济联系紧密，并且正处于快速发展期。中国与菲律宾之间存在互补型地缘经济关系，但是跳跃式发展态势可能意味着两国在某些领域达成了重要的合作协议或贸易协定，这些协议或协定极大地推动了双边经济关系的深化，促进了贸易和投资的增长,从而加强了两国的经济联系。

由此可见,中国与菲律宾之间的贸易关系呈现出竞争与互补并存的特点。两国在某些商品领域存在竞争,但在其他领域又展现出较强的互补性。随着两国经济的快速发展和全球化的深入,加强合作、深化经济联系将对中菲双方均有利。同时,菲律宾可能需要考虑在依赖中国的领域寻找替代方案,以增强自身的贸易多样性。对于中国来说,加强与菲律宾的贸易合作,不仅可以扩大市场,还可以通过互补性贸易促进双方经济的共同增长。

第16章

结论及对策建议

16.1 结论

16.1.1 中国与RCEP各个成员国之间的贸易关系

(1) 中国和日本之间的贸易关系。

第一,在贸易竞争性方面,中日两国出口商品在国际市场上的出口相似度较高,中国出口商品和日本出口商品的贸易竞争程度较高;具体而言,中国在SITC6、SITC8商品类别上具有贸易竞争力,而日本在SITC5、SITC6、SITC7、SITC9商品类别上具有贸易竞争力。第二,在贸易互补性方面,中国出口与日本进口在SITC8商品类别上具有较强的贸易互补性;日本出口与中国进口在SITC2、SITC7商品类别上存在较强的贸易互补关系,整体上中日两国的贸易关系表现为产业内贸易,贸易竞争互补性不强。第三,在贸易结合度方面,中国出口与日本进口的贸易联系较为紧密,而日本出口对中国进口的贸易联系较为松散。第四,在地缘经济关系方面,中日之间的对外经济联系强度日益加强,且存在明显的互补型地缘经济关系。

(2) 中国和韩国之间的贸易关系。

第一,在贸易竞争性方面,中韩两国出口商品在国际市场上的出口相似度较高,中韩两国在国际市场的贸易竞争性较高,其中韩国具有竞争优势的产品为SITC6、SITC7两类商品,而中国则在SITC6、SITC8商品类别上具有竞争优势。第二,在贸易互补性方面,中国出口与韩国进口之间在SITC6、SITC7、SITC8商品类别上存在较强的贸易互补性,而韩国出口与中国进口之间在SITC7商品类别上存在较强的贸易互补性,中国和韩国之间总体表现出产业内贸易特征,贸易竞争互补性较强。第三,在贸易结合度方面,中国出口与韩国进口存在紧密的贸易联系，韩国出口与中国进口之间存在松散的贸易联系。第四，在地缘经济关系方面，中韩之间的对外经济联系强度较高，且两国之间存在波浪式发展态势的互补型地缘经济关系。

(3) 中国和澳大利亚之间的贸易关系。

第一，在贸易竞争性方面，中国和澳大利亚出口商品在国际市场上的出口相似度不高，中国的优势产品为工业制成品，而澳大利亚的优势产品为农牧产品，两国之间的贸易竞争性较弱。第二，在贸易互补性方面，中国出口与澳大利亚进口在SITC6、SITC7、SITC8商品类别上具有明显的贸易互补性。澳大利亚出口与中国进口在SITC0、SITC2、SITC3商品类别上与中国存在贸易互补关系。中国和澳大利亚之间总体上表现出产业间贸易特征，存在一定的贸易互补性。第三，在贸易结合度方面，与澳中之间的贸易结合度相比，中澳之间的贸易结合度更高。第四，在地缘经济关系方面，中澳两国之间的双边经济联系不断加强，且两国之间的关系为典型的互补型地缘经济关系。

(4) 中国和新西兰之间的贸易关系。

第一，在贸易竞争性方面，中国的SITC6、SITC8两类商品具有贸易竞争力，新西兰的SITC0、SITC1、SITC2、SITC9四类商品具有产品优势，但中国和新西兰的优势产品不同，两国商品出口相似度较低，中国和新西兰之间的贸易竞争性不强。第二，在贸易互补性方面，中国出口与新西兰进口在SITC6、SITC7、SITC8商品类别上具有明显的贸易互补性，而新西兰出口与中国进口在SITC0、SITC2商品类别上存在贸易互补关系，两国之间表现为产业间贸易，具有一定的贸易互补性。第三，在贸易结合度方面，中国出口对新西兰进口的贸易结合度较低，而新西兰出口对中国进口的贸易结合度较高。第四，在地缘经济关系方面，中国和新西兰之间的经济联系较弱，2008年以后两国对外经济联系强度有所提升，中国和新西兰之间存在明显的互补型地缘经济关系。

(5) 中国和新加坡之间的贸易关系。

第一，在贸易竞争性方面，中国和新加坡两国出口商品在国际市场上的出口相似度不断走高，贸易竞争程度日渐加强。新加坡在SITC5、SITC7、SITC9三个类别上具有贸易竞争力，而中国在SITC6、SITC8商品类别上具有比较优势，中国和新加坡两国优势商品不同。第二，在贸易互补性方面，中国出口与新加坡进口在SITC7、SITC8商品类别上具有互补性，而新加坡出口与中国进口在SITC5、SITC7商品类别上存在互补关系；中国与新加坡之间主要表现出产业内贸易特征，贸易竞争程度非常较高。第三，在贸易结合度方面，中国与新加坡之间具有较为紧密的贸易联系，而新加坡与中国之间贸易联系较松散。第四，在地缘经济关系方面，中国与新加坡之间的对外经济联系强度日益加强，且表现为"W"形波动的互补型地缘经济关系。

（6）中国和越南之间的贸易关系。

第一，在贸易竞争性方面，中国和越南出口商品在国际市场上的出口相似度较高，贸易竞争程度较高；越南在 SITC0、SITC8 和 SITC9 三个类别上具有贸易竞争力，而中国在 SITC6 和 SITC8 两个类别上具有贸易竞争力，中国和越南之间贸易竞争性不强。第二，在贸易互补性方面，中国出口商品与越南进口商品在 SITC7 和 SITC8 类别上具有贸易互补性，越南出口商品与中国进口商品在 SITC2、SITC6 和 SITC8 类别上具有贸易互补性，中国和越南之间以产业间贸易为主要特征，具有较强的贸易互补性。第三，在贸易结合度方面，中—越的贸易结合度要高于越—中的贸易结合度，中国出口与越南进口市场具有更为紧密的贸易联系。第四，在地缘经济关系方面，中国与越南之间对外经济联系日益增强，表现为明显的互补型地缘经济关系。

（7）中国和印度尼西亚之间的贸易关系。

第一，在贸易竞争性方面，中国与印度尼西亚的出口商品在国际市场的出口相似度较高，存在较强的贸易竞争性；中国的 SITC6、SITC7 和 SITC8 类别商品具有比较优势，而印度尼西亚的 SITC0、SITC2、SITC3 和 SITC4 类别商品具有比较优势。第二，在贸易互补性方面，中国出口商品在 SITC6 和 SITC7 类别上与印度尼西亚具有较强的贸易互补性。印度尼西亚出口商品在 SITC2、SITC3、SITC4 类别上与中国具有贸易互补性，中国和印度尼西亚之间整体表现为产业间贸易，两国具有较强的贸易互补性。第三，在贸易结合度方面，中国对印度尼西亚的贸易结合度高于印度尼西亚对中国的贸易结合度。第四，在地缘经济关系方面，中国和印度尼西亚之间存在互补型地缘经济关系，对外经济联系非常紧密，且呈快速增长态势。

（8）中国和泰国之间的贸易关系。

第一，在贸易竞争性方面，中国和泰国出口商品在国际市场上的出口相似度较高，贸易竞争程度较高；泰国的 SITC0、SITC1、SITC2、SITC7、SITC8 五类商品与中国的 SITC6、SITC8 两类商品具有贸易竞争力。第二，在贸易互补性方面，中国出口商品在 SITC6、SITC7、SITC8 类别上与泰国具有贸易互补性，泰国出口商品在 SITC2、SITC7 类别上与中国存在贸易互补性，总体上呈现产业内贸易的特征，两国之间的贸易互补性较强。第三，在贸易结合度方面，中泰之间的贸易结合度较高，而泰中之间的贸易结合度相对较低。第四，在地缘经济关系方面，中泰两国之间双边经贸合作日益加强，存在典型的互补型地缘经济关系。

（9）中国和文莱之间的贸易关系。

第一，在贸易竞争性方面，中国和文莱的出口商品在国际市场的出口相似度较低，中国出口商品在 SITC6、SITC7 和 SITC8 类别上具有贸易竞争力，而文莱 SITC3 类别商品具有贸易竞争力，两国之间的贸易竞争性不强。第二，在贸易互补性方面，中国出口商品在 SITC6、SITC7、SITC8 类别上与文莱具有贸易互补性，文莱出口商品在 SITC3 类别上与中国存在贸易互补性，总体上中国和文莱之间表现为产业间贸易，具有一定的贸易互补性。第三，在贸易结合度方面，中国与文莱之间的贸易联系紧密性要远高于文莱与中国之间的贸易联系程度。第四，在地缘经济关系方面，中国和文莱之间的对外经济联系较弱，存在明显的互补型地缘经济关系。

（10）中国和缅甸之间的贸易关系。

第一，在贸易竞争性方面，中缅两国出口商品在国际市场上的出口相似度较低，中国在 SITC6、SITC8 类别上具有产品优势，而缅甸在 SITC0、SITC2、SITC3、SITC8 类别上具有产品优势，两国之间的贸易竞争性不强。第二，在贸易互补性方面，中国出口商品在 SITC6、SITC7 类别上与缅甸具有贸易互补性，缅甸出口商品在 SITC0、SITC2、SITC3 类别上与中国具有贸易互补性，中国和缅甸之间主要表现为产业间贸易，贸易互补性较强。第三，在贸易结合度方面，中缅之间的贸易结合度较高，而缅中之间的贸易结合度较低。第四，在地缘经济关系方面，中国与缅甸之间的双边经济联系不断加强，两国之间建立了典型的互补型地缘经济关系。

（11）中国和马来西亚之间的贸易关系。

第一，在贸易竞争性方面，中马两国出口商品在国际市场上的出口相似度较高，贸易竞争程度较高；中国商品在 SITC6、SITC8 类别上具有产品优势，而马来西亚在 SITC3、SITC4、SITC7 和 SITC8 类别上具有产品优势。第二，在贸易互补性方面，中国出口商品在 SITC7、SITC8 类别上与马来西亚具有贸易互补性，马来西亚出口商品在 SITC2、SITC4、SITC7 类别上与中国存在贸易互补性，中马之间主要表现为产业间贸易，贸易互补性较高。第三，在贸易结合度方面，中国与马来西亚之间具有较为紧密的贸易联系，而马来西亚与中国具有较松散的贸易联系。第四,在地缘经济关系方面,中国与马来西亚之间的双边联系日益紧密,两国之间存在"先降后升"的互补型地缘经济关系。

(12) 中国和老挝之间的贸易关系。

第一,在贸易竞争性方面,中老两国出口商品在国际市场上的出口相似度较低,贸易竞争程度较低;中国在 SITC6、SITC7 和 SITC8 类别上具有产品优势,而老挝在 SITC0、SITC2、SITC8 三个类别上具有产品优势,两国优势商品类别不同,两国之间的贸易竞争性不强。第二,在贸易互补性方面,中国出口在 SITC6、SITC7 类别上与老挝具有贸易互补性,老挝出口在 SITC2 类别上与中国存在贸易互补性。中国与老挝之间总体表现为产业间贸易,两国之间的贸易互补性较高。第三,在贸易结合度方面,中国与老挝之间的贸易联系远高于老挝与中国之间的贸易联系。第四,在地缘经济关系方面,中老两国之间的双边联系处于明显的增长态势,但是两国之间的互补型地缘经济关系还有待提升。

(13) 中国和柬埔寨之间的贸易关系。

第一,在贸易竞争性方面,中柬两国出口商品在国际市场上的出口相似度较低,贸易竞争程度较低;中国在 SITC6、SITC8 类别上具有贸易竞争力,而柬埔寨在 SITC8 类别上具有贸易竞争力,两国之间其他类别出口商品的贸易竞争性不强。第二,在贸易互补性方面,中国出口商品在 SITC6、SITC8 类别上与柬埔寨具有较强的互补性,柬埔寨在 SITC2、SITC8 类别上与中国具有较强的互补性,中国与柬埔寨之间主要表现为产业间贸易,两国贸易互补性较强。第三,在贸易结合度方面,中柬之间的贸易结合度较高,而柬中之间的贸易结合度较低。第四,在地缘经济关系方面,中柬两国经济联系不高,但是双边联系不断加强,中柬两国之间属于互补型地缘经济关系。

(14) 中国和菲律宾之间的贸易关系。

第一,在贸易竞争性方面,中国和菲律宾出口商品在国际市场上的出口相似度较高,贸易竞争程度较高;中国 SITC6、SITC8 两类商品具有贸易竞争力,而菲律宾的 SITC7 商品具有贸易竞争力。第二,在贸易互补性方面,中国出口在 SITC7 商品类别上与菲律宾具有较强的贸易互补性,菲律宾出口在 SITC2、SITC4、SITC7 类别与中国具有较强的贸易互补性。GL 指数值显示,中国和菲律宾之间大部分行业表现出产业间贸易特征,两国之间的贸易互补性较强。第三,在贸易结合度方面,中菲之间的贸易结合度呈明显的上升态势,而菲中之间的贸易结合度呈先升后降的发展态势,中菲之间的贸易联系较为紧密,而菲中之间的贸易联系较为松散。第四,在地缘经济关系方面,中菲两国之间的双边经济联系较高,且处于快速增长态势,表现为波浪式发展态势的互补型地缘经济关系。

16.1.2 中国与 RCEP 成员国之间的贸易关系比较

(1)从贸易竞争性看,①对比出口相似度指数值发现,中国和越南、中国和日本、中国和韩国、中国和泰国之间的 ESI 指数值较高,ESI 指数值取值范围分别为 [53,89]、[59,84]、[68,82]、[73.5,82.2];而中国和文莱出口商品在国际市场上的 ESI 指数值最低,介于 4.3~16.3。②从贸易竞争力指数和显示性比较优势指数看,中国在 SITC6、SITC8 类别上具有贸易竞争力,而日本的 SITC5、SITC6、SITC7、SITC9,韩国的 SITC6、SITC7,澳大利亚的 SITC0、SITC2、SITC3,越南的 SITC0、SITC8、SITC9,新西兰的 SITC0、SITC1、SITC2、SITC9,新加坡的 SITC5、SITC7、SITC9,印度尼西亚的 SITC1、SITC2、SITC3、SITC4、SITC6、SITC8,泰国的 SITC0、SITC1、SITC2、SITC7、SITC8,文莱的 SITC3,缅甸的 SITC0、SITC2、SITC3、SITC8,马来西亚的 SITC3、SITC4、SITC7、SITC8,老挝的 SITC0、SITC2、SITC8,柬埔寨的 SITC8,菲律宾的 SITC7 具有贸易竞争力。

(2)从贸易互补性看,①对贸易互补性指数值进行比较后发现,中国在 SITC6、SITC7、SITC8 类别与 RCEP 其他 14 个成员国具有更多、更强的贸易互补性。具体表现为:中国出口在 SITC8 类别上与日本进口具有贸易互补性,中国出口在 SITC6、SITC8 类别与柬埔寨具有贸易互补性,中国出口在 SITC6、SITC7、SITC8 类别上与韩国、文莱、泰国、新西兰、澳大利亚具有贸易互补性,中国出口在 SITC6、SITC7 类别上与缅甸、印度尼西亚和老挝具有贸易互补性,中国出口在 SITC7、SITC8 类别与新加坡、越南、马来西亚具有贸易互补性,中国出口在 SITC7 类别上与菲律宾具有贸易互补性。②从反映产业内贸易水平的产业内贸易指数、边际产业内贸易指数和综合产业内贸易指数的分析看,中国与日本、中国与韩国、中国与泰国、中国与新加坡之间实现了产业内贸易,两国之间贸易互补性低;中国与 RCEP 其他 10 个成员国之间总体上呈现产业间贸易特征,两国之间贸易互补性较高。

(3)从贸易结合度看,在中国与 RCEP 其他 14 个成员国中,①从中国出口角度看,中国与新西兰之间具有松散的贸易联系,而中国与 RCEP 其他 13

个成员国之间皆存在紧密的贸易联系,其中:中国与缅甸、中国与老挝、中国与柬埔寨之间的贸易联系较为紧密;而中国与文莱之间的贸易结合度增长速度最快。②从 RCEP 其他 14 个成员国出口角度看,新西兰与中国之间具有紧密的贸易联系,而 RCEP 其他 13 个成员国与中国之间皆存在松散的贸易联系。

(4) 从地缘经济关系看,在中国与 RCEP 其他 14 个成员国中,①中国与韩国、中国与日本、中国与越南、中国与印度尼西亚之间的对外经济联系强度较高。中国与文莱、中国与新西兰、中国与老挝之间的对外经济联系强度较低。②中国与柬埔寨、中国与新西兰、中国与新加坡之间的双边经济关系强度较高。中国与马来西亚、中国与菲律宾、中国与越南的双边经济关系强度较低。

16.2 对策与建议

根据前文的分析,对中国与 RCEP 成员国之间的未来贸易关系提出以下对策及建议:

1. 加强产业内贸易

鉴于中国与日本、韩国、泰国、马来西亚等国在某些产业内贸易水平较高,建议进一步深化这些产业的合作,通过技术交流、共同研发等方式提升产业竞争力。具体措施如下:

(1) 建立联合研发中心。通过政府或企业间的合作,建立联合研发中心,专注于特定产业的技术进步和创新,特别是在汽车制造、电子产品、机械设备等领域,可以设立跨国研发团队,共同开发新技术和产品。

(2) 优化供应链管理。通过供应链整合,优化从原材料采购到产品制造的整个流程,降低成本,提高效率,可以利用现代信息技术,如物联网、大数据分析等,提升供应链的透明度和响应速度。

(3) 扩大市场准入。通过贸易协定或双边协议,降低关税壁垒,扩大市场准入,增加双方产品的市场机会。

(4) 推动区域经济一体化。在 RCEP 框架下,利用 RCEP 的优惠措施,推动区域经济一体化进程,促进区域内的贸易和投资自由化,加强区域内的经济合作和产业链整合。

2. 促进产业间贸易互补

对于做好中国与 RCEP 成员国之间的产业间贸易互补，可以通过优化贸易结构，加强互补性较强的 SITC 商品类别的贸易往来，实现互利共赢。具体措施如下：

（1）贸易政策调整。根据市场研究结果，调整贸易政策，如降低或取消某些互补性强的产品关税和非关税壁垒。

（2）产业升级与转型。鼓励国内产业升级和转型，专注于高附加值和高技术含量的产品生产，以满足 RCEP 成员国的需求。

（3）贸易促进活动。组织贸易代表团和商务考察团，参加 RCEP 成员国的贸易展览和洽谈会，推广中国产品。

（4）建立贸易平台。利用电子商务和数字贸易平台，为双方企业提供在线展示、交易和物流服务，降低交易成本。

（5）供应链整合。优化供应链管理，整合中国与 RCEP 成员国的资源和优势，形成高效协同的供应链体系。

3. 增强贸易竞争力

针对中国与 RCEP 成员国具有贸易竞争力的产品，中国应继续加强研发和创新，提高产品质量和附加值，增强国际市场竞争力。具体措施如下：

（1）加大研发投入。提供更多的财政支持和税收优惠，鼓励企业增加研发投入，推动技术创新，采用先进的制造技术和工艺，提高产品质量和性能。

（2）做好品牌建设。加强品牌意识，通过品牌建设，提升产品在国际市场上的知名度和影响力。

（3）进行数字化转型。利用大数据、人工智能等技术进行数字化转型，提高产品设计、生产和销售的智能化水平。

4. 加强互补型地缘经济关系

根据对外经济联系强度和双边经济关系强度，识别与中国具有互补型地缘经济关系的国家，加强与这些国家的经贸合作，同时注意平衡与其他国家的经济联系。具体措施如下：

（1）加强经济外交。通过外交渠道加强与具有互补型地缘经济关系的国家的经济合作，包括签订贸易协定、投资条约等。

（2）平衡多边关系。在加强与某些国家的经济联系的同时，注意维护与其他国家和地区的平衡关系，避免过度依赖单一市场。

(3)加强基础设施建设合作。RCEP 成员国积极与地缘经济关系密切的国家合作,共同投资建设交通、能源、通信等基础设施,降低贸易成本。

(4)建立经济合作区。与地理位置接近、经济互补性强的国家建立经济合作区或自由贸易区,促进双方的贸易和投资。

(5)培养地缘经济专业人才。加强对地缘经济、国际关系等相关专业人才的培养,为企业和政府部门提供决策支持。

参 考 文 献

[1]曹芳芳,罗屹,李先德.中国对澳大利亚大麦实施反倾销反补贴措施的贸易效应[J].中国流通经济,2022,36(8):73-83.

[2]柴晓卓.中泰不同类别农产品贸易竞争性与互补性比较研究:基于2005—2014年HS分类数据的实证分析[J].世界农业,2016(6):184-189.

[3]陈红,LY QUOC DAT,刘鹏.中国与越南水果贸易特征及潜力分析[J].商业经济,2022(8):84-88.

[4]陈佳俊,姚微."一带一路"背景下中国与文莱贸易实证研究:基于贸易引力模型测算分析[J].经贸实践,2018(17):48-52.

[5]陈晓娟,穆月英.技术性贸易壁垒对中国农产品出口的影响研究:基于日本、美国、欧盟和韩国的实证研究[J].经济问题探索,2014(1):22-26.

[6]陈秀莲."一带一路"倡议下中国与东盟经贸合作模式新构的研究[J].国际贸易,2019(7):79-87.

[7]陈珍莉,杜欣雨,朱洪革.老挝与中国木材产品贸易的竞争性与互补性研究[J].中国林业经济,2023(4):40-43.

[8]陈志恒,孙世豪.双循环格局下贸易便利化对进出口贸易的影响:以中日贸易为例[J].东北亚经济研究,2024(2):33-46.

[9]戴庆玲,侯静怡,高东燕.中国与RCEP国家农产品产业内贸易水平测度及影响因素研究[J].安徽农业大学学报,2023,32(3):60-72.

[10]邓洲.马来西亚产业竞争力及中国与马来西亚贸易拓展潜力研究[J].东南亚南亚研究,2017(2):56-63.

[11]邓洲.泰国产业竞争力现状及中国与泰国贸易拓展潜力研究[J].东南亚纵横,2017(4):49-56.

[12]丁一．中国—柬埔寨建立双边自由贸易区经济效应[D]．济南：山东财经大学，2021．

[13]董俊鑫，许欣．中国与澳大利亚贸易关系分析[J]．对外经贸，2015(6)：7-13．

[14]冯晓玲，赵鑫．RCEP背景下中韩贸易发展潜力研究[J]．东北亚经济研究，2022，6(4)：82-96．

[15]傅超．CAFTA框架下中国与柬埔寨双边货物贸易潜力研究：基于引力模型的实证分析[D]．昆明：云南财经大学，2018．

[16]耿仲钟，肖海峰．中国—新西兰自由贸易区建立前后两国羊毛贸易特征的比较研究[J]．世界农业，2017(2)：22-29．

[17]宏爱国．浅析老挝与中国外交关系的影响因素[J]．当代经济，2017(32)：20-21．

[18]侯敏跃．中澳贸易对中国经济发展的影响[J]．区域与国别研究，2005(14)：78-83．

[19]胡君茹．中国新西兰双边贸易互补性研究[J]．上海电机学院学报，2016，19(4)：33-37．

[20]胡李裔．汇率波动对中国出口马来西亚贸易的影响研究[D]．南宁：广西大学，2018．

[21]胡阳．RCEP对中澳国际贸易影响效应研究[D]．济南：山东财经大学，2023．

[22]黄成龙．中国—东盟自由贸易区对菲律宾经济的影响[D]．上海：复旦大学，2012．

[23]江明心．中日贸易特点与对策[J]．经贸实践，2018(24)：27-27．

[24]江亭吉．中国与印尼双边贸易影响因素及合作潜力的实证研究[D]．昆明：云南财经大学，2020．

[25]姜玲．中国对柬埔寨国际援助的贸易效应研究[D]．广州：广东外语外贸大学，2020．

[26]金丹，冯飞云．RCEP背景下越南对中国贸易逆差成因及对策研究[J]．国际贸易，2022(12)：72-82．

[27]柯颖，赵文玲．CAFTA升级版下中国与马来西亚产业内贸易研究[J]．学术探索，2017(2)：50-57．

[28]李冬冬．中国与文莱经贸关系研究[D]．武汉：华中师范大学，2018．

[29]李芬英,陈瑛,刘二虎.中国—澳大利亚旅游与贸易互动关系研究[J].资源开发与市场,2017,33(6):4-10.

[30]李江.中国对菲律宾商品贸易互补性和竞争性分析[J].北方经贸,2023(10):31-36.

[31]李杰.中国与缅甸农产品贸易问题浅析[J].时代金融,2018(24):66-68.

[32]李瑞华.中国对柬埔寨直接投资与双边贸易的互动关系研究[D].南昌:江西师范大学,2022.

[33]李皖南,杨傲.中国与印度尼西亚双边贸易关系:特征、问题及发展对策[J].创新,2022(3):22-32.

[34]李晓灿.中国与泰国农产品贸易发展提升路径研究[J].农村经济与科技,2020(13):155-158.

[35]李彧.中国—新西兰FTA的影响因素和效应:基于例外部门的实证研究[J].金融与经济,2022(1):82-90.

[36]李云鹏,闫永军.《中国—新西兰自由贸易协定》对两国贸易往来作用效应分析[J].天津商务职业学院学报,2019(2):31-39.

[37]廖小健.中国与文莱石油贸易与对策思考[J].国际论坛,2005(9):48-51.

[38]林华."一带一路"倡议下中国与泰国农产品贸易影响因素研究[D].福州:福建师范大学,2019.

[39]林梅,闫森.中国与马来西亚的经贸关系:竞争性与互补性分析[J].南洋问题研究,2011(1):25-35.

[40]刘光辉."一带一路"发展下中国和新加坡区域经济合作新格局[J].对外经贸实务,2019(7):38-41.

[41]刘曙光,张鹏飞,周青,等."一带一路"背景下中国与越南跨境经济合作区支持政策研究[J].广西社会科学,2021(9):71-79.

[42]刘志雄,张凌生,朱剑华.中国与马来西亚产业内贸易测算及影响因素的实证研究[J].东南亚纵横,2015(9):36-41.

[43]卢艳平,肖海峰.中国—新西兰农产品贸易潜力分析[J].农业经济与管理,2017(5):31-40.

[44]吕汝泉,苏紫悦.日本对华直接投资对中日贸易关系的影响[J].商业时代,2021(14):153-155.

[45]缪慧星,杨克斯.基于贸易竞争与互补视角的中老贸易关系推进策略[J].东南亚纵横,2008(11):61-65.

[46]欧阳嘉原,何均琳,杨建辉.中国—新西兰自由贸易协定深度对出口贸易的影响探析[J].福建技术师范学院学报,2023,41(6):737-746.

[47]潘尼亚.老挝对外贸易商品结构分析[D].南宁:广西大学,2015.

[48]彭可.浅析中国与马来西亚双边贸易情况[J].广西质量监督导报,2019(8):183-185.

[49]秦雅男.中国对缅甸直接投资的贸易效应研究[D].昆明:云南财经大学,2019.

[50]沈琪.中国与澳大利亚经贸关系特点浅析[J].现代经济信息,2020(6):59-60.

[51]石璐萍,陈学刚."一带一路"背景下中国与新加坡商品贸易竞争性和互补性分析[J].对外经贸实务,2023(9):37-46.

[52]史可.中国与越南纺织品产业内贸易水平测度及影响因素研究[D].昆明:云南财经大学,2023.

[53]司增绰.中日两国产业贸易的优劣势与竞补性[J].国际商务研究,2019(5):5-21.

[54]斯·钱德拉·达斯,周中坚.从东盟角度看新加坡—中国贸易关系[J].东南亚纵横,1990(1):4-9.

[55]苏岗.中国与老挝双边贸易发展的比较分析[J].国际经济,2016(11):31-32.

[56]孙子婷.贸易便利化水平对中国—马来西亚贸易流量的影响研究[D].南宁:广西民族大学,2019.

[57]唐文琳,胡鹏,郁燕萍.中国—东盟自由贸易区之贸易发展路径研究:以对文莱贸易为例[J].东南亚纵横,2008(12):35-38.

[58]田燕梅.中国与澳大利亚双边贸易发展现状及潜力研究:基于引力模型[J].商业经济研究,2016(7):125-128.

[59]田泽,沈雨婷,李昕科.中国、印度尼西亚贸易互补与投资效应分析[J].2021(2):15-21.

[60]佟光霁,刘畅.中国与越南农产品贸易特征及影响因素实证研究[J].商业经济研究,2020(15):136-140.

[61]佟继英,杨艳慧,郑红玲.中国—新西兰贸易现状及增长因素测算:

FTA 升级谈判背景下的实证[J].华东经济管理,2017(11):29-36.

[62]万像,杨昌辉.中国的直接投资对老挝产业结构的影响研究[J].纳税,2019,13(10):138-142.

[63]王晶,卢进勇.中国与澳大利亚贸易的现状、影响因素和发展策略[J].国际经贸,2015(10):37-44.

[64]王领,刘瑞青."一带一路"背景下中国与新加坡贸易关系及影响因素[J].沈阳工业大学学报,2021,14(5):408-414.

[65]王绍媛,冯之晴.中国与日本及韩国制造业贸易竞争与互补性研究[J].统计与信息论坛,2021,36(7):29-40.

[66]王舒宇,祝宁,刘瑞涵.中国与日本草莓贸易关系分析[J].农业展望,2023,19(6):105-110.

[67]王思雨,赵彬伶.中国对缅甸直接投资的贸易效应研究[J].现代商业,2021(20):32-34.

[68]王鑫静,姜炎鹏,马仁锋.域外国家与南海周边地缘经济联系强度演化与态势评估[J].地理研究,2022,41(3):34-41.

[69]王真真.中国和泰国双边贸易影响因素及潜力的实证研究[D].昆明:云南财经大学,2021.

[70]隗莲丽.中国—新西兰农产品产业内贸易及影响因素[J].中国人口·资源与环境,2015(5):30-34.

[71]文璐.中国从泰国进口的贸易互补性及影响因素研究[D].重庆:西南政法大学,2022.

[72]武兰玉,赵方圆.中澳农产品贸易的竞争性和互补性研究[J].北方经贸,2024(2):39-42.

[73]肖光恩,陆诗婧,王娟.中国大陆、日本、韩国和中国香港进出口贸易非均衡依赖关系的经验事实分析:基于VAR模型的实证检验[J].经济评论,2012(6):109-118.

[74]闫晓丹.中国对缅甸直接投资的贸易效应研究[D].昆明:云南财经大学,2017.

[75]杨碧琴,刘传凤.《中国—新西兰自由贸易协定》对乳品的贸易效应研究[J].内蒙古农业大学学报,2022(6):63-71.

[76]杨松茂.贸易便利化对中国向菲律宾跨境电商出口的影响研究[J].中国商论,2022(19):64-67.

[77]姚超,曲发明.FDI对中国与韩国贸易收支状况影响的实证分析[J].绥化学院学报,2015(6):9-12.

[78]姚微,乔俊果,李莹,等.中菲自由贸易区经济效应实证研究:基于贸易引力模型测算分析[J].科技与经济,2018,31(2):106-110.

[79]余文秀.中柬农产品贸易的影响因素研究:基于宏观经济因素的实证分析[J].中国商论,2023(8):58-61.

[80]袁群华,李楠.中国印尼货物贸易互补性分析[J].南亚东南亚研究,2020(1):79-92,156.

[81]曾俊理(ERICK CHANDRA).CAFTA实行对印度尼西亚与中国双边贸易差额的影响[D].南京:南京大学,2018.

[82]张康妮.中国与柬埔寨农产品贸易现状、问题及对策分析[J].广西质量监督导报,2018(12):86-87.

[83]张柯,梁丹辉.中国与菲律宾农产品贸易特征分析[J].农业展望,2016(11):85-92.

[84]张韬.中国和缅甸服务贸易竞争力和影响因素比较研究[D].北京:对外经贸大学,2019.

[85]张天桂.中国—缅甸贸易与投资合作新进展[J].现代商业,2023(4):71-74.

[86]张天桂.中国与老挝的经济贸易合作[J].商场现代化,2021(12):64-66.

[87]张天桂.中国与文莱的经济贸易合作[J].现代商业,2022(18):71-73.

[88]张希颖,张蕊.RCEP正式实施对中日贸易走向的影响及对策[J].中国商论,2023(1):42-44.

[89]张晓涛,李仲江,钟腾龙.越南自贸区建设的逻辑及对中国的影响[J].国际贸易,2022(6):4-12.

[90]张雅,李捷."一带一路"倡议下中国与泰国农产品贸易影响因素及潜力研究[J].对外经贸,2018(8):18-21.

[91]张正华.中国对马来西亚直接投资的贸易效应研究[D].南宁:广西大学,2021.

[92]赵金龙,张蕊,陈健.中国自贸区战略的贸易创造与转移效应研究:以中国—新西兰FTA为例[J].国际经贸探索,2019(4):27-14.

[93]赵静. 中国与菲律宾商品贸易的互补性和竞争性实证研究[J]. 海外投资与出口信贷,2017(6):31-36.

[94]赵晓俊,侯景新. 中日贸易国际竞争力研究[J]. 技术经济与管理研究,2019(12):110-114.

[95]郑国富."一带一路"倡议下中菲农产品贸易与合作的机遇与挑战[J]. 国际经济合作,2018(3):71-76.

[96]郑国富."一带一路"建设背景下中国与文莱双边贸易合作发展的提升路径[J]. 东南亚纵横,2016(4):55-59.

[97]郑国富. 中国与马来西亚双边贸易发展状况及提升路径[J]. 对外经贸实务,2016(4):24-27.

[98]郑宁,唐丁祥,黄文学. 中国与韩国机电产品产业内贸易分析[J]. 特区经济,2010(5):50-51.

[99]钟明容,王俊."一带一路"倡议下中国与印尼产业内贸易及影响因素研究[J]. 中国经贸导刊(中),2020(6):17-21.

[100]周昆树,方昉. 人民币汇率变动与中国对菲律宾进出口贸易关系的实证分析[J]. 中国经贸导刊,2017(11):17-20.

[101]周鑫磊."一带一路"背景下中国和东盟国家贸易与投资研究:以中国和越南为例[J]. 海峡科技与产业,2022,35(1):1-4.

[102]朱丹红,姜川. 中国和马来西亚出版物贸易的竞争性与互补性研究[J]. 出版发行研究,2021(8):85-90.

[103]BOUATONG K. 中国和老挝两国经贸合作影响因素分析[D]. 杭州:浙江理工大学,2023.

[104]FINGER J M, KREININ M E. A Measure of "Export Similarity" and Its Possible Uses[J]. The Economics Journal,1979,89(356):905-912.

[105]GLICK R, ROSE A. Contagion and Trade: Why are Currency Crises Regional? [J]. Journal of International Money and Finance,1999,18(4):603-617.

[106]GRUBEL H, LLOYD P. Intra-industry Trade: The Theory and Measurement of International Trade in Different Products[M]. London:Macmillan,1975.